성공하는 학원의
절대 원칙

성공하는 학원의
절대 원칙

초판 1쇄 인쇄 2025년 10월 13일
초판 1쇄 발행 2025년 10월 20일

지은이 이희수
펴낸이 이종두
펴낸곳 (주)새로운 제안

책임편집 엄진영
디자인 보통스튜디오
영업 문성빈, 김남권, 조용훈
경영지원 이정민, 김효선

주소 경기도 부천시 조마루로385번길 122 삼보테크노타워 2002호
홈페이지 www.jean.co.kr
쇼핑몰 www.baek2.kr(백두도서쇼핑몰)
SNS 인스타그램(@newjeanbook), 페이스북(@srwjean)
이메일 newjeanbook@naver.com
전화 032) 719-8041
팩스 032) 719-8042
등록 2005년 12월 22일 제386-3010000251002005000320호

ISBN 978-89-5533-671-9(13320)

※이 책은 저작권법에 따라 보호를 받는 저작물이므로 무단 전재 및 복제를 금하며, 이 책의 전부 또는 일부 내용을 이용하려면 반드시 저작권자와 ㈜새로운 제안의 동의를 받아야 합니다.
※잘못 만들어진 책은 구입하신 서점에서 바꾸어드립니다.
※책값은 뒤표지에 있습니다.

학원을 성공으로 이끄는 창업, 마케팅
그리고 관리까지 핵심 노하우

성공하는 학원의
절대 원칙

이희수 지음

새로운 제안

머리말

"성공하는 학원의 절대 원칙"

우리 주변을 둘러보면 식당만큼이나 학원이 많이 존재하고 있습니다. 그럼 모든 학원이 다 성공하고 있을까요? 자세히 살펴보면 이 순간에도 수없이 많은 학원이 사라지고, 또 생겨나고 있습니다. 그럼 우리 학원은 왜 성공하지 못하는 것일까요? 그 이유는 학원 사업은 사람을 가르치는 일이라고 생각하기 때문입니다.

학원 사업의 중심이 되는 핵심요소는 '무형의 제품_{교육과정}을 판다는 것'과 판매로 끝나는 것이 아닌 '고객을 관리하는 영업'이라는 것입니다. 여기에 '지식을 판다는 것'입니다. 사람을 가르치기만 한다면 고객은 우리 학원을 찾지 않을 것입니다. 제아무리 스타강사가 있다고 하더라도 성공하기 쉽지 않습니다. 성공을 위한 3가지 핵심요소를 명확히 인식해야 합니다.

이 책에서는 학원 성공을 위한 3가지 핵심요소를 바탕으로 창업부터 마케팅 그리고 성공하는 학원의 절대 원칙으로 구성하였습니다. 학원을 창업하기 위해서는 보습학원과 성인학원, 평생교육원, 직업훈련시설 등 다양한 형태의 학원에 대한 이해가 있어야 나에게 적합한 학원을 설립할 수 있습니다. 형태에 따라 설립 인허가 기준이 다르기에 창업 전 반드시 확인해야 합니다. 무턱대고 목 좋은 자리에 임차를 진행해서도 안 됩니다. 설립 인허가의 기준이 다르므로 후보지를 선정하기 전에 고객 대상층을 고려해서 어떤 유형의 학원을 설립할지 결정해야 합니다. 학원 창업과 인수를 위한 실전 내용을 꼼꼼히 다뤘습니다.

학원을 창업하려는 예비원장님 또는 현재 학원을 운영하는 원장님들은 대부분 학원에서 가르치는 일을 하기 위해서 창업을 합니다. 즉, 학원장은 홍보·마케팅의 비전문가입니다. 결국, 홍보·마케팅이 학원 운영을 어렵게 만듭니다. 고객이 있어야 가르쳐볼 텐데 홍보·마케팅에 대한 지식이 부족하다 보니 무엇을 어떻게 홍보해야 하는지 모릅니다. 학원 홍보를 성공적으로 진행하기 위해서는 홍보·마케팅에 대한 전체적인 이해가 있어야 합니다. 그래야 내 학원에 최적화된 마케팅을 실행할 수 있습니다. 그런 이유로 학원 마케팅에 필요한 내용만을 담았습니다. 이 책을 통해 모든 학원이 마케팅을 섭렵하고, 실천할 수는 없습니다. 그러나 적어도 내 학원에 적합한 마케팅을 실천할 수 있는 초석은 될 것입니다.

우리가 학원 사업을 하는 이유는 돈을 벌기 위해서입니다. 세상 모든 회사는 돈을 벌기 위해 운영됩니다. 학원도 당연합니다. 학원 사업으로 돈을 벌기 위해서는 시스템이 중요합니다. "잘 나가는 학원은 시스템이다."라는 말이 작위적으로 들릴 수도 있지만, 이것이 진리입니다. 학원 통합시스템은 기획 ➡ 설계 ➡ 마케팅 ➡ 실행 ➡ 평가 ➡ 환류라는 선순환의 구조입니다. 이 책에서는 이러한 선순환 구조 아래 학원 성공의 3가지 핵심 요소를 기반으로 성공하는 학원의 절대 원칙을 소개했습니다. 관리, 기록, 상담, 피드백, 관리 방법, 손익분석으로 구성된 성공하는 학원의 절대 원칙은 학원 사업으로 성공하기 위한 불가분의 원칙입니다. 이 책에서 제시한 성공하는 학원의 6가지 절대 원칙은 선택해야 하는 것이 아니라 반드시 실천해야 합니다. 이 원칙 외에도 학원을 운영하기 위해서는 수없이 많은 요소들이 실천되어야 합니다. 적어도 이 책에서 제시한 6가지 원칙은 학원 성공의 마중물이 될 것입니다.

1997년 늦은 겨울 IMF와 함께 학원 일을 시작해서 어느덧 20년 넘게 학원 사업에 종사하고 있습니다. 이 긴 세월 동안 성공했던 것과 실패했던 것을 바탕으로 몸으로 체득하고, 성공을 위해 몸부림쳤던 것들을 이 책에 최대한 녹여내려고 노력했습니다. 이 책을 통해 지금 이 순간에도 학원의 성공을 위해 노력하는 모든 학원장을 비롯한 학원 구성원들에게 올바른 길라잡이가 되기를 바랍니다.

머리말

차례

머리말   4

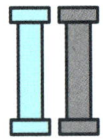 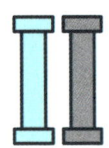

chapter 1
성공하는 학원 창업

① 성공하는 학원은 이것부터 다르다   13
② 학원(교육기관)의 종류가 이렇게 다양하다고?   22
③ 따라 하니 학원 창업이 되네   38
④ 얼마면 학원을 살 수 있나?   56
⑤ 잘나가는 학원은 시스템이다   72

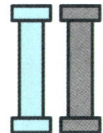 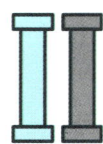

chapter 2
학원 마케팅 이것만 하자!

1. 학원 마케팅 무엇부터 할까요? ... 113
2. 성공하는 마케팅은 컨셉과 습관이다. ... 136
3. 성공하는 마케팅 : 트리플미디어 전략 ... 161
4. 온라인 마케팅과 오프라인 마케팅의 궁합이 중요하다. ... 193

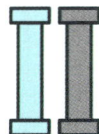 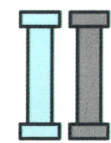

chapter 3
학원을 성공으로 이끄는 여섯 가지 원칙

1. 제1원칙: 관리만이 성공의 길! 최고의 관리는 평가! ... 203
2. 제2원칙: 평가의 소통! 기록의 소통! 소통의 기록! ... 237
3. 제3원칙: 고객의 마음을 훔치는 상담이란? ... 251
4. 제4원칙: 모두 하나되는 결정적 피드백! ... 269
5. 제5원칙: 수강생 관리 누가? 언제? 어떻게? ... 284
6. 제6원칙: 학원만의 특별한 손익분석 ... 312

참고문헌 ... 320

성공하는 학원 창업

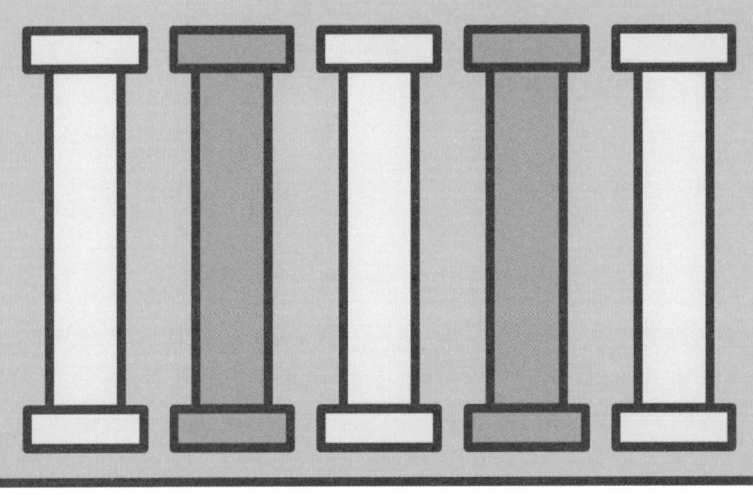

성공하는 학원은
이것부터 다르다.

학원 사업이란?

성공한 학원장, 즉 학원 경영자가 모르는 것이 무엇일까요? 정말 놀랍게도 학원사업, 교육서비스업이 무엇인지 모르는 경우가 많습니다. 학원뿐만 아니라 교습소, 평생교육원, 직업전문학교 등 교육기관을 운영하는 경영자 대부분이 교육 서비스업이 무엇인지 모르고 하고 있습니다.

지금 학원 개업을 준비하는 분들도 단순히 자기 자신이 특정 과목의 유명강사이니까 혹은 내가 학원 강사로 오랫동안 일했으니까 그래서 학원을 개업하면 성공할 것이라는 막연한 생각을 가지고 준비하고 있을 것입니다. 아니면 이미 성공이라는 막연한 목표를 가지고 학원을 설립한 분도 있을 것입니다.

이 책에서는 학원, 평생교육원, 직업전문학교 등 모든 형태의 민간 교육기관을 학원이라고 통칭하겠습니다. 주변을 살펴보면 건물마다 학원이 없는 곳이 없을 만큼 많은 학원이 존재합니다. 식당만큼이나 학원이 많습니다. 식당으로 성공한 사람은 자신만의 레시피와 최선의 접객 서비스를 통해 성공합니다. 자신의 음식으로 인해 고객들의 건강을 책임진다는 자부심도 가지고 있습니다. 그럼 식당만큼이나 많은 학원들은 어떨까요? 아마 대부분의 학원은 자신만의 레시피, 즉 차별화된 교육과정과 최적의 관리시스템을 갖추고 있다고 생각할 것입니다. 실제로 차별화된 교육과정과 최적의 관리시스템을 보유하고 있기도 합니다. 그래서 내 학원은 성공할 것이라는 막연한 기대감을 가지고 운영하고 있습니다.

그런데 왜 학원 사업이 망하는 것일까요? 그것은 학원을 통해 무엇을 팔고 있고, 무엇을 영업하는지 몰라서입니다. 학원 사업의 성공을 위한 핵심 요소는 제품이 '무형의 제품'이라는 것이고, 판매 영업이 아닌 '관리 영업'이라는 것이고, 마지막으로 '지식을 파는 것'입니다. 이 세 가지 핵심 요소를 바탕으로 학원을 경영해야만 학원 사업이 성공할 수 있습니다.

손자병법에 '전쟁을 시작하기 전에 미리 계산하고 준비하되,

철저하게 준비를 많이 해야만 승리할 수 있다.'라는 구절이 있습니다. 학원 사업뿐 아니라 모든 사업이 전쟁입니다. 전쟁은 살아남는 자만이 존재하는 것입니다. 전쟁에서 살아남으려면 사업을 시작하기 전에 미리 철저하게 준비해야 합니다. 하지만 우리는 성공을 위한 핵심 요소에 대한 준비없이 몸과 마음만 준비된 상태로 학원 사업을 시작합니다. 이러면 무조건 실패합니다. 보다 직설적으로 말하면 망합니다. 그리고 때늦은 후회를 합니다. 그래서 가장 먼저 학원 사업의 핵심 요소를 정확하게 이해해야 합니다. 사업을 철저하게 계획하고, 준비해야만 성공할 수 있습니다.

성공하는 학원 경영을 위해 학원 사업의 세 가지 핵심요소를 살펴보겠습니다.

학원사업의 핵심 요소

핵심 요소 1 : 무형의 제품

학원 사업의 첫 번째 핵심 요소는 무형의 제품을 판다는 것입니다. 흔히 가전제품 판매장에 가면 원하는 제품을 브랜드별, 기능별, 예산대별로 눈으로 확인하고, 비교하고, 구매할 수 있습니다. 하지만 교육이라는 제품은 눈에 보이질 않습니다. 고객 입장에서 생각해 보면 이 제품이 나에게 최적의 제품인지 아닌지를 쉽게 구분할 수 없습니다. 그리고 같은 교육과정이라도 고객

마다 원하는 것과 달성하고자하는 목표가 제각각입니다. 아무리 차별화된 교육과정과 최적의 관리시스템을 갖추었다고 하더라도 제품이 눈에 보이지 않기에 고객들은 쉽게 마음의 문을 열지 않습니다. 하지만 고객이 마음의 문을 한 번만 열면 그 고객은 VIP 고객이 됩니다. 제품이 형태가 없는 무형이라는 이유 때문에 학원 사업에서 모객이 어렵고, 고객 만족도가 다 다릅니다. 눈에 보이지 않는 무형의 제품이라는 것을 먼저 인식해야 합니다. 무형의 제품이라는 것을 인식하고, 제품을 어떻게 만들고 어떻게 팔아야 할지 계획하고 실천하는 것이 첫 번째 중요한 핵심 요소입니다.

핵심 요소 2: 관리 영업

두 번째 핵심 요소는 관리 영업이라는 것입니다. 영업이라는 말을 들으면 일반적으로 장사, 판매를 먼저 떠올립니다. 하지만 영업의 사전적 의미는 '영리를 목적으로 사업 업무를 수행하는 것'입니다. 즉 영업은 사업 전반에 걸쳐 이익을 위해 하는 모든 행동 또는 업무라 할 수 있습니다. 필자는 학원 사업에서의 영업을 판매 영업이 아니라 관리 영업이라 말합니다. 세상 대부분의 제품은 유형의 제품이고, 판매를 중심으로 영업이 이루어집니다. 간혹 옷 가게에서 아이 쇼핑을 목적으로 방문합니다. 하지만 매장 직원이 구매 욕구를 증진하기 위해 늘어놓는 감언이설에 쉽게 넘어가서 옷을 구매하는 경우가 왕왕 발생합니다. 하지만 학원 사업은 고객이 제품을 구매한 후부터 해당 학원에 다니기 시작합니다. 그리고 그때부터 교육이라는 무형의 제품을 느끼고, 평가합니다. 고객은 학원의 교육 환경의 적절성과 시설과 기자재 등의 적합성, 수업의 질, 직원의 친절도 등을 학원을 다니면서 직·간접적인 형태로 느끼고, 평가합니다. 그래서 고객 관리가 매우 중요합니다.

초기 상담에서 고객과 약속한 내용을 이행하기 위해서 고객이 학원에 다니는 동안 꾸준히 철저하게 관리해야 합니다. 특히 학원 사업은 구전을 통해 브랜드 가치가 형성되는 경우가 많기 때문에 고객 관리에 집중해야 합니다. 집중을 넘어서 학원이 가진 모든 역량을 관리에 집중시켜야 합니다. 뒤에서 관리에 대해서 자세히 이야기하겠지만 관리는 혼자만 하는 것이 아닙니다. 원장을 비롯해 강사, 직원 모두가 고객 관리에 전념해야 합니다. 강사, 직원 모두 내부 고객이기에 경영자는 내부 고객도 철저히 관리해야 합니다. 그리고 관리라고 하면 학원에서는 평가를 하고 끝내는 경우가 있습니다. 평가가 시험이라고 한정지어서 생각하는 경우도 있습니다. 평가는 시험이 아니라 피드백을 위해서 하는 것이고, 피드백의 결과는 개선입니다. 미국의 저명한 교육자이자 리더십 코치인 조 허시는 "피드백을 통해 과거를 미래로 바꿔야 한다. 피드백을 과거 시점이 아닌 미래 시점으로 바꾸면 과거의 실수를 반복하지 않고, 앞으로의 성공을 생각할 수 있다."라고 했습니다. 피드백을 통해 과거를 바꿀 수는 없지만, 미래는 얼마든지 바꿀 수 있습니다. 이것이 피드백이 가진 개선의 힘입니다.

　피드백의 목적은 사람입니다. 사람의 성장을 목적으로 하는 것입니다. 그래서 학원 사업에서는 고객에게 정확한 피드백이 이루어져야 합니다. 피드백을 하라고 하면 잘못을 지적하는 부정적 피드백, 과거 중심적 피드백을 하는 경우가 많습니다. 이 경우는 고객의 '심리적 무기력증'을 일으키므로 전혀 개선이 이루어지지 않습니다. 고객 관리를 잘하고 있다고 자부하는 학원도 대부분 '햄버거식 피드백'을 제공하고 있습니다.

　'햄버거식 피드백'은 '칭찬 샌드위치'라고도 불리는 '잘-못-잘' 방식의 피드백입니다. 칭찬을 먼저하고 중간에 잘못한 것을 지적하고 마지막에 다시 칭찬을 하는 방식의 피드백을 '햄버거식 피드백'이라고 합니다. 사람들은 처음과 끝의 내용을 기억하고, 그 사이의 일은 잘 기억하지 못하는 경향이 있습니다. 이런 전통적 방식의 피드백은 고객과 면담 시 고객이 쉽게 수긍하지만 개선이 이루어지지 않습니다. 그리고 학원에서의 피드백은 상호작용에 의한 피드백이기에 고객에게 일방적으로 전달하는 피드백보다는 고객과 학원이 서로 소통하는 피드백이 필요합니다.

　고객 관리와 평가, 피드백에 대해서는 "3장 학원을 성공으로 이끄는 여섯 가지 원칙"에서 자세히 살펴보겠습니다. 관리 영업에 대해서 한마디로 요약하면 학원 사업은 선 구매 후 사용이라는 구조로 구성되어있기에 관리 영업에 학원이 가진 모든 역량을 집중시켜야 합니다.

핵심 요소 3 : 지식을 판다

세 번째 핵심 요소는 지식을 판다는 것입니다. 지식을 판다는 것이 생소할 수도 있고, "이게 뭔 개떡 같은 말이야"라면서 나쁜 의미로 해석하고 받아들이는 사람도 있습니다. 특히 학원 사업을 하는 사람은 '판다'라는 것을 매우 부정적으로 생각합니다. 하지만 우리가 운영하는 학원은 '지식을 파는 곳'입니다. 불편하더라도 마음을 열어 우리가 하는 일을 명확히 인지해야 합니다. 그러면 지식을 판다는 것은 무엇일까요? 우리는 삶을 살면서 육체 건강과 정신 건강을 잘 가꾸고 관리해야 행복한 삶을 영위할 수 있습니다. 그래서 건강이 중요한 것입니다. 삶을 살아가는 근본적인 방식이 건강을 잘 지키는 것입니다. 육체 건강만큼 중요한 정신 건강을 지키기 위해서는 올바른 지식 성장이 필요합니다. 지식을 판다는 것은 고객의 지식을 성장시키는 것입니다.

우리는 지식의 성장을 통해 삶의 방식과 직업을 결정합니다. 하지만 지식은 음식이나 영양제처럼 성분이나 함량이 정확히 기록되지 않고, 정확히 기록해야 하는 기준도 없습니다. 그리고 지식은 개인별로 기대하는 것이 다르고, 만족하는 지식의 정도도 개인마다 다릅니다. 그래서 지식을 판다는 것은 어렵고, 쉽게 다가오지 않는 말입니다. 그래도 학원 사업을 하는 사람이라면 고객에게 지식을 팔아서 고객의 지식을 성장시켜 지식 건강을 지키게 만들어줘야 합니다. 뜬구름 잡는 이야기 같지만 학원 사업을 하는 사람이라면, 학원 사업에 종사하는 모든 구성원이 반드시 인식해야 하는 개념입니다. 고객의 지식 건강을 지키기 위해서, 나아가 학원의 성공을 위해서 지식이라는 무형의 제품을 파는 것이 학원 사업의 핵심 요소라는 것을 명확히 인식하고 실천해야 합니다.

학원 사업의 성공을 위한 첫걸음

학원 성공의 핵심 요소를 명확히 이해하고 실천한다면 학원은 분명 성공할 것입니다. 핵심 요소에 관한 내용은 "제가 일타 강사가 아닌데 학원 사업을 해도 될까요?", "제가 학원 사업으로 성공할 수 있을까요?"라는 질문의 답입니다. 학원 사업을 하면서 무엇을 팔고 있는지, 어떻게 팔고 있는지를 정확히 알고, 실천하는 사람이 되어야만 학원이 성공할 수 있습니다. 아무리 훌륭한 교육과정과 시설, 우수한 강사, 접근의 용이성을 갖추고 있어도 무엇을 어떻게 팔고 있는지 모른다면 무조건 실패합니다. 그리고 후회합니다. 실패한 후에 "나는 운이 없었어."라고 하는 분들이 많습니다. 실패한 이유는 운이 없었던 것이 아니라 내가 무슨 사업을 했고, 사업의 성공을 위한 핵심 요소를 파악하지 못해서입니다. 특히 학원 사업의 성공은 무엇을 어떻게 파는지를 명확히 이해하고, 핵심 요소를 바탕으로 계획을 수립하고, 실천하는 것부터 출발합니다.

현재 학원 사업을 운영 중인 분들도 세 가지 핵심 요소에 대해 모르거나 이해를 못하는 분들도 있을 것입니다. 이 책을 통해 하나하나 차근히 이해하면 학원 사업을 성공할 수 있습니다. 이 책에서는 학원 창업부터 마케팅과 홍보, 성공하는 학원을 위한 절대 원칙, 학원 운영관리의 핵심 요소와 학원 운영을 통해 수익을 낼 수 있는 전략까지 자세하게 다루도록 하겠습니다.

전문적인 대형학원과 달리 개인이 운영하는 소규모의 학원은 인적자원이 풍부하지 않기 때문에 운영에 대한 전략이 반드시 필요합니다. 이 책에서 다루는 내용이 광범위하고 전문적이기 때문에 포기하고자 하는 생각이 들 수도 있습니다. 학원 사업도 경쟁이 치열한 사업 중 하나입니다. 앞에서 언급했지만 주변에 식당만큼이나 학원도 많습니다. 그래서 경쟁이 치열합니다. 치열한 경쟁 속에서 살아남으려면 사업에 대해서 명확하게 이해하고, 철저하게 실천해야만 성공할 수 있습니다. 그 내용이 방대할지라도 하나씩 실천하면 못 할 일이 아닙니다.

이 책은 학원 사업을 운영하는 우리가 실천해야할 내용을 상세히 다뤘습니다. 그러니 서두르지 말고 지금부터 차근차근히 실천하면 됩니다.

학원(교육기관)의 종류가 이렇게 다양하다고?

학원의 종류

학원을 창업한다고 하면 내가 가르칠 과목_{교습과정}만 생각하는 경우가 대부분입니다. 하지만 이것부터가 잘못된 생각이고, 잘못된 판단입니다. 일단 학원 창업을 우선으로 준비한다면 대상을 먼저 정해야 합니다. 학령기 학생_{미성년자}을 대상으로 할지, 성인을 대상으로 할지를 먼저 정해야 합니다. 그 다음에 교습과정을 정해야 합니다. 학원 인·허가시 학교교과교습학원_{이하, 보습학원}인지, 평생직업교육학원_{이하, 성인학원}인지를 선택해야 합니다. 그리고 교습과정을 정해야 합니다.

보습학원과 성인학원

보습학원과 성인학원은 인·허가 기준 및 운영 규정이 다르기 때문에 반드시 교육 대상을 먼저 정해야 합니다. 예를 들어, 영어학원을 창업한다고 하면 보습학원, 성인학원 둘 다 강의실 면적의 합이 150m^2 이상인 것은 동일하지만 대상이 유·초·중·고등학생인지 아니면 성인인지가 다른 것입니다. 둘 다 가르치고 싶다면 별도의 공간에 두 개 학원을 개원해야 합니다. 보습학원과 성인학원의 차이는 대상의 차이 외에도 교습시간의 제한, 교습비 조정, 교육환경 정화 등의 차이가 있습니다. 교습시간은 보습학원은 05시~22시로 제한이 있지만 성인학원은 교습시간의 제한이 없습니다. 성인학원은 교습비도 학원에서 자율적으로 정할 수 있습니다.

교육환경 정화는 쉽게 말해서 학원과 동일한 건물 내에 교육환경유해업소가 인근에 있는지에 따라 설립 가능, 불가능이 결정됩니다. 이 경우는 유·초·중·고등학생을 수강대상으로 하는 보습학원에만 적용됩니다. 이런 내용은 건물주 또는 공인중개사들도 잘 모르는 경우가 있기에 임차 전에 반드시 확인해야 하는 사항 중 하나입니다. 다행인 것은 PC방, 만화가게, 당구장은 교육환경유해업소에서 제외된다는 것입니다. 다른 설립요건 등은 창업에 대한 내용을 다룰 때 자세히 살펴보도록 하겠습니다.

학원 운영 제한 비교

구분	교습시간 제한	교습비 등 조정	교육환경 정화	보험
학교교과 학습학원	05:00~22:00	조정	적용	가입
평생직업 교육학원	미적용	자율	미적용	가입

대상 교육서비스업의 종류

성인을 대상으로 교육서비스업을 한다고 하면 설립에 대한 선택지가 다양해집니다. 크게 성인학원, 평생교육시설이하, 평생교육원, 직업훈련시설이하, 직업전문학교으로 설립해서 운영할 수 있습니다. 성인학원, 평생교육원, 직업전문학교 모두 설립에 대한 기본 요건과 창업하는 분의 준비 여건에 따라 잘 비교하고 선택해야 합니다. 성인학원과 평생교육원의 주무 부처는 교육지원청입니다. 직업전문학교의 주무 부처는 고용노동부입니다. 성인학원과 평생교육원의 설립요건 중 가장 큰 차이는 설립 면적입니다. 성인학원은 교습과정별로 강의실 면적이 필요하지만 평생교육원은 교습과정과 상관없이 일정 전체 면적만 보유하면 됩니다. 평생교육원의 경우 확보 면적에 대한 부담은 없지만 설치자, 즉 설립자의 요건과 평생교육사를 의무 채용해야 한다는 요건이 있어서 창업할 때 잘 비교하고 선택해야 합니다.

평생교육원의 종류

평생교육원 설립에 대해서 상세히 살펴보겠습니다. 평생교육원의 유형은 다섯 가지가 있습니다. 원격교육형태, 사업장부설 형태, 시민사회단체부설 형태, 언론기관부설 형태, 지식·인력개발사업 관련 형태 이렇게 다섯 가지 형태가 있습니다. 원격교육형태는 온라인 강좌를 운영하는 것이기에 여기서는 다루지 않겠습니다.

그럼 **사업장부설 형태**부터 살펴보겠습니다. 사업장부설 형태 원격평생교육원 설치자 요건은 종업원 100명 이상의 사업장 경영자입니다. 이 형태는 대형마트의 문화센터를 생각하면 이해하기 쉽습니다. 이마트 문화센터, 롯데마트 문화센터, 신세계백화점 문화센터 등입니다. 사업장부설 형태의 교육대상은 당해 사업장 고객입니다. 나머지 다른 형태의 평생교육원은 불특정다수성인를 대상으로 운영됩니다. 그렇기에 문화센터에서 주말에 영·유아 대상의 평생교육프로그램의 운영이 가능합니다. 하지만 일반적으로 학원사업을 운영하기에는 무리가 있습니다. 정규직 100명 이상을 고용하는 것이 쉽지 않기 때문입니다.

다음은 **시민사회단체부설 형태**입니다. 시민사회단체 부설의 경우는 설치자가 법인인 시민사회단체입니다. 세부적으로 법령에 따라 주무관청에 등록된 시민단체여야하고, 회원수 300명 이상인 시민사회단체여야 합니다. 교육과정은 시민단체의 주된 사업을 교육과정으로 합니다. 그래서 일반인이 이 형태의 평생교육원을 운영하는 것은 불가능하다고 생각됩니다.

그 다음은 **지식·인력개발사업 관련 형태**입니다. 이 형태의 평생교육원 설치자의 자격은 지식·인력개발사업을 주된 목적으로 하는 법인이여야 합니다. 이 형태의 평생교육원 설립의 가장 큰 걸림돌은 자본금 또는 자산을 3억 원 이상 보유하고 있어야 한다는 것입니다. 결론은 이 형태의 평생교육원도 일반적으로 설립하기에는 무리가 있습니다.

마지막은 **언론기관부설 형태**입니다. 현재 운영 중인 평생교육원 중 원격평생교육원을 제외하고 나면 언론기관부설 형태의 평생교육원이 가장 많습니다. 코로나19 이전에는 원격교육 형태로 교육 사업을 하려면 원격평생교육원이 유일한 길이였습니다. 하지만 코로나19라는 펜데믹 시대를 지나면서 비대면 교육이 활성화되면서 원격학원이 새로 생겨서 이제는 원격평생교육원과 원격학원으로 형태가 나뉘고 있습니다. 언론기관부설 형태의 평생교육원 설치자 자격은 한마디로 언론기관을 운영하고 있어야 합니다. MBC아카데미, KBS아카데미, SBS아카데미 등이 언론기관부설 형태의 평생교육원입니다. 이 사례만 놓고보면 대형 언론기관만이 설립 가능한 것으로 보입니다. 언론기관부설 평생교육원의 설치자 요건 중 [신문 등의 진흥에 관한 법률] 제9조 제1항 규정에 따라 등록한 일간신문, 주간신문, 인터넷신문 발행자면 가능합니다.

　언론기관부설 형태로 평생교육원을 설립하는 것이 가장 합리적인 방법이라고 할 수 있습니다. 인터넷신문을 발행하면 됩니다. 언론기관 설립은 관할 시청·도청의 민원실에서 신청 및 발급이 가능합니다. 학원은 직접 학원 설립이 가능하지만, 언론기관부설 형태의 평생교육원은 언론기관을 먼저 설립하고, 그 후에 평생교육원을 설립해야 합니다. 설립 절차로 보면 학원보다는 어렵지만, 평생교육원은 교습과정을 선택하거나 늘리거나 줄이는 것이 학원보다는 유연하기 때문에 여러 분야의 교육을 종합적으로 한다면 평생교육원 설립을 고려하는 것이 좋은 방안입니다.

평생교육원 유형별 조건

구분/형태별	원격교육 형태	사업장부설	시민사회 단체부설	언론기관 부설	지식·인력 개발 관련
설치자 요인	개인,법인, 학교	종업원 100명 이상 사업장 경영자	설치요건 참조	설치요건 참조	지식·인력 개발 관련 사업경영자
	법인 1. 총회 회의록, 정관 및 법인등기부등본상에 평생교육시설 운영을 목적에 명시한 후 제출 2. 이사회회의록 또는 총회회의록에 평생교육시설 신고(변경) 사항을 명시한 후 제출 **개인** - 주민등록표 초본, 이력서 제출				
신고 대상 및 설치요건	신고 ·학습비를 받고(사용료,수수료,통신료: 비신고대상) ·10인이상,교육과정 30시간 이상 ·화상강의,인터넷강의 등(컴퓨터,통신,위성통신,CATV활용) ·『학원의 설립 운영 및 과외교습에 관한 법률』상 "원격학원"은 제외 ·서버임대계약서 사본 ·콘텐츠계약서 사본	신고 ·설치자자격 산업체, 문화센터 등 종사자 100명 이상 사업장	신고 ·자체회원 대상은 비신고 대상 ·설치자 자격 1. 법인인 시민사회 단체 2. 법령에 따라 주무관청에 등록된 시민사회단체 3. 회원수 300인 이상 시민사회단체(NGO: 공인목적) 4. 전문인력 1명이상 확보 * 지부인 경우 위조건 별도 충족	신고 ·설치자 자격 1. 신문등의 진흥에 관한법률』제9조 제1항 규정에 따라 등록한 일간신문·주간신문·인터넷신문 발행자 2. 『잡지 등 정기간행물의진흥에 관한법률』 제15조제1항에따라 등록한 월간잡지 발행자 3. 『방송법』 제2조제1호의 법인(지상파,유선,위성) 4. 『뉴스·동신 진흥에관한 법률』제8조에 따라 등록한 뉴스·통신사업을 경영하는 법인 5. 전문인력 1명 이상 확보	신고 ·설치자 자격 1. 지식·인력 개발을 주된 목적으로 하는 법인 2. 지식정보의 제공사업,교육훈련 및 연구용역사업,훈련기관의 경영진단 및 평가사업,교육자문 및 상담사업,교수·학습 프로그램의 개발 및 공급사업 등을 1년이상 경영한 실적 3. 자본금·자산. 3억 이상 4. 전문인력 1명이상 확보

구분/형태별	원격교육 형태	사업장부설	시민사회 단체부설	언론기관 부설	지식·인력 개발 관련
교육대상	불특정다수 (성인)	당해 사업장 고객	불특정다수 (성인)	불특정다수 (성인)	불특정다수 (성인)
교육과정	1. 보건·의료, 종교 관련 교습과정 제외 2. 평생교육법 제3조와 유아법, 초·등교육법 및 학원법(학원의 설립운영 및 과외교습에 관한 법률 제2조의 2제 1호에 해당하는 교습과정·학교교과교습과정)등 다른 법률에 규정이 있는 경우 제외		시민단체 주된 사업을 교육과정으로 한.☞공익 목적 준용		지식·인력개발과 관련된 교육과정으로 한다.☞지식·인력개발사업 진흥
학습비 및 환불 규정	설치·운영자가 학습자의 필요와 실용성을 존중하여 정하되,평생교육법의 취지를 벗어나지 않는 범위 내에서 정함(학습비 이외 추가 징수 불허)				
	학습비 반환기준에 의한(☞평생교육법 시행령 별표)				
평생 교육사	평생교육사 1명 이상				
보험 가입	배상책임보험가입(1인당1억원,1사고당10억원),「울산광역시평생교육진흥조례」제6조제1항				
비고	정보통신매체 이용 단, 국가 간 원격교육은 자유 무역 협정 체결인 경우만 허용	사업장 시설 이용 종사자: 직원명부 또는 4대보험관련 서류	신고요건 ①~③ 어느 하나에 해당하는 시민단체 ④ 충족	신고요건 ①~④ 어느 하나에 해당하는 기관 ⑤충족	신고요건 ①~④ 모두 충족

평생교육원의 교육 영역

평생교육원에서 교육이 가능한 영역은 평생교육 프로그램 6진 분류표를 이해하면 됩니다. 쉽게 말해서 크게 6개 영역에 대해서 교육이 가능하다는 것입니다. 6개 영역은 기초문해교육, 학력보완교육, 직업능력교육, 문화예술교육, 인문소양교육, 시민참여교육으로 구성됩니다. 기초문해교육은 언어적 기초 및 활용을 목적으로 한글을 읽고, 쓸 수 있도록 하는 문자해독능력과 생활속에서 직면한 문제를 해결하여 주어진 과업을 수행할 수 있는 문해활용능력을 개발하고 초등학력을 인증받을 수 있도록 지원하는 교육입니다. 기초문해교육은 어르신한글교실, 다문화가족문해교실, 귀화인한국어교육과정, 문해학습자 컴퓨터활용교육, 기초영어교육 등이 있습니다.

학력보완교육은 학력조건과 인증이 그 목적으로 초·중등교육법, 고등교육법, 평생교육법, 기타 관련법에 명시된 소정의 학력을 인정받기 위해 필요한 이수단위 및 학점과 관련된 학력인증 평생교육을 의미합니다. 예를 들면, 초졸·중졸·고졸 검정고시 강좌, 독학사강좌, 학점은행제강좌 등이 있습니다. 직업능력교육은 직업준비 및 직무역량개발을 목적으로 직업에 필요한 자격과 조건을 체계적으로 준비하고, 주어진 역할과 직무를 효과적으로 수행할 수 있도록 지원하는 평생교육입니다. 인력양성과정, 창업관련과정, 취업준비과정, 외국어 자격증인증, 자격증취득과정, 공통직무연수과정 등이 직업능력교육의 예시입니다. 문화예술교육은 문화예술 향유와 활용이 그 목적으로 문화예술적 상상력과 창의력을 촉진하고 문화예술 행위와 기능을 숙련시키는 일련의 과정과 일생생활 속에서 문화예술을 향유하고 접목할 수 있는 능력을 개발하는 평생교육을 말합니다. 문화예술교육은 생활스포츠강좌예: 수영, 골프강좌, 스포츠예술활동예: 밸리댄스교실, 방송댄스교실, 사진예술강좌, 노래교실강좌, 문화예술 체험 및 관람 등이 있습니다.

인문소양교육은 교육확장과 소양개발을 그 목적으로 특정 직업에 필요한 전문지식 및 기술 획득을 위한 학습보다는 교양을 갖춘 현대인으로서 전인적인 성품과 다양한 소양을 개발하고, 신체적·정신적 건강을 겸비할 수 있도록 지원하는 평생교육을 의미합니다. 인문교양교육에는 상담치료, 종교교육, 웰빙 및 보건교육, 생활외국어, 일반문학강좌, 독서강좌 등이 있습니다. 시민참여교육은 사회적 책무성과 공익성 활용을 목적으로 현대의 민주시민으로서 갖추어야 할 자질과 역량을 개발하며, 사회통합 및 공동체 형성과 관련하여 시민참여를 촉진하고 지원하는 교육입니다. 예시로는 인권교육, 양성평등교육, 주민자치교육, 지역역사문화해설사과정, 환경실천교육 등이 있습니다. 주변에 지자체나 산하기관 및 비영리법인 등에서 운영하고 있는 교육은 모두 평생교육의 6대 영역에 들어있다고 보면 됩니다.

평생교육원에서 고용노동부 국비지원과정의 운영이 가능한 것도 평생교육 6대 영역 중에 직업능력교육과 문화예술교육, 인문교양교육 영역에서 교육이 가능하기 때문입니다. 다양한 직종의 취업교육을 고용노동부 국비지원과정으로 운영하고자 한다면 성인학원이나 직업전문학교보다는 평생교육원을 설립해서 운영하는 것이 효율적입니다. 계속 반복해서 얘기히지만 성인이 대상인지, 학령기 학생이 대상인지 교육 대상을 먼저 결정하고, 창업자의 여건과 창업의 목적 등을 잘 고려해서 학원사업을 준비하는 것이 중요합니다.

평생교육 프로그램 영역별 분류

6진 분류표	프로그램 정의
1. 기초문해교육	언어적 기초 및 활용이 목적으로 한글을 읽고, 쓸 수 있도록 하는 문자해독능력과 생활속에서 직면한 문제를 해결하여 주어진 과업을 수행할 수 있는 문해활용능력을 개발하고 초등학력을 인증받을 수 있도록 지원하는 평생교육
2. 학력보완교육	학력조건과 인증이 목적으로 초·중등교육법, 고등교육법, 평생교육법, 기타 관련법에 명시된 소정의 학력을 인정받기 위해 필요한 이수단위 및 학점과 관련된 학력인증 평생교육
3. 직업능력교육	직업준비 및 직무역량개발이 목적으로 직업에 필요한 자격과 조건을 체계적으로 준비하고, 주어진 역할과 직무를 효과적으로 수행할 수 있도록 지원하는 평생교육
4. 문화예술교육	문화예술 향유와 활용이 목적으로 문화예술적 상상력과 창의력을 촉진하고 문화예술 행위와 기능을 숙련시키는 일련의 과정과, 일상생활 속에서 문화예술을 향유하고 접목할 수 있는 능력을 개발하는 평생교육
5. 인문소양교육	교양확장과 소양개발이 목적으로 특정 직업에 필요한 전문지식 및 기술 획득을 위한 학습보다는 교양을 갖춘 현대인으로서 전인적인 성품과 다양한 소양을 개발하고, 신체적·정신적 건강을 겸비할 수 있도록 지원하는 평생교육
6. 시민참여교육	사회적 책무성과 공익성 활용이 목적으로 현대의 민주시민으로서 갖추어야 할 자질과 역량을 개발하며, 사회통합 및 공동체 형성과 관련하여 시민참여를 촉진하고 지원하는 평생교육

6진 분류에 의한 프로그램 세부 분류

6대영역	하위영역	정의	프로그램 예시
기초문해교육 (언어적 기초와 활용)	한글문해 프로그램	내국인 중 비문해자가 한글을 읽고, 쓸 수 있는 문자해득 능력을 갖도록 체계적으로 지도하는 프로그램	어르신한글교실, 한글교실(초급·중급), 학습계좌 미인정 한글강좌
	다문화 한글문해 프로그램	다문화 외국인 중 비문해자가 한글을 읽고, 쓸 수 있는 문자해득 능력을 갖도록 체계적으로 지도하는 프로그램	외국인 한글교실, 다문화가족문해교실, 귀화인 한국어교육과정
	한글생활문해 프로그램	문자해득 후 한글을 응용하여 직면한 문제를 해결하고 주어진 과업을 수행할 수 있는 문해활용 능력을 개발하도록 지원하는 프로그램	다문화교육, 한글교실(고급), 한글 응용교육, 문해학습자 컴퓨터활용교육, 기초영어교육, 한글인증시험 준비교육과정
학력보완교육 (학력조건과 인증)	초등학력보완 프로그램	초등학력의 보완 및 인증 규정에 의해 평생교육시설 및 기관에서 운영되는 소정의 프로그램	학습계좌문해교육프로그램, 중입검정고시강좌, 초등학력인증강좌, 초등교과연계강좌, 과학교실
	중등학력보완 프로그램	중·고등학교 학력의 보완 및 인증 규정에 의해 평생교육시설 및 기관에서 운영되는 소정의 프로그램	고입검정고시강좌, 대입검정고시 강좌, 중고생교과연계강좌, 진로강좌
	고등학력보완 프로그램	전문학사 및 학사 학력의 인증 규정에 의해 평생교육시설 및 기관에서 운영되는 소정의 프로그램	독학사강좌, 학점은행제강좌, 시간제등록강좌, 대학 비학점강좌
직업능력교육 (직업준비와 직무 역량개발)	직업준비 프로그램	특정 직업에 새롭게 취직하기를 희망하고 성공적인 창업에 필요한 지식, 정보, 기술, 기능을 획득하고 관련 조건을 체계적으로 준비할 수 있도록 지원하는 프로그램	인력양성과정, 창업관련과정, 취업준비과정, 재취업정보교육

6대영역	하위영역	정의	프로그램 예시
직업능력교육 (직업준비와 직무 역량개발)	자격인증 프로그램	특정 직업의 직무수행에 필요한 전문적인 지식, 기술, 기능이 일정한 수준에 도달하여 소정의 자격을 제도적으로 인증 받을 수 있도록 지원하는 프로그램	외국어자격인증, 지도사양성과정, 자격증취득과정, 자격인증과정, 토익·토플강좌
	현직직무역량 프로그램	현직 종사자에게 보다 발전적인 직무수행에 필요한 관련 지식과 정보를 획득하게 하고, 관련 기술과 기능을 습득하고 익힐 수 있도록 지원하는 프로그램	공통직무연수과정, 전문직무연수과정 (예: 평생교육사연수), 경력개발과정
문화예술교육 (문화예술 향유와 활용)	레저생활 스포츠 프로그램	체력증진 및 여가선용을 위하여 일상생활 속에서 지속적으로 행하는 체육활동 및 전문적 스포츠관련 프로그램	레저활동강좌(예: 활쏘기), 생활스포츠강좌(예: 수영·골프강좌), 스포츠예술활동(예: 벨리댄스교실)
	생활문화예술 프로그램	문화예술을 일상생활에 접목하여 생활문화의 질을 향상시키고, 삶의 문화를 보다 풍성하게 향유할 수 있도록 지원하고 인증하는 프로그램	풍선아트강좌, 사진예술강좌, 천연염색강좌, 생활공예강좌, 노래교실강좌, 천연화장품만들기, 인테리어홈패션, POP
	문화예술향상 프로그램	문화예술작품 및 행위를 의미있게 체험하고 문화예술적 가치가 높은 작품을 완성할 수 있도록 체계적으로 지도하고 인증하는 프로그램	음악·무용, 미술·서예지도, 문화예술 체험 및 관람, 도자기·공예, 연극·영화

6대영역	하위영역	정의	프로그램 예시
인문교양교육 (교양확장 및 소양 개발)	건강심성 프로그램	현대사회에서 건강한 삶과 생활을 위한 심리적 안정을 촉진하고 신체 건강에 필요한 활동과 체험을 체계적으로 지원하고 인증하는 프로그램	상담치료, 종교교육, 식생활교육, 생활의료교육, 웰빙 및 보건교육
	기능적 소양 프로그램	일상생활의 적절한 역할수행과 현대인이 갖추어야할 다양한 소양과 관련된 기능적 자질과 능력을 개발하고 실천하도록 지원하고 인증하는 프로그램	역할수행교육, 예절교육, 정보인터넷활용, 생활외국어, 가정생활, 직장생활교육, 생활한자
	인문학적 교양 프로그램	전인적 품성과 지혜를 갖춘 현대인으로서 인문학적 교양과 상식을 확장하고, 문학`역사`철학과 관련된 체험과 활동을 체계적으로 지원하고 인증하는 프로그램	일반문학강좌, 과학일반강좌, 역사·전통강좌, 철학·행복강좌, 독서강좌
시민참여교육 (사회적 책무성과 공익적 활용)	시민책무성 프로그램	현대시민으로서 갖추어야할 사회적 책무성을 개발하고 사회통합 및 공동체 형성을 촉진·지원하고 인증하는 프로그램	인권교육, 양성평등교육, 다문화이해, 환경생태체험강좌, 주민자치교육, 재소자의식교육, 지역이해교육, 국가정책이해교육
	시민리더역량 프로그램	국가 및 지역사회의 공익적 사업을 효과적으로 추진할 수 있는 시민을 발굴·육성하고 그들의 자질과 역량을 개발하고 인증하는 프로그램	지역리더양성, 평생학습리더양성, 평생학습상담자양성과정, NGO(N PO)지도자과정, 지역역사문화해설사과정
	시민참여활동 프로그램	현대사회의 구성원으로서 지역사회조직 및 공익적 사업에 대한 개인적·집단적인 참여를 촉진하고 평생학습 참여기회를 지원하고 인증하는 프로그램	학습동아리교육, 평생교육자원봉사, 환경실천교육, 평생학습네트워크

직업훈련시설

또 다른 선택지로 직업전문학교가 있습니다. 직업전문학교의 주무 부처는 고용노동부입니다. 고용노동부의 직업전문학교 설립요건 중 가장 중요한 면적은 강의실 면적이 아닌 연면적 180m² 이상이면 됩니다. 면적만 놓고 보면 평생교육원과 큰 차이는 없습니다. 하지만 가르치고자 하는 직종별로 직업능력개발훈련교사 이하, 직훈교사가 정직원으로 채용되어야 합니다. 여기에 직업상담사도 한 명 정직원으로 채용해야 합니다. 직업과 연관이 없는 어학 계열은 설립이 불가합니다. 그래서 인건비의 부담과 강의 가능 직종의 제한 때문에 창업을 꺼려하는 경우가 많아졌습니다. 예전에는 고용노동부 국비지원이 직업전문학교에만 지원됐을 때 국비지원과정을 운영하기 위해서 주로 설립했습니다. 하지만 성인학원, 평생교육원, 직업전문학교 모두 고용노동부 국비지원과정을 운영할 수 있습니다. 그래서 주변에서 직업전문학교를 찾아보기가 힘든 이유도 있습니다.

학원 사업의 유형별 정리

간략하게 학원 사업의 종류를 정리하면 미성년을 대상으로 하는 교육 사업은 보습학원으로 가능합니다. 성인학원은 전문적인 하나 또는 두 개의 교습과정을 운영하기에 적합합니다. 평생교육원은 창업자가 평생교육사 자격을 보유하였거나 평생교육사를 보유하였다면 설립할 수 있습니다. 평생교육원은 성인학원보다 교습과정 운영에 자유롭습니다. 직업전문학교는 특정

직업과 관련된 교육사업을 하기에 적당합니다. 하지만 직종별로 훈련교사를 보유해야 하고, 직업상담사를 보유해야 한다는 점에서 부담스럽습니다. 성인학원, 평생교육원, 직업전문학교 모두 고용노동부 국비지원 과정을 운영할 수 있습니다. 더 간단히 정리하면 물적 요건과 인적 요건에 따라 설립 조건이 다르기 때문에 창업을 준비하는 분이 자신의 여건과 잘 비교해서 선택하면 됩니다.

학원 종류별 설립 기준 요약 비교

구분	학원		평생교육원	직업전문학교
	보습학원	성인학원		
주무부처	시·도 교육지원청	시·도 교육지원청	시·도 교육지원청	고용노동부
대상	미성년자	성인	성인	성인
물적 요건	교습과정별 강의실 면적 및 교습과정별 시설장비	교습과정별 강의실 면적 및 교습과정별 시설장비	최소 연면적	연면적 180m^2 이상
인적 요건	없음	없음	평생교육사 배치	직종별 훈련교사 및 직업상담사 배치

따라 하니
학원 창업이 되네

주대상 고객이 최우선

앞서 학원의 다양한 종류에 대해서 살펴봤습니다. 아마도 학원 사업이 이렇게 다양한지를 모르고 학원 창업을 준비하는 분도 있을 것입니다. 잘 가르칠 수 있다는 신념 아래 학원을 창업했다가 창업하는 과정에서 낭패를 봤던 분들도 있습니다. 이런 일이 생기는 이유는 내가 하는 사업에 대한 이해도가 부족한 상태에서 창업 절차를 생략한 채로 학원 창업을 추진해서 그렇습니다. 대부분 학원을 창업하는 분은 학원이 밀집되어 있는 학원가에 위치가 좋고, 스스로 감당할 수 있는 임차 비용 등을 고려해서 먼저 장소를 계약하고 인테리어를 진행한 후에 인·허가를 추진합니다.

하지만 학원을 설립할 때 가장 먼저 고려해야할 것은 고객 대상층을 고려해서 어떤 유형의 학원을 설립할 것인지를 먼저 선택해야 합니다. 그 다음에 설립 유형별로 기본적인 물적 요건을 확인해야 합니다. 그런 다음에 학원 사업을 위한 장소를 정해야 합니다. 이 절차가 설립 절차의 원칙이라 생각해야 합니다.

후보지 임대 시 고려사항

필자가 이 절차를 원칙이라고 하는 이유는 초기 창업비용을 다 날릴 수 있기 때문입니다. 보습학원의 설립 기준을 예를 들어 설명을 하면, 대부분 교습과정별 면적기준과 강의실 면적기준 그리고 학원의 위치만을 고려해서 임대차 계약을 진행하고, 인테리어를 진행한 후에 시·도 교육지원청에 설립 인·허가를 추진합니다. 그 외의 물리적인 요건을 전혀 고려하지 않는 경우가 대부분입니다. 건물주나 공인중개사들도 학원 설립 요건에 대해서 자세히 모르는 경우가 많습니다. 그 사람들이 그 내용을 반드시 알아야 할 필요도 없습니다. 보습학원의 설립을 위해 임차 면적뿐만 아니라 반드시 살펴봐야할 요건으로는 네 가지가 있습니다. 이 네 가지는 건축물·지역용도 기준, 직통계단 설치 기준, 학원 소방 점검 기준, 교육환경유해업소 인근 설립 제한 기준입니다. 이 네 가지 요건을 자세히 살펴보도록 하겠습니다.

건축물·지역용도 기준

먼저, 건축물·지역용도 기준입니다. 이 내용은 건물주나 공인중개사도 기본적으로 알고 있는 내용이기에 실수할 경우는 드물지만 그래도 확실히 확인을 해야 합니다. 건축물 대장에 임차하고자 하는 공간의 용도가 제2종 근린생활시설, 교육연구시설학원로 되어있어야 합니다. 그 외의 용도는 설립이 불가능하다고 생각하면 됩니다. 그리고 같은 건축물 안에서 소유주임차인별로 학원으로 사용하는 바닥면적의 합계가 500m^2 이상일 경우 건축물 용도를 '교육연구시설학원'로 변경해야 합니다.

예를 들어 2층과 3층에 기존에 학원이 각각 200m^{2}으로 운영되고 있다면 합계가 400m^{2}이므로 건축물 용도가 제2종 근린생활시설이여도 상관없습니다. 하지만 이 건물 4층에 학원이 신규로 150m^{2}의 면적으로 설립된다면 총 면적이 550m^{2}이므로 건축물 용도를 '교육연구시설학원'으로 변경 후에 학원 인·허가를 진행해야 합니다. 보통 건축물 용도 변경에 들어가는 비용은 건물주가 부담하거나 건물주와 임차인이 공동 부담합니다.

학원 면적에 따른 건축물 용도

층	면적	학원면적 합계	용도
3층	B 음악학원 면적 : 200㎡	학원면적 합계: 400㎡	용도 : 근린생활시설(학원) 교육연구시설(학원) 둘 다 가능
2층	A 보습학원 면적 : 200㎡		

⬇

층	면적	학원면적 합계	용도
4층	신규학원 면적 : 150㎡	학원면적 합계: 550㎡	용도 : 교육연구시설(학원)로 변경 [소유주(임차인)가 동일한 경우]
3층	B 음악학원 면적 : 200㎡		
2층	A 보습학원 면적 : 200㎡		

건축물 용도를 살펴볼 때 반드시 살펴봐야하는 것은 지역의 용도지역 및 용도지구입니다. 설립 지역의 용도지역 및 용도지구가 제2종 일반주거지역 및 제3종은 설립이 가능합니다. 제1종·제2종 전용주거지역과 제1종 일반주거지역에는 학원 설립이 불가능합니다. 지역의 용도지역 및 용도지구는 해당 건물의 건축물 대장에서 확인이 가능하니 꼼꼼히 확인하기 바랍니다.

직통계단 설치 요건

두 번째는 직통계단의 설치 요건입니다. 이 부분도 많은 분들이 인지하고 있는 부분이지만 한 번 더 자세히 짚고 넘어가겠습니다. 직통계단의 설치는 「건축법 제39조」와 「건축법 시행령 제34조」가 기준입니다. 여기서 가장 기본적인 요건은 학원 용도로 사용하는 건물이 3층 이상이면서 해당 층의 바닥면적_{전용면적}의 합계가 200㎡ 이상일 경우에는 피난층 또는 지상으로 통하는 직통계단을 2개소 이상 설치해야 합니다. 하지만 2003년 2월 이전에 근린생활시설^{학원} 용도의 건축물은 이 기준에서 제외됩니다. 간단히 말하면 학원을 창업할 때 건물의 외관 컨디션도 중요하게 여깁니다. 그렇기 때문에 건물에 직통 계단이 2개소 이상인 곳을 기준으로 학원 장소를 선택하면 됩니다.

소방 점검 기준

세 번째는 학원 소방 점검에 관한 기준입니다. 이 요건에 대해서는 잘 모르는 경우가 많습니다. 특히 학원 인·허가를 신청하기 전에 관할 소방서를 통해 안전시설 등 완비증명서를 발급받아야 합니다. 이 기준은 「학원법 제8조」과 「다중이용업소의 안전관리에 관한 특별법 제39조」의 기준을 따라야 합니다.

학원면적이 570m² 이상이거나 일시 수용인원이 300명 이상인 경우에는 관할 소방서에서 '소방·방화시설완비증명서'를 발급받아서 관할 시·도 교육청에 제출해야 합니다. 학원면적이 190m²~300m² 이거나 일시 수용인원이 100명~300명인 경우 중 동일 건물에 학원이 둘 이상 있거나, 학원과 기숙사가 함께 있거나, 다중이용업과 학원이 함께 있는 경우는 '소방·방화시설완비증명서'를 발급받아야 합니다. 190m² 미만의 학원은 교육청에서 관할 소방서에 소방안전점검을 요청하기에 '소방·방화시설완비증명서'를 발급받지 않아도 됩니다. 190m²은 평으로 환산하면 57.5평이기에 학원 장소의 임차 면적을 잘 확인해서 준비하면 됩니다.

'소방·방화시설완비증명서'를 발급받기 위해서는 구획마다 소화기를 설치해야 하고, 간이스프링클러설비, 경보설비_{비상벨,} _{표시등, 자동화재탐지설비 등}, 피난설비_{유도등, 유도표지, 완강기 등}, 비상구 관리 상태, 영업장 내부 피난통로 등 15가지 항목을 점검하여 '안전시설등 완비증명서'가 발급됩니다.

의외로 많이 일어나는 미비 사항이 스프링클러의 위치입니다. 인테리어를 하면서 강의실 구획을 나누고 나면 구획에 맞게 스프링클러의 위치 이동 및 추가 설치를 해야 합니다. 최근의 신축 건물들은 이동이 가능한 스프링클러가 설치되어 손쉽게 이동할 수 있지만 그렇지 않은 경우에는 스프링클러의 위치 이동 및 추가 설치에 많은 비용이 들어갈 수 있습니다. 이 점을 유의해서 임대차 계약을 진행해야 합니다.

돌다리도 두드리고 건넌다는 심정으로 건물 계약 전 관할 소방서에 문의하여 '소방·방화시설완비증명서' 발급 가능여부를 확인하는 것이 좋습니다. 다음 표에 담당공무원 소방안전점검 시 갖추어야 하는 기본 설비 내용을 정리하였습니다. 인테리어 준비 시 표의 내용을 반드시 확인하고 진행하기 바랍니다.

소방안전점검 기본 설비

항목	설비 내용
각실 소화기	ABC소화기, 투척용소화기 등
완 강 기	학원이 3층 이상에 위치할 경우에 해당 주출입구 반대편 복도 끝에 설치하여야 함 (구획된 실내에는 설치 불가) 완강기 설치 표지 부착
비상구 유도등	모든 출입구에 설치 학원 내부 복도에서 비상구 유도등이 최소 1개 이상 보여야 함.
각실 화재감지기 및 자동수신반	건축물대장상의 주택용도를 제외한 면적이 $600m^2$ 이상인 경우 해당
비상경보설비	건축물대장상의 주택용도를 제외한 면적이 $400m^2$ 이상 $600m^2$ 미만 경우 해당

교육환경유해업소 기준

 네 번째 기준은 교육환경유해업소 인근 설립 제한 기준입니다. 이 경우는 유·초·중·고등학생을 수강대상으로 하는 경우 해당됩니다. 즉, 보습학원에만 적용되는 기준입니다. 교육환경유해업소의 설립 제한은 두 가지 조건으로 나뉩니다. 첫째, 건물의 연면적이 $1,650m^2$ 미만일 경우는 동일 건물 내 학원 설립이 불가능합니다. 둘째, 건물의 연면적이 $1,650m^2$ 이상일 경우는 같은 층 및 위층 또는 아래층 제한이 있습니다. 위층, 아래층으로는 6m가 떨어진 경우, 같은 층에는 20m 떨어진 경우는 학원 설립이 가능합니다.

연면적이 1,650m²이상일 경우 학원 설립 기준 제한

설립가능	6m			6m	설립가능
설립가능	20m		유해업소	20m	설립가능
설립가능	6m			6m	설립가능

교육환경유해업소로는 극장, 유흥주점, 노래방, 비디오방, 호텔 등이 있습니다. 하지만 「게임산업진흥에 관한 법률 제2조 제7호」에 따라서 PC방, 만화가게, 당구장은 동일 건물에 있어도 학원 설립이 가능합니다.

교육환경유해업소의 종류

① 극장, 총포 화약류 및 천연가스, 액화가스 제조장 및 저장소
② 카바레, 스텐드바, 접대부를 고용한 술집(룸싸롱, 카페, 인삼찻집, 이와 유사한 업종), 단란주점, 유흥주점, 노래방, 무도장, 무도학원, 전화방, 비디오방담배자동판매기, 성인용품판매점
③ 컴퓨터게임장(성인용), 전자오락실(성인용), 전화방, 비디오방
④ 호텔, 여관, 여인숙, 증기탕
⑤ 위험물 취급업소, 전영병요양소, 폐기물(쓰레기)수집장소

보습학원의 예를 들어서 왜 고객 대상층을 우선 정하고, 어떤 유형의 학원을 설립할 것인지 그리고 설립 유형별 물적 요건을 고려해서 학원 사업을 위한 장소를 정해야 하는지를 확인해 봤습니다. 다시 한번 강조하지만 무턱대고 위치가 맘에 든다고 해서 건물 임차를 하고, 인테리어를 무턱대고 진행하면 인허가 시 큰 낭패를 볼 수 있습니다.

학원 설립 절차

학원의 설립 절차를 정리하고 넘어가겠습니다.

① 고객의 대상층을 결정

② 판매할 과정 과목을 결정

③ 설립하고자 하는 학원의 유형별로 설립 요건을 확인

④ 설립 요건에 적합한 후보지를 물색

⑤ 후보지의 건축물대장을 열람해서 건축물 용도의 적합 여부를 확인

⑥ 건물 계약 후에 인테리어 도면을 가지고 관할 소방서에 가서 '소방·방화시설완비증명서' 점검 및 발급에 대한 상담

⑦ 인테리어를 완료한 후에 관할 교육지원청에 가서 학원설립·운영 등록을 신청하고 담당 공무원의 현장 실사 후에 학원운영등록증을 발급받고 관할 세무서에서 사업자등록을 신고

위와 같이 하면 학원 설립이 완료된 것입니다. 이제부터 학원 사업을 본격적으로 할 수 있는 초석을 마련한 것입니다.

학원 설립 절차

단계	내용
1단계 대상 선정	· 미성년 대상인지, 성년 대상인지 선택
2단계 과정 선정	· 학원에서 판매할 과정(과목) 선정
3단계 유형별 설립 요건 확인	· 보습학원, 성인학원, 평생교육원, 직업전문학교 등 설립 유형을 선택 후 해당 설립 요건 확인
4단계 후보지 물색	· 선택한 유형의 설립 요건에 적합한 후보지 물색 · 교습과정별 면적을 유의하여 물색
5단계 건축물 용도 확인	· 후보지의 건축물 용도 적합 여부 확인
6단계 소방서 상담	· 최종 건물 계약 · 관할 소방서 상담 진행(인테리어 도면 지참)
7단계 학원 설립 신청	· 인테리어 진행 · 소방·방화시설완비증명서 발급(관할 소방서) · 구비 서류 준비 · 학원설립·운영 등록 신청(관할 교육지원청) · 교육지원청 담당공무원 현장 실사 · 학원운영 등록증 발급 · 사업자등록(관할 세무서)

보습학원과 성인학원은 교습과정별로 면적 기준이 적용됩니다. 만약 성인학원 중 컴퓨터학원을 설립한다고 하면 디자인, 소프트웨어, 전산회계를 교육하고자 할 것입니다. 이 경우는 디자인 과정의 면적과 소프트웨어 과정의 면적, 전산회계 과정의 면적이 필요합니다. 디자인 과정의 면적은 실습실 $90m^2$ 이상, 소프트웨어 과정의 면적은 $70m^2$ 이상, 전산회계 과정의 면적은 $70m^2$ 이상이 필요합니다. 이런 경우는 강의실 면적의 합이 $230m^2$ 이상이 되어야 합니다. 이때 유의해야 할 것은 교습 과정별로 강의실 안쪽 면의 면적 기준에 적합해야 하고, 전체적인 강의실 안쪽 면의 면적 기준에 적합해야 합니다. 학원 인테리어

공사 시 이 기준을 둘 다 충족시키지 못해서 인허가를 못 받거나 시작도 못한 학원의 인테리어 재공사를 하는 경우가 종종 발생합니다. 꼭 확인해야 합니다.

여기서 면적은 강의실 안쪽 면의 면적을 말하는 것입니다. 사무실, 교무실, 복도 등의 면적은 제외됩니다. 그리고 강의실의 최소 면적은 $10m^2$ 이상이 되어야 합니다. 강의실별로 면적을 정할 때 학원 전체 공간을 기준으로 나누는 경우가 많습니다. 이론 강의실의 경우는 $1m^2$당 1명이 일시 수용인원입니다. $30m^2$ 강의실이면 이 강의실의 정원은 30명이라는 것입니다. 그래서 학원 전체 공간을 기준으로 강의실을 구분하면 안 됩니다. 교육하는 과정의 정원을 몇 명으로 했을 때 강의실별 매출은 얼마이고 고정비가 얼마인지를 확인해서 강의실별 정원을 정해야 실제 학원 운영 시 효율적으로 운영할 수 있습니다.

추가로 설명할 것은 시·도 교육청별로 교습과정별 시설 면적 기준이 다르기에 해당 시·도 교육청 홈페이지를 확인해야 합니다. 그리고 지하실에도 학원 설립이 가능한지 궁금해 하는 분들도 있습니다. 지하실은 학원의 시설로 사용할 수가 없습니다. 하지만 건물의 한 면 이상이 완전히 지상에 노출되어 있고 대피 가능 출구가 2개 이상일 경우는 학원 시설로 사용이 가능합니다. 필자의 경험에 의하면 지하실을 학원으로 사용했을 경우 환경 관리에 어려움도 있고, 지하실이라는 대중적 인식의 문제도 있으니, 지하실을 학원 시설로 사용하지 않을 것을 권장합니다.

　동일한 학원을 다른 건물에 하나의 학원운영 등록증으로 운영할 수 없습니다. 학원 사업이 성공적이어서 다른 건물로 확장을 하고자 한다면 새롭게 학원 설립을 해야 합니다. 이 점도 유념해야 하는 내용입니다.

　이번에는 평생교육원에 대해서 살펴보겠습니다. 앞서 살펴본 것처럼 컴퓨터학원에서 여러 교습 과정을 운영하려면 교습 과정별 면적이 필요했습니다. 이러한 학원 설립 기준과 달리 평생교육원은 교습 과정별 면적에 대한 기준은 없습니다. 그래서 성인학원을 준비하는 분이라면 평생교육원도 고려해 보는 것이 좋습니다.

　학원은 교습 과정별로 면적이 필요하고 교습 과정명이 학원명에 반드시 포함하기 때문에 학원 운영 중에 교습 과정을 변경하기가 쉽지 않습니다. 하지만 평생교육원은 교습 과정을 추가하거나 삭제할 때 신고만 하면 되기에 성인학원보다 유연하게 운영할 수 있습니다. 평생교육원을 설립할 때 고용노동부 국비 지원을 받고자 한다면 고용노동부의 국비 지원에 관한 면적 기준을 따라야 합니다. 앞서 언급했었지만 평생교육원을 설립하려면 물적 요건은 학원보다 용이한 수준이지만 평생교육사 1명을 배치해야 하는 인적 요건이 있습니다. 설립자 본인이 평생교육사 자격을 보유하고 있지 않다면 평생교육사 1명을 채용해야 합니다. 여기까지 내용만 본다면 평생교육원이 성인학원보다는 설립하기 쉽습니다.

    하지만 평생교육원은 다섯 가지 형태로 설립이 가능합니다. 평생교육원의 설립 유형 다섯 가지는 원격평생교육 형태, 사업장부설 형태, 시민사회단체부설 형태, 언론기관 부설 형태, 지식·인력개발사업관련 형태입니다. 원격평생교육 형태는 온라인 교육을 하는 것이기에 제외하고 살펴보겠습니다. 사업장부설 형태는 종업원 100명 이상 사업장의 경영자가 설립할 수 있습니다. 시민사회단체 부설은 시민사회단체가 설립가능하고, 교육과정은 시민단체의 주된 사업 내용으로 구성하기에 많은 제한이 따릅니다. 지식·인력개발사업관련 형태의 평생교육원은 지식·인력개발사업을 주로 하는 법인이 경영실적 1년 이상을 보유하고 있어야 합니다. 여기에 자본금 또는 자산이 3억원 이상 있어야 하고, 지식·인력개발사업과 관련된 교육과정만 운영할 수 있습니다. 이렇게 설립형태로 살펴보면 보편적인 개인이나 법인이 설립하기에는 많은 어려움이 따릅니다.

    보통 평생교육원을 설립하는 분들은 언론기관부설 형태로 평생교육원을 설립합니다. 더 간단히 설명하자면 인터넷 신문사를 해당 지자체에 허가를 받고 해당 언론사의 부설형태로 평생교육원을 설립합니다. 인터넷신문사를 운영해야 한다는 부담감은 있지만 기본적인 인터넷신문사 형태의 홈페이지를 비교적 저렴한 가격에 제작해주는 웹에이전시 기업들이 있어서 너무 복잡하거나 힘들지는 않습니다. 다만 꾸준히 인터넷 신문사를 운영해야 하는 것이 중점 유의 사항입니다.

학원 설립에 이어서 평생교육원 설립에 관한 내용을 살펴보았습니다. 학원, 평생교육원 모두 주무 부처는 관할 교육지원청입니다. 그렇기에 학원 설립 시 구비서류나 평생교육원 설립 시 구비서류가 매우 유사합니다. 그래도 관할 교육지원청에 문의나 상담을 통해서 사전에 구비해야 할 서류를 반드시 확인하기 바랍니다.

학원 설립자의 결격 사유

마지막으로 설립자의 결격 사유에 대해서 살펴보겠습니다. 대부분 학원 사업을 하는 분들은 해당이 안되지만, 간혹 이런 경우가 발생하기 때문에 설립자의 결격 사유에 대해서 짚고 넘어가겠습니다.

학원 설립자는 금치산자, 한정치산자, 파산선고를 받은 자로서 복권되지 아니한 자, 금고 이상의 형을 선고 받고 그 집행이 끝나거나 그 집행을 받지 아니 하기로 확정된 후 3년이 지나지 아니한 자 또는 그 집행유예 기간 중에 있는 자, 법원의 판결에 의하여 자격이 정지되거나 상실된 자, 학원법을 위반하여 벌금형을 선고 받은 후 1년이 지나지 아니한 자, 학원법 제17조제1항에 따라 학원 등록이 말소된 날부터 1년이 지나지 아니한 자, 성범죄로 형 또는 치료감호를 선고받아 확정된 자는 학원을 설립할 수가 없습니다. 성범죄에 관련된 결격 사유는 성인학원은 제외가 됩니다. 그리고 법인에서 학원을 설립하고자 한다면 법인의 이사, 감사 모두 결격 사유의 적용을 받습니다.

학원 설립자의 결격 사유

결격사유 (학원설립 불가 사유)	확인방법
① 금치산자, 한정치산자 ② 파산선고를 받은 자로서 복권되지 아니한 자 ③ 금고 이상의 형을 선고 받고 그 집행이 끝나거나 그 집행을 받지 아니 하기로 확정된 후 3년이 지나지 아니한 자 또는 그 집행유예 기간 중에 있는 자 ④ 법원의 판결에 의하여 자격이 정지되거나 상실된 자 ⑤ 학원법을 위반하여 벌금형을 선고 받은 후 1년이 지나지 아니한 자	결격사유 조회
⑥ 학원법 제17조제1항에 따라 학원 등록이 말소된 날부터 1년이 지나지 아니한 자	NEIS 결격 설립자 목록 확인
⑦ 법인으로서 그 임원(이사, 감사) 중에 제1호부터 제6호까지의 규정에 해당하는 자가 있는 경우	결격사유 조회 NEIS 결격 설립자 목록 확인
⑧ 성범죄로 형 또는 치료감호를 선고받아 확정된 자 (평생직업교육학원 국제화 분야와 성인만을 대상으로 하는 학원 제외)	성범죄경력조회

학원에 근무하는 모든 종사자 또한 아동·청소년대상 성범죄 또는 성인 대상 성범죄로 형 또는 치료감호를 선고받아 확정된 자는 아동·청소년 관련 기관 등을 운영하거나 관련 기관 등에 취업할 수 없습니다 아동·청소년의 성보호에 관한 법률 제56조. 아동학대 관련 범죄로 형 또는 치료감호를 선고받아 확정된 자는 아동 관련 기관을 운영하거나 관련 기관에 취업할 수 없습니다 아동복지법

제29조의3. 이 내용도 잘 숙지해서 강사뿐만 아니라 행정, 상담 직원 등을 채용할 때 반드시 채용 전 조회를 실시하고 관할 교육지원청에 신고를 해야 합니다.

지금까지 학원 창업에 대해서 알아봤습니다. 학원 창업에서 가장 중요한 것은 제일 먼저 어떤 고객층을 대상으로 할 것인지를 선택하는 것입니다. 그리고 지금 창업을 준비하는 분의 객관적인 상태입니다. 여기서 창업하는 분의 상태라는 것은 초기 투자자금과 그리고 운영여건을 말합니다. 그리고 시장조사를 통한 창업 장소입니다. 이 세 가지, 즉 고객 대상층, 창업자의 상태, 창업 장소라는 여건을 충분히 고려해서 학원, 평생교육원, 직업전문학교라는 창업 형태를 결정하고, 창업을 준비해야 합니다. 창업을 준비하면서 체크리스트를 활용하는 것도 도움이 됩니다. 돌다리도 두드려보고 건넌다는 마음으로 체크리스트를 만들어서 하나하나 정확히 확인하면서 준비를 해야 합니다. 그래야 창업과정에서 실수가 없습니다. 창업을 준비하면서 실수를 하면 맥이 빠지게 되고 자신감도 상당히 잃게 됩니다. 이것이야말로 시작 전부터 초치는 일이기에 확인에 확인을 통해 실수가 없어야 합니다.

학원 설립 체크리스트 예시

확인사항	내용	O	X
1. 설립자의 자격	정확한 등록기준지를 기재하였나? ▶ 결격사유 해당자(신원조회로 확인), 공무원, 미성년자는 학원 설립할 수 없음 - 학원의 직권폐원을 받은 자는 당해 처분을 받은 날로부터 1년 이내에는 같은 종류의 학원을 등록할 수 없음		
2. 학원 건물 소재지 조건	교습과정에 해당하는 강의실(실습실)등의 기준면적을 확보하였나? ▶「서울특별시 학원의 설립·운영 및 과외교습에 관한 조례」[별표3] ▶ 강의실면적에 사무실, 복도 등은 해당되지 않으며, 벽(가벽 불인정)으로 구획된 벽과 벽 사이 최종 내부 실측된 순수 강의실 면적(기둥 제외)을 기준으로 하며, 최소 단위 시설별 기준면적은 30m^2 ~ 135m^2임		
	건축물대장 확인결과 건물 용도가 적합한가? ▶ 적합한 용도 : 제2종근린생활시설(학원·교습소·독서실) 교육연구시설(학원) ※ 동일건축물 내에서 학원(교습소)이 차지하는 바닥면적(공용부분 포함) 합계가 500m^2이상일 경우, 반드시 『교육연구시설(학원)』이어야 함 ▶ 무허가, 위법건축물 해당여부 확인 (설립불가)		
	계단이 2개소이상인가? (해당 경우에만 확인) ▶3층 이상의 층으로 학원(독서실포함). 아동시설.노인복지시설 등의 **전용면적이 200m^2이상일 경우.**(교습소의 경우 400m^2이상) ▶계단에 엘리베이터는 포함 안됨		
	학원 및 교습소 존재 여부? ▶신규 설립 및 위치변경 예정 장소에 학원 및 교습소가 존재 시 설립 불가 (폐원, 위치변경 처리완료 후 설립 가능)		
	유해업소가 없는가? (성인대상 학원 제외) ▶연면적1,650m^2 미만 : 동일한 건축물 안에 유해업소가 있으면 안 됨 ▶건물의 연면적 1,650m^2 이상 : 유해업소 저촉여부 확인(학원·교습소가 유해업소로부터 수평거리 20m 이내 같은 층에, 수평거리 6m이내 바로 위.아래층에 위치하지 않으면 가능		

확인사항	내용	O	X
3. 임대(전대)차계약	건물주가 2인 이상일 경우 건물주 모두가 서명 및 날인 하였나?		
	설립자가 2인 이상일 경우 설립자 모두가 서명 및 날인 하였나?		
	설립자가 법인일 경우 법인명으로 계약하였나?		
4. 학원 시설 설비 및 교구	시설공사가 완료되었나? ▶음악학원의 경우 소음방지 시설을 필히 설치하여 생활소음 민원예방		
	교구가 모두 준비되었나? ▶실습 등을 요하는 학원인 경우 시설·설비·교구 기준 확인		
	소방점검대상, 다중이용업소 해당 여부를 체크하였나?		
	시설 유의사항은 확인하였나? ▶화장실, 채광, 환기, 방음시설(특히 음악), 소방시설 등		
5. 학원의 명칭	적합한 학원 명칭을 사용하였나? ▶[고유명사 + 학원], 중복명칭 금지, 한글 원칙 등		
6. 최종 점검	구비서류는 빠뜨리지 않았나?		

얼마면 학원을 살 수 있나?

학원은 얼마야?

많은 경우는 아니지만 강사로 재직하다가 근무하던 학원을 인수하는 경우도 생길 수 있습니다. 아니면 새롭게 학원 창업을 준비하는데 처음부터 혼자 모든 것을 준비하는 것에 부담을 느껴서 기존 학원을 인수하는 경우도 있습니다. 이 경우 학원을 얼마에 사야하는지 몰라서 망설이거나 어쩔 줄 모르는 상황이 생깁니다. 그럼 학원은 얼마에 사야 잘 인수한 것일까요?

이 질문에 대한 정답은 없습니다. 파는 사람 입장에서는 비싸게 팔면 좋고, 사는 사람 입장에서는 싸게 사는 것이 좋은 것입니다. 그렇다고 유형의 제품들처럼 정찰제도 아닙니다. 그래서 파는 사람과 사는 사람의 적절한 협의가 필요한 부분입니다. 물론 매매가 이루어지는 항목에는 무형의 자산과 유형의 자산이 있습니다. 무형의 자산에는 브랜드 가치, 인력, 고객이 중요한 항목입니다. 유형의 자산에는 시설과 장비가 있을 것입니다. 시설에는 인테리어 비용이 있을 수가 있습니다. 장비에는 책상과 의자 그리고 빔프로젝트 등 수업에 필요한 필수 자산이 있을 수 있고, 부수적이지만 시스템 에어컨, 복사기, 정수기 등이 있습니다.

자산의 비용 산정

유형의 자산은 무형의 자산보다는 쉽게 매매 비용이 산정될 수 있습니다. 보편적인 감가상각을 적용하면 됩니다. 감가상각은 기업이 구입한 고정자산의 구매 비용을 일정 기간에 걸쳐 나누어 비용으로 인식하는 회계 처리 방식입니다. 즉 시간이 지나면 자산의 가치가 점점 줄어드는 것을 회계적으로 반영하는 과정입니다. 예를 들어, 기존 학원이 책상 1개를 10만 원에 구입했습니다. 이 책상의 예상사용 기간이 10년이라고 가정하면, 10만 원을 한 번에 비용으로 처리하는 것이 아니라, 매년 1만원 씩 감가상각비로 반영하는 것입니다.

감가상각 방식을 대입하면 유형의 자산의 구매 비용은 산정하기가 비교적 쉽습니다. 책상을 구입한 내역은 기존 학원에서 보유하고 있으니 기존 구매 비용과 구매 시기 등을 고려해서 구매 비용을 협의하면 됩니다. 이 과정에서 기존 장비를 구매하기 싫다면 인수비용에서 제외하면 됩니다. 유형의 자산 구매 비용을 산정하면서 다른 기준으로 살펴봐야하는 것은 월 정액제로 사용하는 장비들입니다. 보통 복사기복합기, 정수기, 인터넷 사용료, 카드단말기 사용료 등이 월 정액제로 사용하는 장비들입니다. 이 경우에는 기존 장비를 인수 받을 것인지를 결정하면 됩니다. 필자는 월 정액제 제품들은 새롭게 계약하는 것을 권합니다. 이유는 새롭게 계약을 하면 기존 조건보다 더 좋은 조건으로 계약이 가능한 경우도 있고, 몇몇의 장비들만 새로운 것으로 바뀌어도 전체적인 분위기가 바뀔 수 있기 때문입니다.

감가상각에 대해서 더 깊이 살펴보면 감가상각비를 계산하는 방법에는 정액법과 정률법이 가장 많이 사용됩니다. 정액법은 앞에서 살펴본 것처럼 감가상각비를 매년 동일한 금액으로 인식하는 방식입니다. 자산의 총 비용을 사용 기간 동안 균등하게 배분하기 때문에 단순하고 쉽게 산출이 가능하다는 장점이 있습니다. 정액법의 공식은 '(자산 취득가액 - 잔존차기) ÷ 내용연수'입니다. 정률법은 초기에 감가상각비를 많이 반영하고 시간이 지날수록 비율이 점점 줄어드는 방식입니다. 정률법은 보통 초기 가치가 빠르게 감소하는 IT 장비나 차량 같은 자산에 적용됩니다. 정률법의 공식은 '감가상각비 = 자산 장부가

액 × 감가상각률'입니다. 예를 들면, 기존 학원에서 컴퓨터 본체 1대를 100만 원에 구입했습니다. 그리고 연 감가상각률이 20%라고 한다면, 1년차에는 100만 원 × 20% = 20만 원, 2년차에는 (100만 원 - 20만 원) × 20% = 16만 원, 3년차에는 (80만 원 - 16만 원) × 20% = 12만 8천 원. 이처럼 초기 감가상각비가 크고, 그 이후에는 줄어드는 특징이 있는 것입니다.

다음으로 무형의 자산에 대한 매매 비용을 산정하는 것에 대해 살펴보겠습니다. 무형의 자산에는 브랜드 가치와, 인력, 고객이 있습니다. 어쩌면 이 항목에 대한 가치 산정이 학원의 구매가에 지대한 영향을 미친다고 할 수 있습니다. 먼저 브랜드 가치에 대해서 알아보겠습니다. 기존의 학원이 가맹점 형태의 학원이라면 가맹점 가입비, 월 가맹비, 가맹보증금 등이 명확하게 정해져 있기에 쉽게 산정할 수 있습니다. 하지만 개인 학원이라고 한다면 브랜드 가치에 대해서 산출을 해야 합니다. 이런 경우라면 최근 3년의 수강생 수와 중도 탈락 인원을 바탕으로 산출하는 것이 가장 합리적입니다. 정해진 공식은 없지만 수강생 수가 증가하는 추세인지, 아니면 감소하는 추세인지를 보면 좋을 것 같습니다. 보통 수강생 수가 감소하기에 매물로 나오지만 그래도 3년 정도의 추세를 살펴보면 인수 후 운영전략에 많은 도움이 될 수 있습니다. 그래서 자세히 살펴볼 것을 권합니다.

학원 매매가 산정 방법

유형의 자산에 대한 산정 금액과 브랜드 가치에 대한 금액을 더한 것이 흔히 말하는 권리금입니다. 여기서 동일한 교습과정을 운영할 것이고 동일한 학원명을 사용할 것이라면 브랜드 가치에 대해서 잘 판단해야 합니다. 이 부분에 대한 정답은 없습니다. 그래서 일반적인 기업의 M&A에서의 밸류에이션, 즉 가격은 경영진의 엑시트가 전제로 제시된 '엑시트 밸류'에 대해서 살펴보겠습니다. 단어 뜻 그대로 엑시트는 출구전략이므로 경영진의 능력과 미래 비전보다는 해당 기업이 현재까지 만들어낸 산출물에 초점을 맞춰 가치를 산정하는 것입니다. 엑시트 밸류는 거래의 시작과 끝이며, 가격이 적당하지 않다면 거래가 일어나지 않기에 가격에 대한 간격을 줄이기 위해 거래 당사자들이 납득할 수 있는 밸류에이션 방식을 적용합니다.

M&A 대상 기업의 사업과 업종, 기업의 단계, 시장의 흐름 등에 따라 일반적으로 사용되는 기업의 가치 평가 방식이 존재합니다. 그리고 어떤 방식을 선택하느냐에 따라 결과 값도 달라집니다. 기업의 가치를 평가하는 방법에 대해서는 당사자들 간의 합의가 필요합니다. 기업의 시장가치를 특정지표와 비교해 평가하는 방법을 '멀티플'이라고 합니다. 멀티플은 보통 주가와 기업의 재무제표를 비교하는 비율을 의미합니다. 기업의 가치평가에 주로 사용되는 멀티플 방법은 주가매출비율, 주가수익비

율, 주가순자산비율, EV/EBITDA 등이 있습니다.

주가매출비율PSR은 주가를 매출액으로 나눈 비율입니다. 기업의 매출에 비해 주가가 어느 정도인지 평가하는 데 사용됩니다. 주가수익비율PER은 주가를 주당 순이익으로 나눈 값입니다. 주식이 현재 수익에 비해 고평가 또는 저평가됐는지를 판단하는 것입니다. 주가순자산비율PBR은 주가를 순 자산 가치로 나눈 비율입니다. EV/EBITDA는 기업가치를 이자, 세금, 감가상각비를 제외한 영업이익으로 나눈 것입니다. 마지막으로 EV/Sales는 기업가치를 매출액으로 나눈 것입니다.

멀티플 종류와 장단점 비교

구분	장점	단점	적용
주가매출비율 (PSR)	이익이 불안정하거나, 재무제표의 신뢰성이 떨어지는 경우 적용	매출인식 회계처리에 따라 왜곡 현상 발생 가능 자본구조에 따라 왜곡 현상 발생 가능	스타트업, 소매기업
주가수익비율 (PER)	주주의 부와 기업의 이익을 비교하므로 직관적	순이익이 마이너스이거나 불안정한 기업에 적용이 어려움	상장기업, IPO
주가순자산비율 (PBR)	순이익이 마이너스이거나 불안정한 기업에 적용 가능	자산규모와 주식 가치의 상관관계가 떨어지는 경우 부적합(서비스업 등)	금융업, 지주사
EV/EBITDA	영업과 관련된 현금 창출 능력을 반영 가능 자본구조가 다른 경우에도 적용 가능	지속적 재투자가 요구되는 경우, 자산 보유 형태에 따라 왜곡 현상 발생 가능	M&A, 인프라, 장치 산업 등
EV/Sales	이익이 불안정하거나, 재무제표의 신뢰성이 떨어지는 경우 적용	매출인식 회계처리에 따라 왜곡 현상 발생 가능	스타트업, 소매기업

다소 생소하고, 막연하게 다가올 수 있는 기업의 가치평가 방식인 '멀티플'에 대해서 살펴봤습니다. 학원의 브랜드 가치를 산정하는 데 직접적으로 적용할 수는 없지만 보통 기업 가치를 평가하는 방식을 대략적으로 알아야만 매입하려는 학원의 브랜드 가치를 산정할 수 있고, 적절한 가격에서 거래가 성립될 수 있습니다.

멀티플의 평가 방법 다섯 가지 중 학원에 적용할 수 있는 방법은 EV/Sales이 가장 적절한 것 같습니다. 학원은 무형의 제품을 파는 곳이지만 제품이 있기에 EV/Sales 평가 방법이 적절해 보입니다. 그 다음으로 적용 가능한 평가 방법은 EV/EBITDA입니다. 이 방식은 영업과 관련된 현금창출 능력을 반영할 수 있는 장점이 있고, 장치 산업에 적용이 가능합니다. 학원사업도 시설과 장비가 투자되는 장치 산업이라 할 수 있기에 EV/EBITDA의 방식도 적용 가능합니다. 하지만 그 무엇보다 중요한 것은 파는 사람과 사는 사람 간 가격에 대한 합의가 이루어져야 합니다.

인적자원 인수인계

무형 자산의 매매 비용을 산정하는 것 중 브랜드 가치에 대해서 살펴봤습니다. 이제 인력에 대해서 살펴보겠습니다. 학원의 인력 구성은 행정인력과 강사로 구분이 됩니다. 행정인력은 고객상담과 고객 관리, 사무행정, 마케팅 등으로 구분됩니다. 대부분의 학원은 소규모로 운영되기에 행정인력이 보통 2~3가지 업무를 병행하는 경우가 많습니다. 행정인력의 채용 형태는 정규직으로 채용되는 경우가 대부분입니다. 강사는 각 과목별로 직접적으로 강의를 진행하는 분입니다. 강사의 채용 형태는 정규직과 시간 강사를 혼합해서 구성합니다. 정규직 강사는 일부 행정업무와 교육과정의 개발 및 개선, 강사의 선발과 관리를 담당하는 경우가 일반적입니다. 한마디로 정규직 강사는 교무팀장 또는 교무선임의 역할을 합니다.

무형의 자산에서 인력은 매매 비용으로 산출하지는 않습니다. 하지만 인계를 받을 것인지를 결정해야 합니다. 학원 인수 후 교습과정을 변경할 것이라면 인력에 대한 인계가 중요하지 않습니다. 행정인력 중 꼭 필요하다고 생각되는 인력을 인계 받으면 되기 때문입니다. 하지만 동일 교습과정을 운영한다면 강사 인계에 대해 결정을 해야 합니다. 인계에 대한 가장 합리적인 판단 기준은 고객 만족도입니다. 고객이 어느 정도 만족하는지 반드시 확인해서 인계 여부를 결정해야 합니다. 학원의 매매 과정에서 기존 인력을 인계를 받을 때 항상 따라오는 문제는 인건비 부분입니다. 경험상 학원 매매 과정에서 인력을 인계 받을 때 당사자들은 기존 학원의 장점과 단점을 무기 삼아 본인의 몸값, 즉 급여를 올리려고 합니다. 여기서 당사자별 적절한 합의가 이루어지지 않으면 학원 인수 후 운영할 때 문제가 발생합니다.

인력 인계 시 발생하는 문제는 크게 두 가지입니다. 첫 번째는 학원사업에서 가장 많은 비중을 차지하는 인건비의 상승이 발생합니다. 인수 후 학원이 지속적으로 성장한다면 아무런 문제가 없지만, 매출이 유지되거나, 하락한다면 고정비에 대한 부담이 발생하게 됩니다. 두 번째는 인계받은 인력의 태도 변화입니다. 급여, 강의수수료를 포함한 처우에 대한 합의가 적절하게 이루어지지 않으면 담당 업무에 대한 태도가 달라집니다. 근무태만 등 적극적인 모습을 상실한다면 학원 경영에 어려움이 발생하게 됩니다. 분명히 예측가능한 문제이지만 이 부분을 간과하고 인수 작업을 진행하면 나중에 큰 문제가 발생하게 됩니다. 인력 인계 시 적극적으로 관여해서 인계에 대한 결정을 잘 내려야 합니다.

학원 사업은 교육서비스업입니다. 서비스업은 이미지가 굉장히 중요합니다. 그리고 서비스는 사람이 제공합니다. 반드시 인계 받아야 할 사람과 과감하게 쳐내야 할 사람을 구분하지 못하면 아무리 잘되는 학원을 인수받아도 망하는 지름길로 빠질 수 있습니다. 그래서 그 어떤 사업보다도 인력 인계에 대해서 심사숙고해야 합니다. 그렇다고 모든 인력을 인계받는 것은 권하지 않습니다. 경영자인 학원장을 뺀 직원도 고객입니다. 내부 고객이 전부가 한통속이 된다면 조직 관리에 어려움을 겪을 수 있습니다. 모든 인력을 인계받는 것보다 객관적인 지표 그리고 경영 방침과 학원의 지속적인 성장 방향과 동행이 가능한지 여부를 가지고 잘 선별해서 도움이 되는 인력만 인계받는 것을 권합니다.

수강생 인수인계

무형의 자산 중 고객에 대해서 살펴보겠습니다. 여기서 고객은 수강료를 납부했거나, 추가로 납부가 가능한 고객입니다. 수강료에 고객 인원을 산출하면 쉽게 산출이 가능합니다. 여기서 매매 비용을 산출할 때 기존 수강생의 지속적인 수강여부입니다. 어느 정도 기간을 지속적으로 수강할지를 잘 따져서 비용을 산출해야 합니다. 그래서 3년 정도의 수강생 추이를 살펴보는 것이 중요합니다. 단순히 기간별로 수강생이 늘었는지, 줄었는지만 분석하는 것이 아니라, 한 명 한 명의 수강 기간을 분석하는 것이 더 중요합니다. 이 매매 비용도 분명한 것은 판매자와 구매자 간의 협의가 중요합니다. 학원 매매 비용에서 무형의 자산과 유형의 자산의 매매가를 잘 고려해서 성공적인 학원 매매를 해야 합니다.

학원 인수인계 방법

지금까지 살펴본 내용은 동일한 교습과정의 학원을 기준으로 매매 비용을 산출하는 것을 살펴봤습니다. 이제는 다소 특이한 경우이지만 학원의 시설·장비만 인수하는 경우와 학원의 사업자만 인수하는 경우에 대해서 살펴보겠습니다. 어떻게 보면 반쪽만 인수하는 것처럼 보이고, "이런 거래가 있을까?"라는 의

구심이 생기는 분이 많을 것입니다. 하지만 의외로 이런 형태의 거래가 빈번하게 발생합니다. 전자인 학원의 시설·장비만 인수하는 경우는 건축물 용도와 관련된 기준 때문에 발생하고, 후자인 경우는 고용노동부 직업훈련에 빠르게 참여하거나, 아니면 소재지를 시·도 단위로 변경할 때 발생합니다.

학원의 시설·장비만 인수

전자인 학원의 시설·장비만 인수하는 경우에 대해서 살펴보면, 만약 시장조사후 후보지 선정을 했는데, 해당 건물에 직통계단이 1개이거나, 추가로 소방·방화시설완비증명서 발급이 어려운 건물인 경우입니다. 후보지 건물에는 학원을 설립할 수가 없습니다. 하지만 이 건물에 반드시 학원을 설립하고 싶은 경우가 있습니다. 이 경우 해당 건물의 기존학원을 인수한 후에 학원명, 교습과정 등을 변경하는 방법이 있습니다. 위법이라고 생각하는 분이 있을 수도 있지만 위법은 아닙니다. 편법일 뿐입니다. 이미 인·허가를 받고 운영 중인 학원에 대해서는 기존 학원 설립 당시의 설립 기준을 소급적용 받기에 신규 설립이 불가능하지만 기존 학원의 인수는 가능합니다. 내가 죽었다가 다시 살아나도 반드시 이 장소에서 학원을 운영해야겠다는 분께서는 이 방법을 통해 학원을 인수해야 합니다.

학원의 시설·장비만 인수할 때 절차는

① 학원인계·인수 진행

② 학원 운영자 변경
③ 학원 명칭 변경 및 교습과정 변경

순으로 진행하면 됩니다. 먼저 적절한 금액에 학원 매매를 성립시켜야 합니다. 여기서 시설·장비라는 유형의 자산만 가지고 매매 비용을 산출하면 됩니다.

마지막으로 관할 교육지원청에 학원 운영자를 변경하고, 관할 세무서에 사업자등록을 신청하면 됩니다. 관할 교육지원청에서는 학원의 인계·인수에 대한 내용과 인수자의 학원 설립자격 요건을 고려하기 때문에 비교적 쉽게 처리가 됩니다. 여기까지 마무리가 되면 마지막으로 학원 명칭과 교습과정을 변경하면 됩니다.

학원 명칭과 교습과정 변경도 관할 교육지원청에서 진행하면 됩니다. 관할 교육지원청도 동일하고 담당 공무원도 동일하기에 담당 공무원과의 원만한 관계를 형성하는 것이 도움이 됩니다. 위법을 한 것이 아니기에 문제가 될 것은 없지만 담당 공무원을 비롯해 관할 교육지원청에 나쁜 인식을 굳이 심어줄 필요가 없기 때문에 담당 공무원과 원만한 관계 형성을 권장합니다. 학원 명칭과 교습과정의 변경이 완료가 되면 관할 세무서에서 사업자 명칭을 변경하면 모든 행정적인 절차는 마무리가 됩니다. 학원 명칭의 변경이 없을 때에는 관할 세무서에서의 행정 처리는 없습니다.

학원 시설·장비만 인수 시 절차

단계	내용
1단계 학원인계·인수진행	• 학원 매매 성립 • 유형의 자산을 중심으로 매매 비용 산정
2단계 학원 운영자 변경	• 학원 운영자 변경(관할 교육지원청) • 신규 사업자 등록 발급(관할 세무서)
3단계 학원 명칭, 교습과정 변경	• 학원 명칭, 교습과정 변경(관할 교육지원청) • 사업자 명칭 변경(조건부: 학원명 변경이 있을 경우에만)

학원의 사업자만 인수

다음은 학원의 사업자만 인수하는 경우입니다. 이 경우는 성인학원에서 고용노동부 국비지원과정을 주로 운영했던 경우에 거래가 성립이 됩니다.

보통 고용노동부 국비지원과정을 운영하기 위해서는 신규 기관인증평가와 집체훈련심사 과정심사 라는 단계를 거쳐서 진입하게 됩니다. 국비환급과정 시장에 진입하기 위해서는 2단계의 평가를 거쳐야하기 때문에 최소 1년 이상의 공백기가 생깁니다. 1년 이상의 공백기를 거쳐서 무조건 국비지원과정을 운영한다는 보장이 없습니다. 신규 기관인증평가에서 떨어질 수도 있고, 신규 기관인증평가를 통과했다고 하더라도 집체훈련심사 과정심사 를 통해서 운영 가능한 교육과정을 승인받을 수 있는 것도 아닙니다. 그리고 신규 훈련기관의 경우는 신청가능한 과정의 수가 최대 10개 과정으로 제한되어 있고, 승인 여부도 불투명합니다. 2단계 중 하나만 실패해도 1년 단위로 공백기가 늘어나기 때문에서 신규 훈련기관으로 고용노동부 국비지원과정 시장에 진입하기에는 리스크가 매우 큽니다.

그래서 고용노동부 국비지원과정을 운영하려는 경우에는 기존 학원의 매매를 통해서 진입하는 것이 신규로 진입하는 것보다 훨씬 안정적입니다. 이 때 학원의 매매 비용을 산정할 때 기존 승인 과정에 대한 매매 비용만으로 총 매매 비용이 산정됩니다. 승인 과정에 대한 매매가격에 대한 정가도 없기에 원만한 협의를 통해 산출해야 하는 어려움이 있습니다.

성인학원의 경우는 시·도별로 교육감이 운영·관리하기에 학원 설립 기준이 상이합니다. 시·도 단위로 학원을 이전해서 고용노동부 국비지원과정을 운영하는 경우는 위법과 편법 사이 어딘가에 존재하고 있습니다. 명확히 법과 규정을 위반하는 경우는 아니지만 그렇다고 완벽히 법의 테두리 안에 있는 방법은 아닙니다. 이런 형태의 거래도 이전에 상당히 많은 사례가 있었기에 고려를 해볼 만한 방법입니다.

학원의 사업자만 인수할 때 절차는

① 학원인계·인수 진행
② 기존 학원 운영자 변경
③ 신규 학원 설립
④ 고용노동부 직업훈련기관 소재지 변경

순으로 진행하면 됩니다. 먼저 기존 학원의 인수인계를 진행합니다. 그 다음 관할 교육지원청에 학원 운영자를 변경하고, 관할 세무서에서 사업자등록을 발급받습니다. 이제부터가 중요합니다. 새롭게 운영할 지역에서 신규로 학원을 설립해야 합니다. 이 때 인수받은 학원명과 동일하게 설립해야 합니다. 기존의 학원과 신규 학원의 학원등록번호는 다르지만, 신규 설립학원 운영등록증으로 실제 운영할 지역의 관할 세무서에서 기존 사업자등록의 주소지를 변경합니다. 고용노동부의 훈련기관 관리번호는 사업자등록번호와 연계가 되기 때문에 반드시 기존 사업자등록의 주소지를 변경해야 합니다. 그래야 사업자등록 번호가 동일하기 때문에 마지막으로 진행하는 직업훈련기관 소재지의 변경이 가능합니다. 이 절차로 업무를 진행하면 학원의 사업자만 인수해서 타 지역에서 동등한 조건으로 학원을 운영할 수 있습니다.

하지만 이 방법에는 절차가 너무 복잡하고, 고용노동부 국비지원과정은 운영 실적에 따라 추후에 기관평가와 과정심사에 영향을 미치기 때문에 권장하지는 않습니다. 그래도 꼭 고용노동부 국비지원과정을 운영하고 싶은 경우에는 신규기관으로 진입하는 것보다 이 방법이 리스크를 줄일 수 있는 방법입니다. 이 방법으로 학원을 인수하고자 한다면 굉장히 신중하게 진행해야 합니다. 돈과 시간 모두를 허공에 날릴 수도 있기 때문입니다.

학원 사업자등록만 인수 시 절차

단계	내용
1단계 학원인계·인수진행	• 학원 매매 성립 • 무형의 자산 중 국비지원 승인과정을 중심으로 매매 비용 산정
2단계 기존 학원 운영자 변경	• 기존 학원 운영자 변경(기존 관할 교육지원청) • 신규 사업자 등록 발급(기존 관할 세무서) • 고용부 훈련기관 대표자 변경(기존 관할 고용센터)
3단계 신규 학원 설립	• 신규 학원 설립(신규 관할 교육지원청) • 사업자 등록 주소지 변경(신규 관할 세무서) • 고용부 훈련기관 주소지 변경(기존, 신규 관할 고용센터)

"얼마면 학원을 살 수 있나?"라는 질문을 가지고 다각적인 방법으로 상세하게 살펴봤습니다. 결론은 한 마디로 정가가 없다는 것입니다. 파는 사람의 입장과 사는 사람의 입장을 모두 고려해서 매매 비용에 대한 적절한 협의가 필요하다는 것입니다. 두루뭉술하게 마무리하는 것 같지만, 반드시 알아야 하는 것은 정말 다양한 요건을 다각적으로 분석하고 정리해야만 원만한 학원 매매가 이루어진다는 것입니다. 그리고 신규 창업만이 정답이 아니기에 학원 창업을 고려할 때 학원 인수도 창업 방법 중 하나라는 생각을 가지고 고려하길 바랍니다.

잘나가는 학원은 시스템이다.

학원 사업의 목적

"잘 나가는 학원은 시스템이다."라는 말이 굉장히 작위적으로 들릴 수 있습니다. 하지만 학원 사업에 성공하기 위한 절대 원칙이라 생각해야 합니다. 학원뿐만 아니라 모든 사업은 성공하기 위해서 합니다. 속된 표현으로는 돈을 벌기 위해서입니다. 기업의 사회적 책임은 이윤을 늘리는 것입니다. 풀어서 말하면 '기업이란 사람, 돈, 물자 등 여러 유·무형의 자원을 조합해서 제품과 서비스를 만들어 내고, 최소자원으로 최대효과를 만들어서 이윤을 극대화하는 곳'입니다. 우리가 학원을 운영한다는 것은 결국 이윤을 극대화하는 것입니다.

학원 사업의 목적

> 최대 이윤 = 최대 수익 - 최소 비용

"전략이란 무엇인가요?"

전략은 차별화된 활동 집합을 수반하면서 독특하고 가치 있는 포지션을 만들어 내는 것입니다. 전략적 포지셔닝의 핵심은 경쟁자들과 다른 활동을 선택하는 것입니다. 만약 학원 기업 활동들의 특정 집합이 모든 다양성과 욕구를 충족시키며, 고객들에게 접근하기에 가장 적합하다면 학원은 손쉽게 그 활동 집합을 선택하게 되고, 운영의 효과는 각 기업의 성과를 결정할 것입니다. 전략의 세 가지 핵심 원칙은

① 전략은 차별화된 활동들로 독특하고 가치 있는 포지션을 창출하는 것
② 전략은 하지 말아야 할 것을 선택하기 위해 경쟁 구도에서 절충할 것을 요구하는 것
③ 전략은 여러 가지 기업 활동들의 '조화'를 수반하는 것

입니다. 학원의 경쟁전략이 시스템에 적용되지 않는다면 시스템은 구축할 필요도 없습니다.

학원 통합 시스템 구축

학원 사업의 경영 전략 및 시스템 구축을 올바르게 진행하기 위해서는 학원 경영의 통합적인 절차를 이해하는 것부터 출발합니다. 실제로 학원 사업을 운영하는 과정은 대단히 복잡한 과정을 거치고 내부, 외부 고객의 복합적 욕구를 충족시켜야 하므로 학원 경영의 통합적 절차를 잘 따르는 것이 필요합니다.

학원 경영의 절차는 기획 ➡ 설계 ➡ 마케팅 ➡ 실행 ➡ 평가 ➡ 환류라는 선순환의 구조로 되어 있습니다. 그러므로 학원 경영의 절차, 즉 시스템을 구축하기 위해서는 각 과정에 대해 체계적인 접근이 필요하고, 일관적이고 선순환적인 시스템을 구축해야 합니다. 기획부터 평가까지 모든 단계에서 상호모순 없이 일관성 있게 이루어져야 하고, 평가 결과는 반드시 전체 과정에 환류라고 하는 피드백 기반의 개선이 이루어져야 합니다. 그래야 학원 경영의 통합적인 시스템을 구축할 수 있습니다.

학원 경영의 절차, 통합 시스템 구조

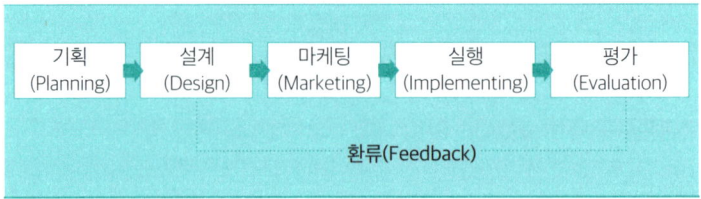

기획

학원 통합시스템 구축의 첫 번째 과정은 기획입니다. 기획 단계에서는 하고자 하는 사업의 커다란 그림을 그려서 결정하는 단계입니다. 집을 지을 때 어떤 집을 지을지 결정하기 위한 기초적인 창조과정입니다. 이 단계에서는 학원 사업을 왜 해야 하는가에 관심을 기울이고, 이 사업을 통해 만들어질 구체적인 결과물이 무엇인지를 결정해야 합니다.

기획은 사업의 기본 방향을 설정하는 단계입니다. 기획은 신중하고 계속된 활동의 연속 관계이므로 사업의 지속성을 위한 개념적 틀과 고객과 조직의 연결고리, 조직의 회복을 이해하고 학원의 기능, 구조, 과정 등에 대한 이해를 획득함으로써 이루어집니다. 기획의 시기는 창업 준비단계에서 진행됩니다. 그래서 학원장의 독단적인 생각과 단편적인 방향이 설정되는 경우가 발생합니다. 이런 실수를 줄이려면 기획 단계에서 매우 신중하게 모든 역량과 관심을 집중시켜서 사업의 기본 방향을 잘 설정해야 합니다.

기획은 통상적으로

① 학원 사업의 필요성 확인
② 학원 사업 아이디어 창출
③ 학원 사업 환경 분석
④ 잠재고객 분석
⑤ 요구 및 필요 분석

⑥ 우선순위 결정

⑦ 사업의 목적·목표 진술

의 절차로 진행합니다.

학원 사업을 시작하기 전 사업의 필요성을 확인하기 위해서 사업의 주제, 목적 등을 명료화시키는 단계가 필요합니다. 유사, 동종 업계의 타 학원에서 현재 어떤 형태로 사업을 진행하고 있는지 그 특성을 분석하는 작업이 선행되어야 합니다.

먼저 고려할 것은 기존 경쟁 학원의 상황 등입니다. 유사, 동종 업계의 타 학원에 대한 분석은 내 사업의 타당성을 확인하는 기초 작업이 될 것입니다. 경쟁 학원의 교육과정, 프로그램, 운영 시스템 등을 검토하여 내 학원의 교육 상품의 개발 필요성 검토와 기획의 타당성을 고려할 수 있기 때문입니다. 경쟁 학원에서 이미 진행되고 있는 교육과정과 프로그램, 시스템과의 차별성을 찾고, 내 학원 운영 시 예상될 수 있는 장애 요소를 미리 찾아내서 극복이 가능할 것입니다. 결론적으로 경쟁 기업과의 차별화가 경영 전략의 핵심 요소이기에 사업의 필요성 확인을 철저히, 객관적으로 진행해야 합니다.

기획의 두 번째 단계는 사업 아이디어 창출입니다. 사업을 하기 위해서는 교육과정이라고 하는 상품과 관련된 아이디어를 창출해야 합니다.

세 번째 단계는 사업 환경 분석입니다. 교육 사업의 궁극적인 목표는 고객들이 고객 자신에게 이익을 줄 수 있는 내용을 학습하도록 도움을 주고 이익을 창출하는 것입니다. 변화나 개선이 요구되는 문제나 상황을 정확하게 파악하는 일은 사업을 잘하기 위해서 매우 중요합니다. 이러한 의미에서 내 학원을 둘러싸고 있는 외부적 환경과 내부적 실태를 모두 포함한 기관의 환경 분석, 해석 그리고 판단은 사업의 기획 단계에서 핵심적인 요소가 됩니다. 우선 내 학원의 조직분석을 통해서 학원의 설립 및 운영 목적, 학원의 핵심 사업 분야, 시설 현황 등을 분석할 수 있습니다. 또한, 더 거시적인 환경에 대한 평가가 필요한 때도 있습니다. 이것은 사업 운영을 위한 전략적 방향을 모색한다거나 마케팅과 관련된 기초 작업으로 의미가 있습니다. 환경 분석 도구로는 PEST, STEEP, 산업 가치 사슬 분석 등 여러 가지 방식이 있습니다. 대부분 SWOT 분석이라 불리는 분석 도구를 활용해서 기업의 외부환경 기회 요소, 위협요소과 내부환경 기업 강점, 약점 평가를 통해 기업의 환경 분석을 진행합니다.

네 번째 단계는 잠재고객을 분석하는 것입니다. 교육 사업을 하는 기업은 내 학원의 수혜자가 누구인지를 항상 파악하고 사업을 기획하고, 교육과정을 개발해야 합니다. 즉, 내 학원에 등록 가능한 대상이 누구이며, 내 학원의 위치는 어디이고, 학원 소재지 주변에 거주하는 사람들의 특성 파악을 통해서 참여 예상자, 즉 수강예정자에 대해서 대략적으로 파악을 하고 있어야 합니다. 이러한 확인과정을 전문용어로 잠재적 대중의 매핑이라고 합니다. 잠재적 수강생 집단의 매핑이라는 것은 내 학원에 참여가 예상되는 잠재적 학습자 집단의 틀을 정하는 것입니다.

다섯 번째 단계는 교육에 대한 요구와 필요를 분석하는 것입니다. 잠재고객을 정하고 난 후 고객들이 가지고 있는 교육에 대한 요구를 파악하는 것이 필요합니다. 교육 사업의 성공을 위해서는 수강생의 교육 요구를 철저하게 분석해야 합니다. 학원의 사업 방향 및 교육과정은 고객의 요구가 반영된 것이라야 그 가치를 인정받을 수 있기 때문입니다. 여기서 수강생이 아니라 고객이라는 단어를 사용한 이유는 보습학원에서는 수강생과 학부모의 요구를 모두 반영해야 하기 때문입니다. 어쩌면 학부모의 요구를 더 신경 써야 할 수도 있습니다. 이런 이유로 인해 수강생이라는 표현보다는 고객이라는 표현이 더 적절합니다. 고객이 원하는 교육 요구란 수강생의 '현재 상태'와 '희망하는 상태'의 차이라고 할 수 있습니다. 간단히 정리하면 교육은 수강생의 현재 상황을 변화시키고 문제를 해결할 수 있도록 하고자 하는 것입니다.

개인이 가지고 있는 교육 요구는 각자의 인생 주기, 주요 사건, 생활 태도, 가족의 생활 주기에 따라 직면한 문제에 적응하기 위한 욕구입니다. 수강생의 개인적 배경을 분석하기 위해서는 나이, 교육 수준 및 교육성취도, 문화적 배경, 문해 수준, 경제적 상황, 타 학원 및 타 교육과정의 수강 이력, 거주지 등에 관한 분석이 필요합니다. 일반적으로 교육 요구를 파악하는 방법으로는 설문 조사와 면담 등이 활용됩니다. 아니면 기존 수강 후기, 만족도 등의 기록을 활용하는 때도 있습니다. 교육 요구 파악을 위해서 권장하는 방법은 자기 체크 리스트를 작성한 후 그 내용을 토대로 면담을 진행하는 것입니다. 하지만 어떤 경우에도 교육 요구를 정확하게 파악하는 것은 어려운 일입니다.

여섯 번째 단계는 우선순위 결정입니다. 우선순위를 결정한다는 것은 요구 분석을 통해 얻은 다양한 아이디어_{요구}들을 내 학원의 한정된 자원_{인적·물적 자원, 예산 등}과 여건을 고려하여 일정한 기준에 따라 그 순위를 결정하는 것을 말합니다. 학원이 보유한 활용 가능한 자원과 역량, 예산의 수준에 따라서 다양한 아이디어 중 먼저 개발하고 적용해야 할 것을 위계화하여 순차적으로 결정해나가는 작업이라 할 수 있습니다.

마지막 단계는 사업의 목적·목표 진술입니다. 사업의 우선순위가 결정되면 고객의 확정된 요구를 바탕으로 사업과 교육과정의 목표를 설정하고 이를 명료화하는 작업이 이루어집니다. 이 단계에서는 사업과 교육과정에 의도하고 있는 전체적인 목적과 목표를 설정하는 단계입니다.

여기에서 목표는 어떤 경우라도 추상적으로 진술되면 안 됩니다. 목표는 구체적, 초점적, 실현 가능한 지표로 제시되어야 합니다. 결론적으로 기획은 어떤 사업을 할지 어떤 교육을 할지 결정하는 과정입니다. 학원 사업을 하는 분들은 내가 수학학원을 할 것이니까, 미술학원을 할 것이니까, 컴퓨터학원을 할 것이니까, 이 분야에서는 내가 최고의 강사이니까 등의 생각만을 가지고 사업을 시작하기 때문에 학원 운영 중에 문제가 생기면 문제해결을 하지 못하고 무너지는 경우가 많습니다. 세상의 어떤 사업도 기획이 중요하지만, 특히 교육 사업에서는 기획이 더 중요합니다. 교육이라는 것이 겉으로는 정형화되어 있는 것처럼 보이지만 실제로는 무형의 상품을 관리라는 방법을 통해 이루어지기 때문에 사업 초기에 기획을 통해 내 사업의 방향성과 목표, 목적을 명확히 확정 지어야 합니다.

설계

학원 통합시스템 구축의 두 번째 과정은 설계입니다. 학원 사업의 설계를 위해서 고객 행동에 초점을 두고 진행합니다. 학원 사업의 성공은 고객의 능동적 참여를 전제로 합니다. 학원과 교육과정이 능동적인 과정이 되기 위해서는 고객들 사이에 개인차가 존재한다는 것을 인식해야 합니다. 학원은 교습소나 개인과외처럼 1:1 맞춤형으로 이루어지지 않습니다. 학원은 강좌별로 1:N으로 이루어지고, 고객별로 교육 요구를 만족시켜야 합니다. 다양한 고객의 교육 요구를 맞춰주기 위해서는 고객별로 개인차가 존재한다는 것을 인식하는 것이 중요합니다.

성인의 경우 아동·청소년과는 다른 발달 수준에 있고, 경험에서도 차이가 나타납니다. 성인은 장기간 다양한 배경적 경험을 통해 더욱 성숙해 있다고 봅니다. 성인학원, 평생교육원, 직업전문학교와 같이 성인들 대상으로 하는 학원은 사람마다 학습 태도, 사회·경제적 배경, 과거 교육 및 직업 이력 등이 매우 다양하다는 것을 쉽게 발견할 수 있습니다. 이런 다양성은 교육사업을 영위하는데 중요한 시사점을 제시합니다. 예를 들면, 교육 요구 및 개인의 성장 욕구를 파악하는 과정에서 잠재적 고객 집단을 참여시키는 것이 목적이라고 한다면 수강생들의 과거 경험과 이력은 학원이 교육과정을 운영하는 절차에 영향을 미치게 됩니다.

학원에서의 설계 절차는

① 대상 수강생의 특성 분석
② 교육과정 및 교육 내용 선정
③ 교육 내용 조직
④ 교육 내용과 교수학습법 통합
⑤ 교육과정 문서화
⑥ 교육과정 매체화

순으로 진행됩니다. 학원이 교육과정을 정하고, 교육 내용을 개발하거나 편성하는 데 있어서 가장 유의할 것은 그 교육과정을 통해서 학습하려는 수강생이 누구냐 하는 것을 명확하게 하는 것입니다. 교육과정의 주요 대상자가 초등학교 4학년인지,

입시를 앞둔 고등학교 3학년인지, 직업을 구하려는 청년인지, 경력단절에서 벗어나 제2의 사회생활을 준비하는 여성인지에 따라서 수강생과 고객이 원하는 교육 요구가 달라집니다.

먼저 학습 대상자가 누구인지 명확하게 정립하면 그들의 특성을 분석하는 일이 필요합니다. 이것을 보통 학습자 특성 분석이라고 합니다. 학습 대상자가 웹 개발자를 직업으로 삼고 싶은 청년이라고 하더라도 나이, 성별, 학력, 전공 여부 등 그들이 가지고 있는 속성이 다릅니다. 따라서 학습대상 집단 내의 청년의 속성과 특성을 구체적으로 명시해야 합니다. 심지어는 같은 교육과정이라고 할지라도 학습자 특성에 따라 세부 교육 내용이 달라지기도 합니다. 같은 웹 개발자 양성 교육과정이라고 할지라도 과정별로 학습자 특성이 다르고, 선수학습능력 등의 학습자 특성 분석 결과에 따라 같은 교육과정이지만 강좌별로 교육 내용이 달라야 해당 과정의 교육 목표를 달성할 수 있기 때문입니다.

학습 목표가 설정되면 그 목표를 실현하기 위한 교육과정 내용을 선정해야 합니다. 교육 내용은 목표를 구체화하는 것이기에 대단히 중요한 단계입니다. 학습 내용의 종류와 분량은 강좌별로 정도에 알맞게 선택되어야 합니다. 한편, 교육이 효과적으로 이루어지려면 수강생의 선행경험과 교육 수준이 고려되어야 합니다. 교육 내용을 개발하거나 편성할 때는 우선순위를 결정하고 수강생에게 익숙한 학습 자료를 사용하여 수강생의 경험과 지식이 교육과정의 일부가 되게끔 합니다. 교육 내용 선정에는 항상 융통성이 있기에 수강생들의 변화무쌍한 교육 요구에 즉각적으로 대응할 수 있도록 변경할 수 있다는 것을 전제로 합니다.

교육 내용의 조직은 교육목적과 목표를 어디에 두느냐에 따라 달라집니다. 선행단계에서 이루어진 교육목적을 달성하기 위하여 교육 목표는 어느 정도로 할 것이며, 구체적으로 어떤 내용으로 구성할 것인가에 따라 결정합니다. 이에 따라 세부적인 교육 내용과 교육과정명이 결정됩니다. 교육과정의 내용을 조작하기 위해서 구성순위도 결정하게 됩니다. 이것은 교육과정에서 말하는 계열에 해당하는 단계로서 교육 내용을 어떤 순서로 배치할 것인가는 매우 중요한 것이기에 무엇보다도 연속성, 발전성, 탄력성이 존중되어야 합니다.

교육과정의 교육 내용이 정해진 다음에는 교육과정과 교육 내용을 수강생에게 어떻게 습득시킬 것인가에 대한 교수학습법을 정해야 합니다. 즉, 학습경험을 수행하는 방법이 결정되어야 하는 것으로 교육 목표를 획득할 수 있도록 도와줄 수업형태나 방법을 결정하는 단계입니다. 이것은 교육과정의 목표, 수강생들의 상황, 주변의 외적 요인들을 고려하여 결정됩니다. 학습경험을 구조화할 수 있는 강좌 목표, 강좌절차 결정, 관련 자료의 선정 및 평가절차 등을 결정합니다. 교육과정의 목표를 교육 전과 후로 나누어 구체적인 용어로 제시해야 하고, 개개인에게 알맞게 진술되어야 합니다. 수강생의 직업, 거주지, 생활양식 등이 고려되어 교수학습법이라는 학습형태가 결정되어야 할 것입니다. 교수학습법에는 강의법, 사례연구법 등 교육내용에 따라 다양한 방법이 있습니다.

교육 내용에 따른 교수학습법 예시

내용		교수학습법
지식	기억	• 게임, 기억법
	이해	• 강의, 토의, 사례연구, 견학
기능	신체	• 시범, 비디오 등 시각자료, 실습, 실제상황 설정연습
	지적(정신적)	• 강의, 사례연구, 과제해결
	사회	• 시범, 시청각, 실제상황 체험, 역할극
태도	인정	• 집단적으로 제도변경, 환경조작, 장기간 체험(사례연구)
	충성, 헌신	
	순응	

교육과정과 교육 내용에 관한 설계서는 교육을 통한 수강생 행동 변화를 위한 주요계획 또는 장기간의 내용 설명서입니다. 따라서 교육과정 계획 단계에서 만들어진 결과를 문서화하는 작업이 자연스럽게 이어집니다. 마지막으로 결정된 교육과정과 교육 내용을 어떻게 수강생들에게 효과적으로 전달할 수 있는지에 대한 문제에서 교육과정 매체화가 요구됩니다. 다양한 매체에 교육 내용을 어떻게 담아낼 것인가를 결정하는 단계로서

매체를 다룰 수 있는 전문성이 확보되어야 합니다.

마케팅

학원 통합시스템 구축의 세 번째 과정은 마케팅입니다. 다른 사업과 마찬가지로 교육 사업에서도 최근에는 마케팅의 도입이 중요해졌습니다. 내 학원의 차별화를 기반으로 타 학원과 경쟁을 위해서 마케팅의 중요성이 강조되고 있습니다. 학원 사업의 마케팅 전략은 고객에게 전달될 제품의 세부내용에 관한 결정까지를 포함합니다. 특히 학원의 핵심 제품은 교육과정이라는 무형의 제품이고, 관리를 통해 제공되는 서비스업이기에 좀 더 세밀한 마케팅 전략이 도입되어야 합니다. 학원에서의 마케팅은 다음과 같은 질문에 대한 해답을 찾고자 하는 노력입니다.

① 우리가 파는 제품은 무엇인가?
② 이것을 누구에게 전달할 것인가?
③ 어떻게 전달할 것인가?
④ 어떻게 잠재적 고객들이 이것을 알게끔 할 것인가?
⑤ 어떻게 참여하라고 동기부여를 할 것인가?
⑥ 비용_{수강료}은 얼마로 결정할 것인가?

이러한 마케팅에 관한 질문은 예비 수강생_{잠재적 고객}으로부터 하여금 가치가 있다고 느끼게 하는 '프로그램의 교환가치'를 생산하는 것이 목적입니다. 학원에서 제공하는 교육과정에 잠재적 고객의 참여가 이루어지기 위해서는 그들을 유인할 수 있는 교환요소가 있어야만 합니다. 잠재적 고객은 자신들의 시간과 돈, 노력, 가치 등을 내는 것이고 학원은 이에 상응하는 양질의 교육과정 및 서비스를 제공합니다.

마케팅의 진행 절차는

① 마케팅 목표 설정
② 시장평가
③ 마케팅 전략 수립
④ 프로그램 예산 수립 및 재원 확보
⑤ 학원 및 교육과정 홍보
⑥ 마케팅 실행
⑦ 마케팅 평가 및 환류

순으로 진행됩니다.

학원과 교육과정의 성공을 위해서는 마케팅 전략 수립이 관건입니다. 일반적인 마케팅의 핵심 구성요소는 4P Product, Place, Price, Promotion 입니다. 학원을 포함한 모든 기업은 이 네 가지 요소를 개선하고 변화시킴으로써 고객의 참여를 유도하는 전략을 수립해 나가는 것입니다. 이때 강조되는 마케팅 믹스는 위의 시장분석에 따라 수립된 전략을 바탕으로 마케팅 요소들을 가장 합리적이고 적절하게 조합하는 일을 말합니다. 이것은 경영 현장에서 늘 강조되는 최소 마케팅 비용으로 최대 마케팅 성과를 달성하는 것을 목적으로 합니다.

  학원 통합시스템 구축 중 마케팅 단계에서 학원의 예산 수립과 재원확보에 관해서 결정하게 됩니다. 교육과정을 개발할 때 예산 관련 부분은 신중하게 고려해야 합니다. 특히 마케팅과 관련하여 예상 경비를 산정할 때에는 전체 예산과 맞아야 하고, 낭비 요소가 없어야 하며, 모든 조직구성원이 원가의식의 중요성을 인식해야 합니다. 하지만 학원 현장에서 실무자들은 원가의식의 중요성을 알고 있으면서도 이 점에 대해 소홀해지기 쉽습니다. 모든 시스템은 학원장이 독단적으로 만드는 것이 아니라 전체 조직구성원이 함께 고민하고 만들어가는 것입니다. 그러므로 전체 조직구성원이 원가의식을 포함해서 시스템 구축과 실천에 대해 중요성을 인식하고 등한시하지 않아야 합니다.

  마케팅의 꽃은 홍보를 직접 실천하는 것입니다. 학원에서 교육과정 개발을 완료하고 나면 강좌 개설에 대해 잠재적 학습자들에게 알려야 합니다. 아무런 홍보 없이 고객이 있을 수는 없습니다. 학원의 홍보는 개설예정인 강좌에 사람들을 등록시키는 데 결정적인 요소입니다. 아무리 훌륭한 교육과정과 훌륭한 강사, 훌륭한 시설을 보유하고 있어도 고객들에게 그 내용을 충분히 알리지 못한다면 그 교육과정뿐만 아니라 그 학원은 성공을 거둘 수 없습니다. 세상에 그 어떤 교육과정도 수강생 확보를 위해 홍보가 필요합니다. 교육 사업에서의 홍보는 학원과 그 학원의 교육과정을 어떤 매체를 활용하여 잠재적 고객들과 지속적인 상호작용을 통해 그 학원을 이해시키고, 해당 교육과정의 참여를 촉진하는 제반 활동입니다. 학원 홍보는 그 학원의 개별 교육과정을 알리는 것도 중요하지만 지역사회에 학원 자체를 알리는 것이 먼저 진행되어야 합니다.

홍보의 대상은 한마디로 대중the public입니다. 대중의 개념은 개인 또는 조직의 PRPublic Relations의 대상이 되는 사회 구성원입니다. 대중은 내부 대중과 외부 대중으로 구분되며, 내부 대중은 학원의 모든 조직구성원을 말합니다. 외부 대중은 언론기관, 해당 교육 관련자, 시민, 기업, 각종 협·단체, 정부 기관 등 해당 교육과 관련된 모든 사람을 말합니다. 홍보 내용에는 학원 소개와 함께 교육과정과 관련된 교육 목표 및 목적, 교육 내용, 교육 방법, 교육 기간 및 일시, 교육 장소, 수강료 등이 포함됩니다. 일상생활에서 방송, 신문, 사람들과의 대화, 독서 등을 통하여 홍보에 대한 아이디어를 습득합니다. 대규모의 교육기관이 되기 이전에는 홍보 담당자가 별도로 지정되기보다는 전체 구성원이 합심하여 홍보를 실행하는 경우가 대부분입니다. 학원마다 여건에 따라 세밀한 업무 분담을 통해 홍보를 실행하되 홍보 아이디어 및 전략 수립은 전체 구성원이 적극적인 토론을 통해 수립해야 합니다. 토론을 통해서 여러 의견을 수집하고, 통합하고, 우선순위를 결정해가면서 실천을 해야만 효율적인 홍보를 실행할 수 있습니다.

모든 학원이 많은 수강생을 확보하기 위하여 다양한 경로를 통해 홍보를 진행할 것입니다. 학원 사업은 브랜드 이미지가 가져다주는 것이 홍보의 핵심 요소이기에 더 많은 대중에게 알려져야 합니다. 하지만 학원 홍보에서 주의할 것들이 있습니다. 전문화된 광고 전략은 성공적인 홍보를 위해 종종 비도덕적이거나 의심스러운 방법을 사용할 때도 있습니다. 이처럼 홍보의 지나친 성공을 위해서 욕심을 부리거나 과대·과장 광고를 한다면 학원 브랜드 이미지에 치명적인 손상이 생길 수도 있습니다. 홍보는 대중에게 널리 알려서 정보를 제공하는 것이지 고객의 교육 요구를 창출하거나 조작하는 방법을 사용해서는 안 됩니다. 이런 방법은 비도덕적인 방법이면서 고객 요구를 반영한다는 학원 사업의 기본 목적에 어긋나는 것입니다.

마케팅의 최종 단계는 마케팅 평가 및 조절 단계입니다. 이 단계는 교육과정의 참여를 촉진하기 위한 최종 단계입니다. 마케팅을 실행하고 나서 성공 여부를 진단하기 위해서 목표에 비추어 마케팅의 결과를 사정하는 것입니다. 그러나 마케팅 실행의 결과는 쉽게 추적되거나 파악되지 않습니다. 따라서 마케팅 실행에 대해서 평가할 때는 그 활동을 통한 고객 만족도 조사를 비롯하여 매출 분석, 시장점유율 분석, 매출 대비 마케팅 비용 분석 등 종합적인 평가를 통해 수행할 수 있습니다. 매출 분석이라는 것은 해당 교육과정과 관련하여 매출은 얼마인지, 즉 얼마나 많은 수강생과 수강료가 들어왔는지 아닌지를 평가하여 성공인지 실패인지를 평가하면 됩니다.

실행

학원 통합시스템 구축의 네 번째 과정은 실행입니다. 실행은 운영관리라는 말로 대체할 수 있습니다. 실행은 ① 계획 수립, ② 운영관리 체제 수립, ③ 실행 매뉴얼 제작, ④ 실행으로 구분됩니다. 어떤 학원이든 어떤 교육과정을 가르치든 학원은 수강생들의 요구와 상황에 알맞은 교육 자료를 이용하여 효과적인 학습경험을 제공해야 합니다. 시스템 구축의 두 번째 과정인 설계 단계에서 교육과정에 관한 내용 선정과 편성 절차와 밀접하게 관련된 수업 절차는 교재의 선정, 교육에 적합한 시설, 장비, 공간, 재료 등에 관한 사항들을 고려해서 선정해야 합니다. 학원에서는 다음과 같이 학원 및 교육과정 운영의 기본 방향을 설정하고 운영관리에 임해야 합니다.

첫째는 자기 주도적 학습이 가능한 분위기를 조성하는 것입니다. 수강생 개개인은 학습요구, 지적 수준, 교육 경험, 생활방식, 가치관, 성격 등 다양한 측면에서 차이가 발생하기 때문에 무엇보다도 수강생들에게 해당 교육과정이 자신에게 필요하며 매우 유익하다는 점을 인식시켜서 학습의 동기를 부여해야 합니다. 이를 통해 수강생 스스로가 즐거움 속에서 자발적, 적극적으로 교육과정에 참여할 수 있도록 유도하며 결과에 대해서도 스스로 책임지는 분위기가 조성되어야 합니다.

둘째는 수강생과 고객의 관점에서 진행해야 합니다. 학원장을 비롯한 강사와 행정실무자는 흔히 자기중심으로 교육을 운영하기 쉽습니다. 학원의 모든 조직구성원이 수강생 관점에서 운영관리를 하지 않으면 수강생의 불평·불만을 초래할 확률이 높아집니다. 이것은 교육의 성과를 반감시키게 되고, 나아가 학원의 이미지에 치명적인 손상을 입히게 됩니다. 그래서 학원의 모든 조직구성원은 항상 수강생이 불편함 없이 편안한 상태에서 학습에 전념할 수 있도록 최대한 신경을 쓰고 운영관리에 집중해야 합니다.

교육과정 운영을 위한 세부적인 실행계획이 수립됨과 동시에 실행, 즉 운영·관리지원 체계를 수립해야 합니다. 학원 운영과 교육과정 실행을 위해서 인적·물적 자원, 재정관리 체제를 결정하는 것입니다. 즉 교육과정을 운영하는 데 필요한 인적 자원이나 시간, 재정, 활용 가능한 자원에 대한 파악과 그것을 조직해야 합니다. 내부 구성원 간의 업무 분담과 강사 섭외, 그 밖의 장비, 편의시설, 교통편 등에 대한 사항들도 고려되어야 합니다.

대부분 학원에서 운영계획 수립 시 실수하는 것은 운영계획에서 수익에 대한 부분을 빠트리는 것입니다. 이론적으로 교육학이나 평생 교육학 등에서는 공교육의 측면을 다루기 때문에 정부 재원을 활용하는 것을 전제로 교육과정 개발이 이루어집니다. 이런 이유로 교육과정 운영계획에 예산과 수익에 관한 내용을 포함되지 않는 경우가 다반사입니다.

　수차례 강조하고 있지만 학원 사업, 교육서비스업은 사기업입니다. 모든 기업은 이익을 창출하기 위해서 존재합니다. 학원 사업을 한다는 것 또한 이익을 창출하기 위해서 하는 일입니다. 그래서 운영계획에 반드시 예산에 관한 내용을 넣어야 합니다. 강좌별 강의실 사용료, 강사 비용, 직원 인건비, 홍보비 등 지출되는 비용을 산정하고 모집인원에 따른 이익의 산출을 통해 최소 모집 목표 인원이 운영계획에 포함되어야 합니다. 운영계획에 이익에 관한 내용이 포함된 경우에도 학원 연간계획에 두루뭉술하게 포함되는 경우가 대부분입니다. 하지만 교육과정별 운영계획에 예산과 이익에 대한 부분을 반드시 포함시켜야 구체적인 개선 사항의 파악이 가능하고 지속해서 발전 가능한 학원이 될 수 있습니다.

　그다음에는 운영계획과 관리체제에 따라 실행 매뉴얼을 제작해야 합니다. 매뉴얼에는 최대한 상세한 내용, 즉 역할분담, 강사선정, 위기상황에 대한 대응방안 등 핵심 사항에 관한 내용을 매뉴얼로 제작해야 합니다. 매뉴얼에는 체크리스트가 반드시 포함되어야 합니다. 마지막으로 교육과정 실행은 체크리스트를 바탕으로 실제 행동을 검토하는 것입니다. 하나의 교육과정에 대한 준비단계부터 수료 후 사후관리까지 실행에 관련된 체크리스트를 만들어 과제와 담당자, 실행 여부, 실행 시기 등을 검토하여야 합니다.

평가

학원 통합시스템 구축의 다섯 번째 과정은 평가입니다. 평가는 ① 평가 대상의 효과성이나 목적 달성 여부를 판단하고 ② 평가 참여자가 평가 대상을 어떻게 평가하는지, 그들이 내용을 이해했는지, 적절한 시기에 이루어졌는지 등의 여부를 판단하며 ③ 목적 달성에 대한 참여자의 반응을 토대로 평가 대상의 질과 적합성을 판단하는 것입니다.

평가에 대해서 반드시 짚고 넘어가야 할 것이 있습니다. 평가는 시험이 아닙니다. 우리가 생각하는 시험은 평가 방법 중 하나라고 생각해야 합니다. 평가는 어떤 대상의 가치를 규명하는 일입니다. 교육에서의 평가는 성과에 따른 판단, 부동산이나 주식 등에서의 평가는 재산적 가치의 판단, 공학에서의 판단은 기술이나 제품의 우열이나 성능 등의 판단을 위해서 행해지는 일입니다. 평가와 비슷한 의미로 사용되는 말은 평정은 '여러 가지 평가를 종합하고, 최종적으로 결정된 평가'로서 엄밀한 뜻에는 약간 성격이 다릅니다.

평가하는 이유는 평가 결과를 토대로 개선을 하고, 개선을 통해서 발전하기 위해서입니다.

수강생을 대상으로 하는 평가의 목적은

① 수강생이 교육·훈련을 통해 성과를 확인하고

② 수강생의 교육적 성장과 발전을 촉진하고

③ 향후 교수·학습을 계획하는 것

입니다. 평가는 평가 시기 따라 진단_{사전}평가, 형성평가, 총괄평가로 구분되고, 평가 영역에 따라 인지적 영역 평가와 심동적 영역 평가, 정의적 영역 평가로 나뉩니다. 평가 기준에 따른 분류는 규준참조평가_{상대평가}, 준거참조평가_{절대평가}로 분류됩니다. 평가 도구에 따른 분류는 지필평가와 수행평가가 있습니다. 채점 방법에 따라서는 객관적 평가와 주관적 평가로 구분됩니다.

평가 시기에 따른 평가 분류

평가 유형	특징
진단 평가 (사전평가)	• 교수·학습활동이 시작되기 전 교육훈련과정이나 교과목에 대한 학생의 기초 능력 전반을 진단하는 평가 • 교수·학습전략을 위한 기초자료를 얻고 분석하여, 어떤 교수학습 방법이 적절한 것인가를 결정하기 위해 시행
형성평가	• 교수·학습활동이 진행 중인 단계에서 수강생의 교육훈련목표 달성을 위해 수업 이해도, 세부적인 강·약점을 확인하고 피드백을 제공하여 학습 곤란을 교정하며 학습 행동을 강화하기 위한 평가 • 향후 학습 방향을 안내하고 교·강사의 학습지도 방법과 교육훈련과정의 내용을 개선하기 위해 시행
총괄평가 (종합평가)	• 교수·학습활동 완료 시점(하나의 학습과제나 단원이 끝났을 때)에 수강생의 학습 성과 정도를 측정하고 성적을 부여하기 위한 평가 • 수강생의 교육훈련목표 달성 여부 및 수준을 판단하기 위해 시행

학원 통합시스템 구축을 위해서 사전평가와 수행평가에 대해서만 알아보겠습니다.

사전평가는 교육훈련과정 시작 전 해당 교육·훈련 내용에 대한 수강생의 사전 지식이나 기술 보유 수준 등 기초능력 전반을 측정하고, 분석하여 그 결과가 교육·훈련과정 운영에 적절히 반영될 수 있도록 진단하는 평가입니다. 교수·학습전략을 위한 기초자료를 얻고 분석하여, 어떤 교수학습방법이 적절한 것인가를 수정·보완 및 결정하여, 실제 과정 운영 시 그에 맞는 교육·훈련이나 여러 학습지원 활동 등을 제공하기 위해서 사전평가를 실시합니다. 사전평가는 다음과 같은 방법으로 시행할 수 있습니다.

첫째, 최종 참여 인원 확정 전 수강생을 포함해 모든 수강생을 대상으로 평가 및 결과 분석을 시행합니다.

둘째, 평가 문항은 해당 과정에서 배울 교육·훈련 내용 및 수준 등과 연계성이 높도록 개발하되, 반드시 해당 단원의 내용에서만 출제하거나 해당 단원의 모든 내용을 출제할 필요는 없습니다. 하지만 해당 단원의 내용과 무관한 평가 문항은 제외해야 합니다.

셋째, 교육·훈련과정의 종류 및 참여 수강생의 학습자 특성 등을 고려해서 평가 문항의 내용과 난이도를 조절할 필요가 있습니다. 평가 문항의 난이도는 해당 교육과정과 관련된 선수학습, 학습 이력, 전공학과, 사회 경력, 직무 이력 등 선수 능력을 갖추고 있거나, 선수 능력이 없는 수강생에 대해서도 교육 참여 전 수준을 진단할 수 있도록 문항의 난이도를 적절하게 배분하는 것이 바람직합니다. 예를 들어, 직업훈련에서 양성과정의 경우 대부분 해당 과정에 대한 선수 능력이 없는 수강생이 대다수이기에, 문항의 난이도가 너무 높으면 정확한 수준 진단이 어렵습니다. 참여 교육과정 내용과 관련된 기초 지식 및 기술 등을 적절히 반영하는 것이 바람직합니다.

넷째, 사전평가의 평가 문항 수는 수강생의 사전 지식이나 기술 보유 수준 등 기초능력 전반을 진단하기에 충분한 문항 수가 되어야 합니다.

다섯째, 사전평가 결과를 분석하여 교육·훈련과정 운영 시 교수학습 방법 개선, 수준별 교수학습자료 개발 및 제공, 영상자료이러닝, 유튜브 등 또는 파일 자료 형태의 보충학습자료 안내, 수준별 교육·훈련 시행, 보충학습 시행, 필요한 경우 수강생 간 자리 재배치, 학습활동 애로에 관한 상담 등 여러 학습지원 활동을 제공하여 교육·훈련 목표달성에 도움이 되도록 하는 것이 필요합니다.

대부분 학원에서 사전평가를 하는 경우가 매우 드뭅니다. 하지만 사전평가를 꼭 진행하기를 권합니다. 학원의 정해진 교육·훈련 과정에 참여하기 때문에 수업시간에 부족한 것을 다 채워

줄 수 있다고 하면서 사전평가를 등한시합니다. 사전평가를 반드시 권하는 이유는 교육·훈련과정에 수강생이 참여하기 전에 수강 여부를 결정하는 초기 상담에 활용하여 수강생의 참여 의지와 학습 동기를 높이기 위해서입니다. 사전평가 결과를 활용하여 수강생과 학부모에게 최적의 교육·훈련 과정이 우리 학원의 교육과정이고, 우리 학원의 운영 시스템이 왜 적합한지 설득하기에 좋은 자료로 활용됩니다.

커크패트릭Kirkpatrick의 4단계 평가모형

평가는 ① 학원 및 교육과정 평가자료 수집·분석 ② 학원 및 교육과정 평가 결과 보고순으로 진행합니다. 앞에서도 말했지만, 평가는 학습이 완료된 시기에만 이루어지는 것이 아니고, 교육과정의 실행과 동시에 이루어지는 것입니다. 일반적으로 교육과정 실시 전이나 진행 중에 그리고 교육과정 종료 후에 실시합니다. 교육과정 실시 전이나 진행 중에 실시하는 경우에는 지원체제, 집단 의사결정 과정의 문제, 일정, 장소 등의 이슈를 중심으로 교육과정 운영 전반에 내재한 문제들을 평가합니다. 반면에 교육과정 종료 후에 이루어지는 평가에서는 교육 참여의 동기와 목적, 교육 내용 및 교육방법, 교·강사의 역량과 자질, 수강생의 수, 장소, 시기, 시간, 교재, 교구, 수업 분위기, 교육 효과에 대한 전반적인 의견을 묻습니다.

학원 운영에서의 평가는 수강생과 교·강사, 행정 담당자, 학원장 등 학원의 모든 이해관계자에게 도움을 줍니다. 앞으로의 학원과 교육과정의 발전과 교육적 요구와 참여방법 등을 제시해 줄 수 있습니다. 평가모형은 매우 다양합니다. 일반적으로 교육의 효과를 극대화하기 위해 커크패트릭의 4단계 평가모형을 활용합니다. 이 평가 방법은 대표적인 성과기반 평가법입니다. 이 모형은 교육 프로그램의 성공적인 평가를 위해 네 가지 수준으로 구성되어있습니다.

첫 번째 수준은 반응Reaction 단계로 수강생이 교육과정을 어떻게 받아들였는지를 평가합니다. 이 단계는 학습자의 만족도를 측정하며 교육 내용과 강사의 전달 방식을 개선하는 데 중요한 역할을 합니다.

두 번째 수준인 학습Learning 단계는 교육을 통해 실제로 얼마나 다양한 지식과 기술이 습득되었는지를 확인하는 단계입니다. 이를 통해 교육 내용이 효과적인지를 판단할 수 있으며 학습자들의 향상된 성과를 추적할 수 있습니다.

세 번째 수준인 행동Behavior 단계는 학습자들이 교육에서 배운 내용을 실제로 업무에 어떻게 적용하고 있는지를 평가하는 단계입니다. 이것은 교육의 실제 성과를 측정하며 기업이나 조직의 목표달성을 위한 중요한 지표가 됩니다.

네 번째 수준인 결과Results 단계는 교육이 조직 전체에 미친 영향을 분석하는 단계입니다. 이 단계에서는 교육의 투자 대비 수익ROI과 같은 경제적 가치를 평가하여 교육과정의 필요성과 효과성을 입증하는 단계입니다.

커크패트릭의 4단계 평가모형을 활용함으로써 학원은 각 단계에서 얻은 데이터를 통해 교육과정을 지속해서 개선할 수 있습니다. 이를 통해 실제로 필요한 교육을 제공하고 학습자들의 피드백을 반영하여 성과를 극대화할 수 있습니다. 최종적으로 이 모형은 교육의 질을 높이고, 학원의 조식 성과를 향상하는 데 이바지할 수 있는 강력한 도구라 할 수 있습니다.

커크패트릭의 4단계 평가모형을 단계 좀 더 풀어서 말하면 1단계 반응 단계는 기본적으로 고객 만족도를 측정하는 것입니다. 교육 참여자가 얼마나 행복했느냐를 평가하는 개인적인 차원의 'Happiness Sheet'입니다. 교육의 효과 또는 성과를 판단하기보다는 교육의 과정과 운영상의 문제점을 수정·보완함으로써, 교육의 질을 향상하는 데 사용되기 때문에 총괄적인 측면보다는 형성적인 측면에 가깝습니다. 평가 방법 및 평가절차로는 교육 직후 설문지, 인터뷰, 관찰 등을 활용하여 교육과정에 대한 만족감을 모든 참여 수강생으로부터 수집하여 종합적으로 분석하고 평가함으로써 과정 개선 및 강사 피드백, 강사 평가, 보상 등에 활용됩니다.

2단계 학습 단계는 교육 후 발생한 지식 습득, 기술 향상 또는 태도 변화 등을 교육 목표 바탕으로 평가하는 것입니다. 학습 평가는 학습자의 학습 목표_{지식, 기술, 태도}가 얼마나 달성되었는지를 측정하는 개인적인 차원의 평가로, '학업성취도 평가'라고도 하는데, 교육과정이 끝난 후에 전체적인 교육 효과를 목표달성 중심으로 평가하기 때문에 보다 총괄적이고, 교육과정의 효과성과 유효성을 결정할 수 있습니다. 평가 방법 및 절차로는 교육 전·중·직후에 행동유형에 따라 인지적·정의적·심동적 영역을 고려하여 지필 검사, 체크리스트, 역할연기, 시뮬레이션, 실기검사 등을 통하여 교육 목표 달성도를 측정합니다. 그래서 과정 개선 및 학습대상 선정기준 선정, 시험난이도 조절 등에 활용됩니다.

3단계 행동 단계는 교육 참여 수강생이 교육 후 작업 현장_{실무}에서 그들이 배운 것을 얼마나 잘 적용하고 있는지를 측정합니다. 즉 교육장에서 배운 지식, 기술, 태도가 얼마나 활용되는지를 평가하는 것으로 '현업적용도 평가 또는 현업활용도 평가'로 불립니다. 현업에서 학습 전이가 이뤄졌는지를 평가하기 때문에 직무환경의 영향을 받고, 학습자 외에도 동료나 상사로부터 학습자의 행동 변화에 대한 자료를 수집·활용하기에 총괄적인 평가가 됩니다. 평가 방법 및 절차로는 교육 종료 3~6개월 이후에 학습자의 자기 보고식 평가와 교·강사, 상사, 부하직원, 동료 등 주위 사람들의 인터뷰, 관찰, 설문지 등을 통하여 수료생이 학습 내용을 실제 현업에서 얼마나 적용하고 있는지 실제 행동 변화를 측정함으로써 교육과정의 개선이나 교육과정의 성과를 확인할 수 있습니다.

4단계 결과 단계는 교육으로 얻어진 최종 결과, 즉 수익 증가, 생산성 향상, 비용 감소, 질 향상 등을 평가합니다. 교육이 학원 조직에 미친 영향을 평가합니다. 다시 말해서 교육 결과가 학원 조직의 개선에 기여한 정도를 평가하는 것으로, '조직기여도 평가 또는 교육 투자회수효과'라고도 합니다. 참여 수강생이 교육과정에 참여한 이유로 나타나게 된 최종 결과를 평가하므로 매우 총괄적인 평가가 이루어집니다. 평가 방법 및 절차로는 교육 종료 6~12개월 후에 평가 전문가가 비용-효과를 고려한 사전-사후 검사비교를 통하여 교육으로부터 학원이 얻은 이익이 무엇인지를 평가합니다. 교육과정을 평가함으로써 학원이나 각 사업부서에 대한 지원과 위상이 결정됩니다.

Kirkpatrick의 4단계 평가모형

평가 수준	평가 내용
1단계 반응(Reaction)	교육훈련에 대한 만족도
2단계 학습(Learning)	지식과 기술의 습득, 태도 변화정도
3단계 행동(Behavior)	교육훈련에 대한 직무현장의 적용정도
4단계 결과(Results)	조직의 사업성과에 대한 기여도

일반적으로 교육 평가에서는 커크패트릭의 4단계 평가모형

이 많이 활용되지만 각 수준간 연계 부족, 회계적 책무성 부족, 개념 정의 부족에 대한 비판이 생기기도 했습니다. 그리고 모형이 너무 단순하여 쉽게 적용할 수는 있지만 교육·훈련 평가에 대하여 잘못 이해하게 하고 지나치게 일반화하는 문제가 지적되기도 합니다.

필립스Phillips는 커크패트릭의 4단계 평가모형을 5단계로 발전된 모형을 제시하였습니다. 필립스의 모형에서 5단계는 커크패트릭의 4단계에서 수집한 자료를 금전적 가치로 환산하여 프로그램의 비용과 비교함으로써 교육 투자에 관한 결과를 평가하는 것이라고 하였습니다. 즉 ROIReturn on Investment에 초점을 두고, 커크패트릭의 4단계 결과 평가를 교육·훈련의 사업성과에 대한 기여도Business Impact와 ROI로 분리한 것이라고 할 수 있습니다.

학원에서는 커크패트릭의 4단계 평가모형을 발전시킨 필립스의 5단계 평가모형을 활용하는 것이 적절합니다. 필립스 평가모형을 활용하는 이유는 개별 교육·훈련의 기여도를 제시하고, 교육·훈련 예산의 정당화 논리를 제공하기 때문입니다. 여기에 개선 및 폐기가 필요한 비효율적인 교육·훈련에 관한 확인이 가능하며, 학습과 실무 조직 요구를 연계할 수 있습니다. 이로 인해 경영층의 신뢰 획득, 교육·훈련 과정에 대한 지지 확보, 설계 및 실행과정의 개선, 다른 곳에도 적용할 수 있는 성공 사례 확인, 전략적 파트너 자리 확보, 평가 결과가 교육과정 개선과 교육과정 운영에 대한 예산을 확보하는데 활용될 수 있기 때문입니다.

커크패트릭과 필립스 평가모형 비교

커크패트릭의 4단계 평가모형	필립스의 5단계 평가모형	
	ROI	• 교육과정에 대한 재정적인 결과의 가치와 소용된 비용을 비율(%)로 측정
4단계 결과(Results)	사업 결과 (Business Impact)	• 교육 결과가 사업에 미치는 영향 (생산성, 품질, 비용 절감 등)
3단계 행동(Behavior)	현업 적용도 (Job Application)	• 훈련결과에 대한 현업의 행동변화를 측정
2단계 학습(Learning)	학습 (Learning)	• 학습자의 지식, 기술, 태도 변화 측정
1단계 반응(Reaction)	반응 및 실천 계획 (Reaction and Planned Action)	• 학습자들의 반응 측정, 결과를 실행하기 위한 계획 수립

평가 절차

학원 사업이 가르치는 것이지 시험만 보는 곳이냐는 반문을 하는 분들도 있습니다. 반대로 생각해보면 학원 사업에서 가장 중요한 경쟁력이자 학원 브랜드 가치는 '잘 가르치는 학원'입니다. 객관적으로 잘 가르치는 학원이라는 것을 어떻게 증명할 수 있을까요? 유일한 답은 '객관적인 평가 결과와 평가 결과 기반의 개선'입니다. 평가는 시험이 아닙니다. 시험이라고 할 수 있는 것은 2단계 학습 평가입니다. 여기서 학업성취도를 평가하기 때문에 시험이라는 고정관념의 단계는 2단계 평가입니다. 나머지 평가단계에서 수강생이 직접적으로 피평가자로 참여하는 것은 1단계 평가입니다. 1단계 평가에서 설문 형태의 만족도 조사에 수강생이 참여합니다. 각 단계의 평가자는 전문성이 일정 부분 확보되어야 하기에 학원 조직 내에서 담당자를 구분하고, 평가 시기도 다르기에 평가를 위한 학원이라는 생각을 지워야 합니다.

평가자를 구분해보면 1단계 반응 평가는 행정 담당자 또는 상담 담당자가 진행하면 됩니다. 오히려 1단계 평가의 평가자가 직접 교육에 참여한 교·강사가 진행하면 안 됩니다. 수강생이 교·강사의 무언의 압력에 제대로 된 평가를 못하게 됩니다. 평가는 누군가를 혼내기 위한 것이 아니라 수강생을 포함한 모든 이해관계자와 학원의 개선을 위해서 하는 것입니다. 그래서 1단계 평가는 구글폼 등을 이용해서 수업 시간이 아닌 집과 같은 개별 장소에서 모바일로 많이 진행하고, 익명으로 실시합니다. 익명 보장을 통해 좀 더 객관적인 평가 결과를 얻어야만 평가 결과를 적절하게 개선할 수 있습니다.

2단계 학업 성취도 평가는 교·강사가 수업 시간을 활용해서 실시하면 됩니다.

3단계 현업 활용도 평가는 보습학원에서는 행정 담당자가 수강생의 학교 시험 결과 및 대외 경진대회 성적 등을 파악하면 됩니다. 성인학원에서는 취업 담당자가 보통 현업 활용도 평가를 담당합니다. 취업 담당자가 수집한 현업 활용도 평가 기초 자료는 교육과정 개발 및 개선 시 요구 조사 자료로 활용하면 효율적으로 자료 공유가 가능합니다. 그래서 취업담당자가 현업활용도 평가담당자로 활동하는 것이 적절합니다.

4단계 사업 결과 평가는 운영 팀장 또는 행정 팀장이 담당하는 것이 적절합니다. 교육 과정별 운영계획을 바탕으로 모집률, 수료율, 취업률 등 비율% 평가가 가능한 성과 지표에 대한 평가와 총매출액 대비 홍보비의 비율, 인건비, 고정비 등에 대한 비율로 사업 결과 평가를 진행해야 합니다. 대부분의 학원에서 월 단위, 분기단위, 연단위 등의 전체적인 사업 성과보고에만 사업 결과 평가와 분석을 실시하고 있습니다. 하지만 교육과정별로 세분화해서 사업 성과 평가를 진행해야 지속 가능한 교육과정과 개선이 가능한 교육과정, 폐지가 필요한 교육과정이 구분이 됩니다. 여기에 해당 교·강사와 행정 담당자의 역량 평가도 가능하기 때문에 교육과정별로 사업 결과 평가를 진행해야 합니다.

마지막 5단계 ROI는 사업 결과 평가를 기반으로 수익에 대한 평가를 진행하는 것입니다. 이 평가의 담당자는 학원장이 하는 것이 적절합니다. 최종적인 학원 사업의 손익에 대한 평가를 진행하는 것이기에 학원장이 직접 평가를 담당해야 내 학원의 현 상황을 직시할 수 있습니다.

평가단계별 담당자 구성

평가 단계	평가 담당자
ROI	• 학원장, 회계 팀장 등
사업 결과(Business Impact)	• 운영 팀장, 행정 팀장, 상담 팀장, 교무 팀장 등
현업 적용도(Job Application)	• 행정 담당자, 해당 교·강사, 취업 담당자 등
학습(Learning)	• 해당 교·강사, 교무 팀장 등
반응 및 실천계획 (Reaction and Planned Action)	• 행정 담당자, 상담 실장, 교무팀장 등 • 해당 교·강사는 평가자에서 제외

학원 및 교육과정 평가자료에 대한 수집과 분석이 완료되고 나면 가능한 빠른 시일 내에 학원 및 교육과정의 평가 결과보고를 진행해야 합니다. 여기서 평가 결과보고라는 용어를 사용하다보니 학원장이 결과보고를 일방적으로 보고 받는 자리라고 생각하는 분들이 많습니다. 평가 결과보고는 단방향의 보고가 아니라 회의를 통해 교육과정 운영에 대한 효과성을 공유하고, 개선을 위한 토론의 자리라고 생각해야 합니다.

평가 결과 회의를 통해 교육과정의 효과성을 평가 담당자별로 보고하고 교육과정 운영 결과에 대해 종합적 결과에 대해 공유함으로써 더 나은 교육과정의 개발과 개선을 위한 기반을 마련하는 것입니다. 평가 결과 회의를 통해 지속적으로 발전시켜야 하는 내용과 문제점 분석과 개선 방안을 찾아 단계별로 피드백을 진행함으로써 차기 교육과정 개발과 운영을 위한 개선 작업이 진행됩니다. 평가에 대해서 강조하고 싶은 내용은 교육과정 개발을 포함한 운영계획은 평가계획을 기반으로 이루어진 다는 것입니다. 나중에 교육과정 개발에 대해서 자세히 다룰 때 다시 언급하겠지만 목적과 목표가 기술된 후에 목표달성에 관련된 지표를 평가계획을 통해서 평가 지표로 개발이 되고, 평가 지표를 바탕으로 운영계획을 수립하는 것이 가장 합리적인 방안입니다. 평가계획을 기반으로 운영계획을 수립해야 한다는 것을 명심하기 바랍니다.

환류

학원 통합시스템 구축의 마지막 여섯 번째 과정은 환류입니다. 환류는 피드백을 기반으로 지속 발전 가능한 사항과 개선이 요구된 사항을 설계, 마케팅, 실행운영, 평가, 환류에 적용되어야 합니다. 여기서 환류는 기획에는 적용하지 않습니다. 기획은 집을 지을 때 어떤 집을 지을지 결정하는 기초적인 창조과정이라고 했습니다. 이것은 개선 사항을 기획에 적용하면 사업을 접자는 의미이거나 사업 방향을 전환하자는 의미이기 때문에 기획에 개선 요구 사항을 적용하지 않습니다. 간단히 환류를 기획을 제외한 운영 시스템 전반에 적용하는 것입니다.

누차 강조하는 것이지만 학원 사업은 판매 영업이 아닌 관리 영업이기에 피드백 결과를 지속적인 발전 요구 사항과 개선 요구 사항의 적용을 통해 학원 사업의 방향을 과거가 아닌 미래로 바꿔야 합니다. 피드백이 가진 강력한 힘은 과거를 바꿀 수는 없지만, 미래를 바꿀 힘을 가졌다는 것입니다. 학원 사업의 지속적인 발전은 끊임없이 개선하는 것입니다. 무엇을 개선할지는 눈앞에 보이는 것이 아니라 객관적인 평가 결과를 토대로 도출된 피드백을 적용하는 것입니다.

학원 사업을 성공하기 위해서는 내 학원만의 통합시스템을 구축하고, 이 시스템의 단계를 선순환시키는 것입니다. 이 한 줄로 정리하니 너무 쉬워 보입니다. 하지만 이 작업은 사업 창업 초기에 반드시 구축해야 합니다. 운영 중인 학원에 적용하기는 너무 어렵습니다. 학원의 모든 조직구성원이 기존 방식에 익숙해져 있기 때문입니다. 사람은 누구나 새로운 것에 저항하게 됩니다. 아무리 맛있는 음식이라도 처음 접하는 음식은 거부감부터 나타냅니다. 그래서 창업 초기에 학원 통합시스템을 구축해야 합니다. 이것이 학원만의 경쟁력이고, 차별화이며, 브랜드 가치입니다.

학원은 무형의 상품을 관리라는 서비스를 통해 제공하고, 고객의 지식을 향상시키는 곳입니다. 그렇기에 모든 것이 시스템화되고, 조직화해야 치열한 경쟁 속에서 살아남을 수 있습니다. 잘 나가는 학원은 외부에서 절대 따라 할 수 없는 자신만의 시스템을 가지고 있습니다. 학원의 규모와 상관이 없습니다. 학원의 이력과도 상관없습니다. 예전에는 학원의 조직구성원들에게만 의존해서 학원을 운영했습니다. 지금은 너무나도 위험한 경영 방식입니다. 학원 사업은 고객의 발전을 위해 영위되는 사업이지 조직구성원에 맞추기 위한 사업이 아닙니다. 성공하는 학원, 잘 나가는 학원의 비밀은 나만의 학원 통합시스템 구축과 실천입니다.

학원 마케팅 이것만 하자!

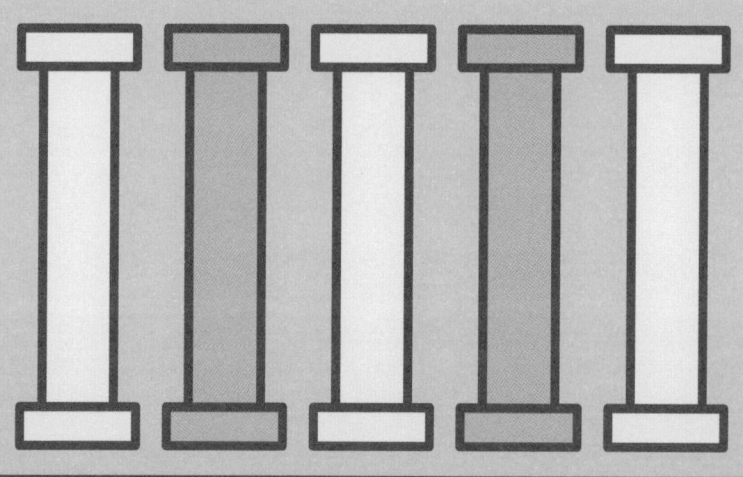

학원 마케팅 무엇부터 할까요?

학원 마케팅이란?

학원사업을 처음 시작하는 분들은 마케팅에 많이 주저합니다. 마케팅을 위한 예산 확보가 쉽지 않고, 나는 사업을 하는 사람이지 마케팅 전문가가 아니라는 생각이 지배적이기 때문입니다. 이번 장에서는 마케팅의 아주 기초적인 내용부터 실무에 적용할 수 있는 내용까지 전반적으로 살펴보도록 하겠습니다.

여기서 질문은 "학원 마케팅은 무엇부터 할까요?"입니다. 이 질문에 다들 답변이 힘들 것입니다. 여기에는 정답이 없습니다. 하지만 마케팅에 대해서 조금은 이해하고, 마케팅 전략을 수립하는 것부터 해야 합니다. 오늘날 마케팅의 정의는 미국 마케팅학회의 정의입니다. 1948년 미국 마케팅학회에서 "마케팅은 생산자로부터 소비자 또는 사용자에게로 제품 및 서비스가 흐르도록 관리하는 제반 기업 활동의 수행이다."라고 정의했습니다. 이후 2004년에 고객의 욕구가 끊임없이 변화하고 무한 경쟁시대가 전개되는 환경 변화에 맞추어 고객의 가치 창출을 강조하는 정의를 새롭게 제시했습니다. 새롭게 정의된 마케팅은 "조직과 이해관계자들에게 이익이 되도록 고객 가치를 창출하고 의사소통을 전달하며, 고객 관계를 관리하는 조직 기능이자 프로세스의 집합이다."입니다.

'마케팅의 아버지'라고 불리는 필립 코틀러 Philip Kotler는 마케팅에 대한 몇 가지 구체적인 내용을 제시하였습니다.

첫째, 마케팅은 분석, 계획, 집행 그리고 조정을 포함하는 체계적인 과정입니다. 학원 마케팅도 체계적으로 진행하는 것이 중요합니다. 오히려 작은 학원일수록 계획적이고 체계적으로 마케팅을 진행해야 합니다.

둘째, 마케팅은 비체계적인 활동이 아닌 욕구 충족을 위해 면밀하게 짜인 프로그램 속에서 명확하게 나타납니다.

셋째, 마케팅은 가치의 자발적인 교환을 추구합니다. 학원은 무형의 제품을 판매하기에 학원의 가치를 고객들이 자발적으로 교환할 수 있는 마케팅 전략이 필요합니다.

넷째, 마케팅은 모든 사람에게 모든 제품을 대상으로 모든 시장을 찾아 불특정 다수에 대한 비현실적인 공략이라기보다는 표적 시장을 대상으로 해야 합니다. 특히 학원은 고객층이 분명하고, 우리가 제공하는 제품인 교육과정이 제한적이기에 명확한 표적 시장을 대상으로 해야 합니다.

다섯째, 마케팅의 목적은 효과적인 시장의 공략을 통해 조직의 생존과 건강한 유지를 돕는 것입니다. 즉 효과적인 마케팅 계획을 위해서는 조직이 구체적인 목표를 설정하는 것이 필요합니다.

여섯째, 마케팅은 파는 자의 입장보다는 표적 시장의 욕구에 따른 조직의 탄력적인 공략체계에 달려 있습니다.

일곱째, 마케팅은 소위 마케팅 믹스라 불리는 제품설계, 가격, 홍보 그리고 유통의 방법들을 이용하고 혼합하는 것입니다.

마케팅에 관한 내용을 한 단어로 정리하면 '교환'입니다. 교환은 상대방에게 무엇을 주는 대가로 무엇을 돌려받는 것을 의미합니다. 학원사업에서의 교환은 고객의 지식 습득, 기술 향상, 태도 변화를 제공하는 대가로 얻게 되는 보람입니다.

마케팅이라고 하면 우리는 흔히 시장, 장사, 이윤, 판매 등의 단어를 먼저 떠올립니다. 학원도 영리기업이기에 마케팅의 내부 목표는 이윤 추구입니다. 하지만 마케팅은 표면적으로 이윤을 내세우지는 않습니다. 이윤을 내세우면 반작용으로 인해 더 이상의 이윤 창출이 어렵기 때문입니다. 마케팅의 대상은 시장과 고객입니다. 따라서 성공적인 마케팅을 위해서는 시장을 잘 알아야 하고, 고객과의 교환이 원활히 이루어지게끔 해야 합니다. 고객은 판매자에게 수강료를 내고, 학원이라는 판매자는 고객에게 교육상품이나 교육서비스를 제공함으로써 교환이 이루어집니다. 효과적인 교환을 위해서는 고객이 만족하는 고객 중심의 교환을 통해 교환이 빈번하게 일어나도록 해야 합니다.

학원 마케팅 불변의 법칙

직접적인 마케팅 방법을 살펴보기 전에 마케팅 불변의 법칙에 대해서 알아보고 넘어가겠습니다. 마케팅의 전설이자 포지셔닝 개념의 창시자인 알 리스 Al Ries 와 포지셔닝 개념의 공동 창시자인 잭 트라우트 Jack Trout 는 마케팅 불변의 법칙으로 22가지 법칙을 제시하였습니다. 마케팅 불변의 22 법칙은 절대 변하지 않는 법칙입니다. 그래서 어떤 사업이든지, 마케팅 실무에서 마케터로 일을 하든지 마케팅 불변의 법칙에 대해서 이해하고, 학원에 적용할 수 있어야 합니다. 여기에 우리나라에서는 한국 상황에 맞는 11가지 마케팅 불변의 법칙이 발표되기도 했습니다. 시대가 발전하면 최첨단 기술을 마케팅에 접목하는 것이 변하는 것입니다. 하지만 마케팅 대상이 변하는 것은 아닙니다. 지금부터 학원에 적용할 수 있는 9가지 마케팅 불변의 법칙과 6가지 한국형 마케팅 불변의 법칙에 대해서 살펴보겠습니다.

학원 마케팅 불변의 법칙 1 : 리더십의 법칙

마케팅 불변의 1법칙은 '리더십의 법칙'입니다. 리더십 법칙의 핵심은 더 좋기보다는 최초가 되는 것이 낫다는 것입니다. 이 말은 마케팅의 기본 중의 기본은 내가 최초가 될 수 있는 영역을 만드는 것입니다. 최초의 제품을 보유한 경쟁 기업보다 내 회사의 제품이 더 좋다고 고객을 설득하는 것보다 고객이 마음속에 최초로 들어가는 것이 훨씬 쉽습니다.

리더십의 법칙에서는 '시기timing'도 중요합니다. 최초가 되었어도 시기가 너무 늦을 수도 있습니다. 이점을 유의해야 합니다. 사람은 누구나 먼저 가진 것을 고수하는 경향이 있습니다. 리더십 법칙의 성공 비결은 고객의 마음속에 제일 먼저 들어가는 것입니다. 하지만 대부분 학원에서 집중하고 있는 전략은 바로 '더 나은 교육과정', '더 훌륭한 교·강사' 전략입니다. 기업 경영에서 '벤치마킹'이라는 궁극적인 경쟁전략은 자사 제품 및 서비스를 동종 업계의 최고와 비교하고, 평가하는 노력을 말합니다. 벤치마킹 과정에서의 핵심은 '총체적 품질관리'입니다. 우리는 학원이 성공을 하기위해서 마케팅의 리더십의 법칙을 잘 적용해야 합니다. 공급자의 입장이 아닌 고객의 입장에서 생각해보면 고객의 마음속에 최초로 들어갈 요소가 충분할 것입니다.

학원 마케팅 불변의 법칙 2 : 영역의 법칙

제2법칙은 '영역의 법칙'입니다. 영역의 법칙은 최초가 될 수 없다면 최초가 될 수 있는 새로운 영역을 개척하라는 것입니다. 고객의 기억 속에 최초로 인식되지 못했더라도 희망을 버릴 필요가 없습니다. 어떤 영역에서 최초가 될 수 없다면, 최초가 될 수 있는 새로운 영역을 개척하면 됩니다. 새로운 영역의 개척은 생각처럼 어려운 일만은 아닙니다. 스스로에게 자문을 통해서 새로운 영역을 개척할 수 있습니다. "이 신제품은 경쟁사 제품보다 어떤 점이 좋은가?"라는 질문에서 "우리 제품이 어떤 점에서 최초인가?"라는 질문으로 그리고 다시 "이 신제품이 최초가 될 수 있는 영역은 무엇인가?"로 바꿔 질문하면 됩니다. 그러면 자연스럽게 영역에 대한 답을 구할 수 있습니다.

사람은 누구나 '무엇이 새로운지'에 관심이 있습니다. '무엇이 더 좋은가'에는 별 관심이 없습니다. 우리 학원이 어떤 것이 최초인지에 대해서 고민해야 합니다. 최초로 무엇을 도입했는지를 생각해보면 됩니다. 학원을 설립할 때 이미 경쟁 학원보다 강점이 무엇인지 생각했을 것입니다. 그 내용을 상기하면 됩니다. 최초가 될 수 없다면, 최초가 될 수 있는 새로운 영역을 개척해야 한다는 것을 명심하기 바랍니다.

학원 마케팅 불변의 법칙 3 : 기억의 법칙

제3법칙은 '기억의 법칙'입니다. 기억의 법칙은 시장에서 최초가 되기보다는 기억 속에서 최초가 되는 편이 낫다는 것입니다. 기억 속에서 최초가 되는 것이 마케팅의 전부라고 해도 과언이 아닙니다. 시장에서 최초가 되는 것의 중요성은 기억 속에서도 최초가 된다는 것을 전제로 합니다. 하지만 마케팅 과정에서 발생되는 모든 문제에 대한 해결책을 우리는 '돈'이라고 생각합니다. 돈이 해답이 아님에도 불구하고 다른 어떤 것보다도 마케팅에 많은 돈을 낭비하고 있습니다.

사람에게 기억이 만들어지고 나면 그 기억이 바뀌는 일은 거의 없습니다. 그래서 첫인상이 중요하다는 것입니다. 사람의 첫인상이 바뀌는 경우가 거의 없는 것도 마찬가지의 경우입니다. 마케팅 노력 중에서 가장 무모하게 시도되고 있는 것이 고객의 기억을 바꾸려는 것입니다. 사람에게 깊은 인상을 주는 강력한 방법은 오랜 시간을 두고 호감을 쌓는 것이 아니라 상대방의 마음속에 돌풍처럼 파고드는 것입니다. 고객의 기억 속에서 최초가 되기 위해서는 단숨에 고객의 기억과 마음을 훔치는 것입니다. 학원 사업은 연속에 연속을 거듭하는 사업입니다. 천천히 개선해가면서 브랜드 가치를 높일 수는 없습니다. 처음 시작할 때 반드시 고객의 기억을 훔쳐야합니다. 고객의 기억이 지속되기 위해서 운영·관리의 장점과 개선 사항을 활용하는 것입니다.

학원 마케팅 불변의 법칙 4 : 인식의 법칙

제4법칙은 '인식의 법칙'입니다. 인식의 법칙에서의 마케팅은 제품의 싸움이 아니라 인식의 싸움이라는 것입니다. 많은 사람이 마케팅을 제품의 싸움이라고 알고 있습니다. 그래서 최고의 제품이 결국 승리한다고 믿고 있습니다. 세상에는 객관적인 현실이라는 것은 존재하지 않습니다. 그래서 최고의 제품이라는 것도 없습니다. 마케팅이라는 오묘한 세상에는 고객의 기억 속에 자리 잡은 '인식'만이 존재할 뿐입니다. 그것 외에 다른 모든 것들은 환상이라고 생각하면 됩니다. 그리고 모든 진실은 상대적입니다. 사람마다 진실은 각각 다릅니다. 사람은 누구나 자기 자신이 다른 사람보다 인식을 더 잘한다고 생각합니다. 그래서 자신이 가장 정확하게 인식한다고 믿습니다. 진실과 인식은 마음속에서 만나서 합쳐지기 때문에 그 둘 사이에는 차이가 없어집니다.

사람이 확신할 수 있는 단 하나의 현실은 그 사람의 인식, 즉 사람의 마음속에 있습니다. 사람들은 자신이 믿고 싶어 하는 것만을 믿습니다. 여기에 사람들은 자신의 인식을 활용하지 않고 다른 사람이 현실을 인식한 내용을 토대로 구매 결정을 합니다. 이것을 '모르는 사람이 없는 everybody knows 원칙'이라 합니다. 나 자신의 마음이든 다른 사람의 마음이든 결국 마케팅은 인식의 싸움입니다. 학원에 대한 기존 고객의 인식이 중요합니다. 학원 사업은 관리 영업입니다. 기존 고객을 얼마나 관리하느냐에 따라 고객의 인식이 결정됩니다. 기존 고객의 인식이 다른 사람에게 전달되어 신규 고객 추천이 활발하게 발생되도록 관리해야 합니다.

학원 마케팅 불변의 법칙 5 : 반대의 법칙

제5법칙은 '반대의 법칙'입니다. 반대의 법칙은 내가 2위 자리를 목표로 한다면, 내 전략은 리더 브랜드에 의해 결정된다는 것입니다. 세상의 모든 강점 속에는 약점이 존재합니다. 그래서 리더의 힘이 강한 곳에서는 차순위 후보가 전세를 역전시킬 수 있습니다. 만약 사다리의 두 번째 디딤대에서 확고한 자리를 차지하고 싶다면 나보다 앞서 있는 기업을 주도면밀하게 살펴봐야 합니다.

어떤 사업 영역, 어떤 제품 영역의 고객들을 보면 두 가지 유형으로 구분됩니다. 먼저 증명된 리더의 제품을 사고 싶어 하는 유형입니다. 다른 유형은 리더의 제품을 사고 싶지 않은 사람입니다. 2위를 목표로 하는 기업은 후자에 속하는 고객층을 겨냥해야 합니다. 다시 말해, 내 학원을 1등 학원과 대조적인 포지셔닝을 함으로써, 1위 제품의 대안제품 시장을 차지할 수 있다는 말입니다. 그럼에도 불구하고 너무나도 많은 잠재적 2등 학원이 1등 학원을 모방하려고 합니다. 1등이 되고 싶은 마음이 크기 때문에 일어나는 현상입니다. 하지만 이 경우는 실패로 끝납니다. 2등 학원이거나 이제 사업 초창기의 학원이라면 내 학원을 1등 학원의 '대안'으로 제시해야 합니다. 여기에 경쟁자와의 경쟁에서 이기기 위해서는 무조건 경쟁자를 비난해서는 안 됩니다.

반대의 법칙은 양날을 가진 칼입니다. 반대의 법칙을 활용한다는 것은 고객이 그 즉시 인정해줄 수 있는 경쟁자의 약점을 공략해야 한다는 의미입니다. 반대의 법칙에서 우리에게 주는 교훈은 내 자신을 경쟁자의 반대편에 포진시키지 않는 실수를 범하지 말아야 한다는 것입니다.

학원 마케팅 불변의 법칙 6 : 조망의 법칙

제6법칙은 '조망의 법칙'입니다. 마케팅 효과는 시간이 쌓이면서 서서히 드러납니다. 마케팅 효과는 장기적 효과가 단기적 효과와 정반대로 나타나는 경우가 자주 있습니다. 제품을 판매하는 마트에서 할인행사를 종종 진행합니다. 이 경우 할인행사는 회사 매출을 증대시킬까요? 아니면 감소시킬까요? 단기적으로 볼 때는 매출을 신장시킵니다. 장기적으로 볼 때는 할인판매는 정상가격으로 상품을 사지 말라고 고객들을 가르치기에 수익 규모를 위축시킨다는 결과가 종종 나오고 있습니다. 수익 규모를 지키기 위해서는 줄기차게 할인을 감행하면 안 됩니다. 즉, 할인행사는 매출을 증가시키기 위해서가 아니라, 할인을 중단했을 때 매출이 하락하는 것을 막기 위한 것입니다. 할인행사는 마약과도 같습니다. 금단증상이 너무 고통스럽기에 끊을 수가 없습니다.

이렇듯 단기적으로는 이익이지만 장기적으로 손실인 경우가 많이 발생합니다. 학원사업에서도 특강 할인이나 타 학원과의 경쟁을 위해서 종종 수강료 할인을 하는 경우가 있습니다. 이 경우 단기적으로 매출이 높아질 수 있지만, 할인하는 시기와 할인 상품에 대한 제한적인 사용을 통해 장기적으로 손실을 보는 경우를 막아야 합니다.

학원 마케팅 불변의 법칙 7 : 정직의 법칙

제7법칙은 '정직의 법칙'입니다. 스스로 부정적인 면을 인정하면, 고객은 긍정적인 평가를 해줄 것입니다. 문제를 인정하는 것은 기업의 본성과 인간의 본능에 반하는 일입니다. 고객의 마음에 자리 잡기 위한 가장 효과적인 방법 중 하나는 먼저 부정적인 것을 인정한 후, 그것을 긍정적으로 바꾸는 것입니다.

'우리 학원은 2등입니다. 우리 학원의 수강료는 가장 비쌉니다.'처럼 마케팅 과정에서 정직성이 큰 효과를 낼 수 있는 이유가 무엇일까요? 무엇보다도 '정직성'은 상대방의 경계심을 해제시킨다는 것입니다. 내 입으로 부정적인 발언을 하면 대번에 진실로 받아들여집니다. 반면 긍정적인 발언은 의심의 눈초리를 받게 됩니다. 긍정적인 발언은 고객들이 인정해줄 때까지 그 진실성을 입증해야 합니다. 하지만 부정적인 발언은 고객들이 바로 진실로 받아들입니다.

마케팅은 종종 명백한 것을 찾아가는 과정입니다. 고객이 한번 결정한 마음을 쉽게 바꾸지 않기 때문에 마케팅은 이미 고객에게 각인된 아이디어와 개념을 활용하는 데 집중해야 합니다. 지금 우리가 살고 있는 사회나 미래 사회에는 지속적으로 소통이 증가할 것입니다. 고객 간 소통의 증가로 인해 기업이 무엇을 팔려고 할 때 고객들은 방어적이고 경계심을 가지게 되었습니다. 대부분 기업은 고객에게 솔직하게 자신들의 문제점을 인정하는 것을 피하려고 합니다. 기업이 문제를 인정하며 그 어떤 메시지를 전달하려고 하면, 사람들은 본능처럼 마음을 엽니다. 이처럼 열린 마음 상태에서는 긍정적인 메시지, 즉 판매에 대한 메시지를 전달하기가 쉬워집니다.

정직의 법칙에서 주의 사항은 단 하나입니다. 정직의 법칙은 아주 신중하고 능숙하게 사용해야 한다는 것이 단 하나의 주의 사항입니다. 먼저 자신의 부정적인 것은 반드시 부정적으로 인식되어야 합니다. 이것을 통해 고객의 즉각적인 동의를 이끌어 내야합니다. 부정적인 것이 빨리 인식되지 않으면 고객은 더 혼란스러워 합니다. 부정적인 것을 인정했다면 재빨리 긍정의 메시지로 전환해야 합니다. '정직'의 목적은 사과가 아닙니다. 정직의 목적은 고객을 설득할 수 있는 이점을 마련하는 것입니다.

학원 마케팅 불변의 법칙 8 : 예측 불가의 법칙

제8법칙은 '예측 불가의 법칙'입니다. 경쟁자의 계획을 예측하지 못하면, 미래를 예측할 수 없습니다. 대부분의 마케팅 계획은 미래에 대한 가정을 근간으로 합니다. 그러나 미래에 일어날 일에 기반을 둔 마케팅 계획은 대부분 틀리기 마련입니다. 일기 예보만 보더라도 기술이 엄청나게 발전했고, 수백 대의 슈퍼컴퓨터와 수많은 기상전문가들이 있어도 3일 뒤의 날씨조차 예측하기 어렵습니다. 3년 후의 시장을 예측하는 것은 더더욱 어려운 일입니다.

경쟁사의 반응을 예측하지 못하는 것은 마케팅 실패의 주요 원인 중 하나로 작용합니다. 효과적인 마케팅 단기 계획은 제품이나 회사를 차별화할 수 있는 전략이나 하나의 단어를 제시하는 것입니다. 그런 다음, 그 아이디어나 전략을 극대화할 수 있는 장기적인 마케팅 방향을 설정하는 것이 중요합니다. 장기적 계획이 아닌 '방향'이라는 것을 명심해야 합니다. 그럼 우리가 예측 불가능한 시장에 대응하는 최선은 방법은 무엇일까요? 우리는 미래를 예측할 수 없어도 대안으로 트렌드를 이용할 수 있습니다. 이것은 '변화'를 적극적으로 활용하는 방법입니다.

"학원 사업을 할 때 트렌드가 뭐가 있어?"라고 생각할 수도 있습니다. 보습학원의 경우 교과 내용의 변화, 입시 제도의 변화, 기술의 변화 등을 트렌드라고 할 수 있습니다. 성인학원의 경우 기술의 변화, 직업의 변화, 유망 직업, 직업의 세분화 등을 트렌드라고 할 수 있습니다. 우리가 트렌드를 활용할 때 빠지기 쉬운 함정은 바로 '추정'입니다. 많은 기업이 트렌드가 얼마나 지속될지에 대해 성급하게 결론을 내리는 경향이 있습니다. 그리고 트렌드를 과대평가하는 것만큼 위험한 것은 현재의 상황이 그대로 지속될 것이라고 가정하는 것입니다. '피터의 법칙 Peter's Law에서 말하는 것처럼 예측 불가였던 일이 언제나 현실로 일어난다는 것을 잊으면 안 됩니다.

물론 트렌드를 추적하고 따르는 것은 불확실한 미래를 준비하는 데 유용할 수 있습니다. 하지만 시장조사가 오히려 독이 될 수도 있습니다. 시장조사는 미래가 아닌 과거를 측정하는 데 적합한 도구이기에 새로운 아이디어와 개념을 포착하기 어렵습니다. 사람은 자신이 실제로 선택의 기로에 서기 전까지는 무엇을 선택할지 모르는 존재입니다. 불확실한 세상에서 살아남는 방법 중 하나는 조직 내에 엄청난 유연성을 구축하는 것입니다. 그래야 어떤 변화가 우리가 속한 영역에 태풍을 몰고 왔을 때, 기꺼이 그 변화를 맞을 준비가 되어 있음은 물론이고, 그 즉시 변화를 해야만 장기적으로 살아남을 수 있습니다. 어쩌면 기업은 새로운 아이디어로 스스로를 공격할 만큼 유연해야 합니다.

'변화'는 결코 쉽지 않지만, 예측할 수 없는 미래에 대처하는 유일한 길입니다. 마지막으로 미래를 예측하는 것과 미래의 기회를 포착하는 것은 분명히 다른 것입니다. 미래를 정확하게 예측할 수 있는 사람은 없습니다. 고로, 마케팅 계획 역시 그런 시도를 해서는 안 됩니다.

학원 마케팅 불변의 법칙 9 : 재원의 법칙

제9법칙은 '재원의 법칙'입니다. 충분한 자금 없이는 아무리 아이디어가 좋아도 실행에 옮기기 어렵습니다. 소규모 학원부터 시작할 경우가 많기에 재원이 충분하지 않을 수 있습니다. 그래서 재원에 대한 얘기는 우리에게 찬물을 끼얹는 얘기일 수도 있습니다. 아무리 좋은 아이디어라도 그것을 실행할 '자금'이 없다면 크게 성장할 수 없습니다. 훌륭한 아이디어를 가진 사업가는 마케팅 전문가의 도움만 있다면 성공할 수 있다고 생각하는 경향이 있습니다. 이것은 전혀 사실이 아닙니다. 마케팅은 고객의 마음속에서 벌어지는 전쟁입니다. 그 마음속에 파고들기 위해서는 돈이 필요하고, 계속해서 그 마음속에 머물기 위해서도 계속해서 돈이 필요합니다. 자금이 뒷받침되지 못한 아이디어는 아무런 가치가 없습니다. 자금 마련을 위해 아이디어를 사용해야 합니다.

그리고 마케팅 도움을 구하는 것이 먼저가 아닙니다. 학원 성공을 위해서는 투자비용을 초기에 집중시켜야 합니다. 초기 2~3년 동안 새로운 수익을 바라지 말고, 모든 수익을 마케팅에 재투자해야 합니다. 돈은 마케팅 세상을 움직입니다. 학원 사업을 성공하고 싶다면, 마케팅이라는 바퀴를 돌리기 위해 필요한 자금을 찾아내야 합니다.

지금까지 마케팅 불변의 법칙에 대해서 살펴봤습니다. 이 법칙들을 살펴보면서 무엇을 느끼셨을까요? 이 법칙을 통해 마케팅은 회사 성공을 위한 절대 요소라는 것입니다. 마케팅 전략을 잘 수립하고, 잘 실행해서 학원사업이 성공하려면 어떻게 해야 할까요? 물론 마케팅 법칙을 잘 이해하고, 잘 적용하는 것도 중요합니다. 하지만 마케팅은 명확한 경영 전략을 바탕으로 해야 합니다. 경영 전략과 마케팅 전략이 따로 논다면 아무리 마케팅을 훌륭히 수행해도 그 기업은 성공할 수 없습니다. 오히려 망하는 원인도 모르고 망하게 됩니다. 모든 것은 경영시스템 안에서 선순환 구조로 굴러가야 합니다. 만약 학원이 역순환 구조로 굴러간다면, 선순환 구조의 톱니바퀴를 새롭게 만들어서 어느 시점에서 선순환의 톱니바퀴로 옮겨가야 합니다.

한국형 마케팅 불변의 법칙

한국 상황에 맞는 마케팅 불변의 법칙은 한국 상황에 맞는 한국 소비자의 특수성을 바탕으로 한국형 마케팅 불변의 법칙을 정리한 것이라 생각하면 됩니다. 한국형 마케팅 전략의 시사점은 'OO 마케팅'이라는 다수의 마케팅 신조어가 등장한다는 것입니다. 게릴라 마케팅, 바이러스 마케팅, SNS 마케팅 등은 전략이기보다는 마케팅 커뮤니케이션 수단과 관련해서 탄생한 전술적인 용어라고 할 수 있습니다. 이런 용어들은 때로는 잠시 스쳐 지나가는 유행어처럼 느껴지기도 합니다. 이런 현상은 틈새 전략, 차별화 전략으로써 긍정적인 측면을 가지기도 했습니다. 가장 큰 단점은 유행처럼 왔다가 사라진다는 것입니다.

한국형 마케팅 불변의 법칙 1 : 보편성 추구의 법칙

제1법칙은 '보편성 추구의 법칙'입니다. 우리나라의 고객들은 전문적인 것보다는 일반적인 것에 더 후한 점수를 주는 편입니다. "OO만 잘하네."가 아니라 "OO도 잘하네"에 더 많은 가치를 부여한다고 볼 수 있습니다. 과거 마케팅 사례들은 살펴보면 특정 아이템에 집중하거나, 특정 성을 남,녀 겨냥한다거나, 특정 연령을 겨냥할 경우 실패한 경우가 많습니다. 특히 특정 연령 집단을 대상으로 집중 마케팅을 한 경우 롱런을 하지 못한 경우가 많습니다. 특정 연령을 대상으로 마케팅을 진행하는 경우에는 새로운 시장을 소개하고 관심을 증대시키는 단기적 효과는 기대할 수 있습니다. 하지만 장기적 효과를 기대하기는 어렵습니다.

우리나라 대기업의 식품 관련 광고를 살펴보면 보편성 추구의 법칙을 잘 활용하고 있습니다. 처음부터 특정 아이템 또는 특정 컨셉에 지나치게 고착되면 나중에 사업 확장이 쉽지 않습니다. 그래서 보다 넓은 시각을 가지고 접근해야 합니다. 향후 확장성을 고려하여 확장 수용성이 비교적 넓은 아이템 선정과 컨셉을 선정하는 것이 중요합니다. 성인학원의 경우 패션디자인학원보다는 디자인학원, 디자인학원보다는 컴퓨터학원이 확장 수용성을 고려했을 때 유리하다는 것입니다. 우리나라의 경우 두루두루 잘 하는 기업이 인정받기 때문입니다.

한국형 마케팅 불변의 법칙 2 : 타인 정보 의존의 법칙

제2법칙은 '타인 정보 의존의 법칙'입니다. 우리나라 사람들은 어느 나라 사람들보다 자신의 구매 결정에 대한 자신감이 비교적 약한 편입니다. 우리 주변에 수도 없이 많은 '결정 장애자'들이 있습니다. 우리나라뿐만 아니라 동양 문화권 나라의 경우 구매에 대한 동질성 추구와 같은 집단주의 성격이 강하기 때문입니다. 즉, 남들과 비교를 통해 안심을 취하려는 의식이 강하며, 자신의 결정에 대해서 합리화가 가능한 외부 대상을 찾으려는 경향이 강하다는 것입니다. 여기서 외부 대상은 타인의 구매나 의사결정 정보를 의미합니다. 최종 의사 결정에 자신이 없기에 이러한 점을 극복시켜주는 요건이 제시된다면 비교적 성공 확률이 높아질 것입니다.

타인 정보를 통해 자기 합리화를 가능하게 해주는 방법으로는 전문가와 일반대중을 이용하는 방법이 있습니다. 예를 들어, "전문가가 이것을 선택하더라.", "남들도 다 이것을 선택하더라."라는 식의 추천 방법이 있습니다. 영화와 도서의 경우 전문가 서평이 있고, 쇼핑몰의 경우는 사용 후기가 타인 정보 의존의 법칙을 잘 활용하고 있는 것입니다. 학원의 경우는 고객의 초기 상담 시 전문가나 일반 대중의 사용 정보를 제시하면서 고객의 타인 정보 의존의 경향을 자극한다면 비교적 좋은 효과를 얻을 수 있습니다. 물론 상담뿐 아니라 모든 마케팅 과정에서 적용하면 확실한 효과를 얻을 수 있습니다.

한국형 마케팅 불변의 법칙 3 : 인적판매 효과의 법칙

제3법칙은 '인적판매 효과의 법칙'입니다. 전통적으로 우리

사회는 사람과의 관계를 중요시 해왔습니다. 인정주의나 온정주의, 학연, 지연, 혈연과 같은 인적 네트워크에 대한 가치를 쉽게 버리지 못하는 성격을 지니고 있습니다. 아무리 기술의 발전으로 비대면의 사회로 전환되었다고 하더라도 아직도 사람과의 접촉에 의한 마케팅은 상당히 중요합니다.

우리나라는 전 세계적으로 유례를 찾아보기 힘든 방문판매 채널이 서비스업과 소비재 산업에 뿌리 깊은 채널로 자리 잡고 있습니다. 우리나라는 인적판매가 효과를 거두는 나라라고 볼 수 있습니다. 일부에서는 구태의연한 방식이라면서 부정적 시각으로 바라보기도 하지만 중요한 것은 방문판매 시장이 오늘날에도 높은 성장을 하고 있다는 것입니다. 우리나라 사람들은 물건이나 서비스를 선전하는 판매원의 권유에 충동적으로 물건을 구매하는 일이 매년 늘어난다고 합니다. 이것은 방문 판매와 같이 인적판매 채널은 우리나라 국민성과 맞물린 뿌리 깊은 마케팅 채널로 볼 수밖에 없습니다. 인적판매 채널은 고수익이 보장되는 채널이면서 카운셀링에 의한 전문적 이미지와 고급 이미지를 함께 보여주기 때문에 향후에도 성장이 가능한 채널입니다. 백화점이나 고가 전문점 등과 함께 고급 제품이나 브랜드에 대한 성장을 촉발시키는 시너지 창출 채널로 볼 수 있습니다.

학원가에는 속칭 '돼지 엄마'라는 다른 학부모를 한 손에 넣고 학원을 이리저리 휘두르는 대표 엄마가 있습니다. 돼지 엄마에 의해 학원이 좌지우지되어서는 안 되지만, 이들의 권력과 대표성은 무시할 수 없는 상황입니다. 그렇다면 이들을 인적판매의 채널로 절묘하게 잘 활용한다면 학원 성장에 도움이 될 것입니다. 활용할 수 없다면 접촉 자체를 피하는 것이 좋습니다. 하지만 학원사업에서는 인적판매 효과의 법칙을 잘 활용해야 하는 것은 분명한 사실입니다.

한국형 마케팅 불변의 법칙 4 : 입소문 중시의 법칙

제4법칙은 '입소문 중시의 법칙'입니다. 우리나라에서는 "누가 뭐했더라.", "누가 뭐해보니 어떻더라.", "누가 써보니 어떻다고 하더라." 등과 같은 소위 '누가'라는 입소문의 법칙이 상당한 마케팅 파워를 형성합니다. 원정출산의 붐, 과외 열풍과 같은 사회현상도 입소문을 통해 내면적으로 동질화에 대한 강요를 받기에 생기는 것입니다. 혼자면 안 된다는 강박관념이 브랜드 선택에 있어서도 존재하는 몇몇 브랜드에 대한 무의식적 모방 착용이 입소문을 통해 매개되는 것을 볼 수 있습니다.

일반적으로 고객이 제품이나 브랜드에 대해 가지게 되는 편익은 기능, 감성, 경험이라는 세 가지입니다. 서양의 경우 기능과 감성에 대해 고객들이 민감합니다. 하지만 우리나라는 경험에 대해 민감합니다. 경험의 경우 기능과 감성을 모두 포괄하는 성격을 가지고 있습니다. 학원 사업의 경우 입소문 중시의 법칙이 절대적으로 중요합니다. 기존 수강생이나 학부모의 경험에 의한 평가가 학원의 엄청난 마케팅 파워를 형성합니다. 그래서 피드백에 중점을 둔 객관적 평가를 통해서 학원의 강점과 차별화를 기반으로 마케팅 채널에 적용해야 합니다.

한국형 마케팅 불변의 법칙 5 : 선입견 활성화의 법칙

제5법칙은 '선입견 활성화의 법칙'입니다. 사람들은 때로 특정 사람이나 집단에 대한 고정관념을 가지기도 합니다. 이것을 심리학에서 선입견이라고 합니다. 어떤 것에 대해 부정적인 생각을 가지는 것도 선입견이라 할 수 있습니다. 선입견은 사람뿐만 아니라 사물에 대해서도 형성됩니다. 특히 브랜드에 대한 선입견이 자주 나타납니다.

선입견은 무조건 부정적인 내용만 있는 것은 아닙니다. 경우에 따라서 긍정적인 내용의 선입견이 형성되기도 합니다. 우리 사회는 전통적으로 사회적 편견이나 관습, 관행, 선입견에 대해서는 잘 바꾸려고 하지 않습니다. 즉, 한번 고착된 생각은 잘 바꾸려하지 않는 성향이 강합니다. 이러한 성향을 마케팅에 적용하면 '인정받기까지는 힘들지만 한번 인정받으면 쉽게 이탈하지 않는 경향이 강하다.'라는 결론이 도출됩니다. 이 말은 어떤 제품에 대한 고려 상품군을 형성하는데 있어서 상당히 보수적이라고 할 수 있습니다. 즉, 파워브랜드 의존 경향이 강하다는 말입니다.

학원사업의 성공을 위해서 학원 브랜드를 고객의 마음속에서 '인식의 최고점 Top of Mind'에 올려놓는 것에 대한 중요성을 인식해야 합니다. 그리고 이것을 효과적으로 달성할 수 있는 방법을 찾는데 집중해야 합니다.

한국형 마케팅 불변의 법칙 6 : 기대 수준 관리의 법칙

제6법칙은 '기대 수준 관리의 법칙'입니다. 고객들에게 실현 가능성이 낮은 약속을 하는 것에 대해 신중하게 생각할 필요가 있습니다. 특히 광고를 통해 지나친 내용, 과도한 약속을 할 경우 상당한 타격으로 되돌아 올 수 있습니다. 우리나라 고객들 사이에서는 약속에 대한 기대 형성이 크게 나타납니다. 그래서 작은 실수에도 실망을 크게 하는 경향이 있습니다. 적절한 기대 수준 관리가 필요한 이유입니다. 반면 기대수준을 적절히 관리한다면 적정 수준의 기대를 형성시킨 것보다 좋은 효과를 거둘 수 있습니다. 만약 수강생에게 학교 시험에서 70점 획득을 기대수준으로 형성했는데, 만약 80점을 획득했다면 수강생의 노력이 더해졌을지 몰라도 예상보다 높은 성적으로 학원의 교육과정과 서비스 만족도에 대한 고객 감동이 나타나게 됩니다.

광고나 상담을 통해 너무 무리한 내용의 약속이나 기대 수준을 너무 높이는 행위는 나중에 부담으로 작용될 수 있습니다. 우리나라 사람의 특성을 감안하면 적절한 기대 수준 관리가 중요한 마케팅 전략이 될 수 있을 것입니다.

지금까지 '전통의 마케팅 불변의 법칙'과 '한국형 마케팅 불변의 법칙'에 대해서 살펴봤습니다. 마케팅을 진행할 때 일정한 원칙과 규칙을 가지고 마케팅 전략을 수립하면 그만큼 마케팅이 성공할 확률이 높아집니다. 이 법칙들에서 느껴야 하는 핵심은 마케팅은 학원 경영과 운영에 밀접한 관계가 있다는 것입니다. 우리는 경영, 운영, 관리보다 먼저 마케팅을 다루고 있습니다. 그 이유는 마케팅 전략과 실행은 경영, 운영, 관리와 뗄 수 없는 관계이기 때문입니다.

앞에서 통합 시스템 구축에 대해서 알아볼 때 학원에 대한 평가계획을 먼저 수립하고 교육과정을 포함한 운영계획을 수립한다고 했습니다. 명확한 평가 지표를 바탕으로 운영 계획을 수립해야 한다는 것입니다. 이 방식으로 운영 계획을 수립하면 학원의 차별화 전략과 장점이 자연스럽게 만들어집니다. 여기서 차별화와 장점을 찾지 못한다면 그것은 단순히 다른 학원을 모방한 것입니다. 차별화된 전략과 장점을 기반으로 마케팅 전략을 수립하면 학원 경영에 선순환 구조가 만들어질 것입니다. 차별화된 전략과 장점을 바탕으로 1위, 2위에 따라 다른 마케팅 전략을 수립하고 실행하면 됩니다. 여기에서 설명한 마케팅 불변의 원칙을 바탕으로 한다면 엄청난 효과를 거둘 것입니다.

성공하는 마케팅은 컨셉과 습관이다.

디지털 마케팅 개념

마케팅의 성공을 위한 행동 전략인 컨셉과 습관에 대해서 살펴보겠습니다. 여기에서의 컨셉은 마케팅 전략이 아닌 마케팅 채널 전략이라고 할 수 있습니다. 습관은 꾸준함에 관한 얘기입니다. 꾸준함이 당연한 것처럼 들리지만 꾸준함을 무엇보다 중요하게 인식해야 합니다. 마케팅 채널 효과는 시간이 충분히 지난 후에 효과가 나타납니다. 하지만 학원 경영을 하면서 마케팅에 효과가 없다고 생각되면 단기간 내에 포기합니다. 그리고 새로운 마케팅 채널을 찾아 나섭니다. 이런 식의 마케팅은 절대 효과를 거둘 수 없습니다. 그래서 습관이 중요합니다. 매일매일 밥을 먹듯, 잠을 자듯 규칙적인 행동 실천이 필요합니다. 규칙적인 행동 실천을 위해서는 시간 계획이 필요한데, 시간 계획과 마케팅 실천을 위해 컨셉이라는 마케팅채널 전략이 필요합니다.

스마트폰과 디지털 마케팅의 도입으로 인해 '개인화와 실시간 중심의 모바일마케팅'이 확산되었습니다. 모바일 마케팅의 가장 큰 특징은 언제 어디서나 고객이 원하는 정보를 받아보거나 커뮤니케이션을 할 수 있다는 것입니다. 모바일 마케팅 초기에는 이러한 고객 니즈에 손쉽게 대응할 수 있는 QR코드 마케팅이 활성화되었습니다. 여기에 자동차 및 명품 기업들을 중심으로 가상현실과 증강현실을 활용하여 브랜드 이미지 구축 및 고객경험을 강화하는 모바일 마케팅도 시도되었습니다. 모바일 마케팅에서 고객의 상황에 따른 실시간 타게팅이 무엇보다 중요해졌습니다. 무엇보다 고객의 현재 위치를 파악하여 상황에 맞게 최적화된 마케팅이 요구되었습니다. 이를 위해 고객의 위치정보를 기반으로 위치기반 마케팅이 활성화되기 시작했습니다. 위치기반 마케팅은 GPS 데이터를 활용한 근거리 마케팅으로 확대되었습니다.

디지털 마케팅의 확산은 결국 '온·오프라인을 통합 연결하는 옴니채널 마케팅'으로 발전하였습니다. 고객들이 모바일을 활용하여 온·오프라인을 실시간으로 넘나들면서 커뮤니케이션을 하게 되었습니다. 보유한 고객접점 채널인 인터넷, 모바일, 오프라인 매장의 마케팅 커뮤니케이션에 한계를 드러내기 시작했습니다. 그 이유는 고객들이 인터넷, 모바일, 오프라인에서 자신들이 원하는 서비스와 고객 경험을 끊임없이 일관성 있게 받기를 원해서입니다. 이에 따른 대응 방안으로 고객을 중심으로 온·오프라인의 모든 고객접점 채널을 통합하여 전개하는 '옴니채널 마케팅'이 디지털 마케팅에서 중요해졌습니다. 옴니채널 마케팅은 실시간 마케팅을 전개하여 매장 근처에 있는 고객을 매장으로 유입하는 위치기반 마케팅뿐만 아니라 온·오프라인 연계를 위하여 매장과 모바일 앱을 개편하여 온라인에서 쉽게 오프라인 정보를 탐색하고 동일한 혜택을 받을 수 있도록 고객 경험을 강화하는 데 주력하였습니다.

디지털 기술이 빠르게 변하고, 지속적으로 발전하면서 비즈니스 및 일상생활의 모든 것들을 송두리째 바꿔 놓고 있는 '디지털 트랜스포메이션'이 이루어지고 있습니다. 디지털이 우리의 일상생활에 아주 자연스럽게 녹아들고 있습니다. 이러한 과정은 4단계를 거쳐 진행되었습니다. 1단계는 기술적 진전에 해당하는 디지털 기술의 개발 과정, 2단계는 새로운 기술이 사회적으로 확산되어 다방면으로 쓰이는 활용 과정, 3단계는 디지털 기술로 우리의 생활방식이 혁신되는 문화화 과정, 4단계는 기술 발전이 우리 마음속 깊은 곳까지 영향을 끼쳐 디지털 시대를 특정하는 새로운 심성이 구축되는 과정입니다. 다시 말해 우리의 생활 속 깊숙이 디지털이 자리를 잡으면서 사람들이 디지털적인 사고를 하게 되고 이러한 변화에 따라 느끼는 필요와 욕구가 더욱더 늘어난다는 것입니다. 다변화되는 디지털 환경에 맞춰 마케팅 커뮤니케이션 방식 또한 변하고 있습니다. 기존의 마케팅 커뮤니케이션 방식이 메시지를 기반으로 일방적으로 고객들에게 많이 알리고 잊지 않도록 지속적으로 반복 전달하는 데 중점을 두고 있습니다.

디지털 마케팅을 학원사업에 어떻게 접목시켜야 할지에 대해서도 실무적인 내용을 살펴보겠습니다. 아마 마케팅의 비전문가인 학원장 이하 조직구성원들에게 현실적인 도움이 될 것입니다. 디지털 트랜스포메이션 시대의 마케팅 캠페인은 고객들이 참여하여 이야기하고 느끼고 공유하는 데 초점을 맞추고 있습니다. 여기서 디지털의 역할은 콘텐츠를 더욱 매력적으로 만들어 주고 참여와 공유를 손쉽게 하는 것입니다.

디지털 마케팅 전략

지금부터 우리가 가장 궁금한 디지털 마케팅 전략 수립과 단계별 마케팅 실행 방안에 대해서 알아보겠습니다. 디지털 마케팅 전략 수립에 있어서 가장 중요한 것은 수단과 방법에 집중하는 것이 아닌 전략의 본질적인 목표와 고객에 집중하는 전략을 수립하는 것입니다.

학원을 운영하면서 오류를 범하는 것이 내 자신이 전문적인 마케터가 아니기에 마케팅 수단과 방법을 몰라서 마케팅 전략을 수립할 수도 없고, 마케팅을 실행할 수도 없다고 단정하는 것입니다. 학원을 운영하면서 가장 전문적인 마케터는 바로 나 자신입니다. 마케팅은 목표와 고객에게 집중하는 것이지 수단이나 방법이 중요한 것이 아닙니다. 그래서 내 학원의 운영 목표와 고객에 대해서는 내가 가장 잘 알고 있기 때문에 바로 내가 가장 전문적인 마케터라는 확신을 가지고 마케팅 전략을 수립하고, 마케팅을 실행하면 됩니다.

검색광고, 소셜미디어 마케팅, 동영상 마케팅, 블로그 마케팅 등은 단지 목표를 달성하기 위한 수단인 것입니다. 이런 수단이 마케팅 전략이 될 수 없습니다. 더불어 기업에서 고객으로 주도권이 넘어간 이 시대에 시장과 경쟁상황에 맞는 전략적 접근이 아닌 고객을 중심으로 고객을 이해하고, 고객 접점을 연결하여 고객이 공감하고 참여할 수 있는 전략적 대응이 필요합니다. 디지털 마케팅 전략 수립은 목적 및 목표 설정 → 고객 정의 → 고객여정 분석 → 캠페인 설계 → 미디어 믹스 → 효과측정 및 분석 단계로 진행합니다.

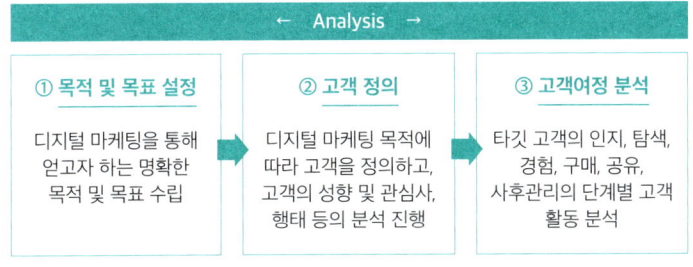

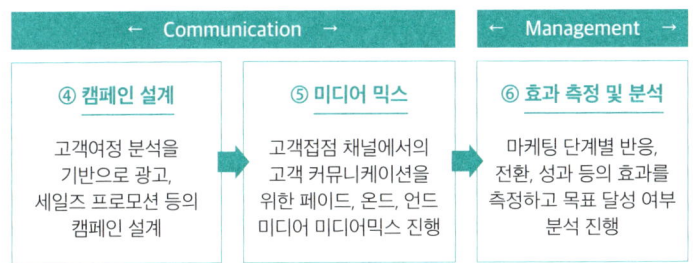

목적 및 목표 설정

디지털 마케팅을 통하여 기업이 얻고자 하는 목적과 목표가 무엇인지를 설정하는 것입니다. 현재 기업이 추진하고자 하는 전략에 부합하는 명확한 목적과 목표 설정이 무엇보다 중요합니다. 즉, 학원의 성공과 발전을 위해서 마케팅을 통해서 얻고자 하는 목적과 목표를 설정하는 것입니다. 디지털 마케팅 전략 추진의 목적과 목표에 따라 브랜드 인지도 강화, 고객 확보, 매출 증대, 관계강화 및 충성도 유지로 구분됩니다.

먼저 브랜드 인지도 강화는 신규로 제품을 출시하거나 신규 웹사이트 또는 모바일 앱을 론칭하는 경우 많은 사람들에게 제품을 노출시키고 브랜드의 차별성을 알리는 전략입니다. 브랜드 인지도 강화를 위해서 많은 사람을 대상으로 노출을 늘리는 것도 중요하지만, 우리는 학원을 운영하는 서비스 업종이기에 교육과정과 서비스가 가지고 있는 명확한 가치를 차별적인 커뮤니케이션 방법으로 전달해야 효과적으로 목표를 달성할 수 있습니다. 고객 확보가 목적인 경우에는 제품이나 서비스 론칭 후 신규 고객이나 구매 고객을 확보하는 전략입니다. 전략의 목적에 맞게 단계별 고객을 정의하고 고객의 특성을 파악하여 고객확보 계획을 수립해야 합니다. 보습학원의 경우 요즘 맞벌이 시대이기에 고객 특성을 파악할 때 학생의 특성과 학부모의 특성을 잘 파악해서 계획을 수립해야 합니다.

매출 증대가 전략의 목적이라면 확보된 고객을 기반으로 신규 매출 및 추가 매출을 달성하는 전략입니다. 신규로 가입한 고객을 구매고객으로 전환하기 위한 전략적 접근 및 기존 구매 고객의 추가매출 달성을 위한 유도 방안이 필요합니다. 여기서 무조건 수강료 할인 정책을 활용하는 데 이것은 장기적으로 유해한 방법입니다. 좀 더 고객의 입장에서 방안을 모색하는 것이 필요합니다. 관계강화 및 충성도 유지가 목적인 경우에는 확보된 고객을 기반으로 지속적인 고객의 방문을 유도하고 추가매출 달성을 위하여 장기적인 관점에서 고객과의 관계를 유지하고 충성도를 향상시키기 위한 전략입니다. 여기서는 기존 고객의 활동 및 충성도를 분석하여 단계별 고객 커뮤니케이션이 필요합니다.

학원에서는 다양한 평가를 기반으로 수강생의 발전 정도와 미래의 발전 가능성을 주요 논제로 커뮤니케이션을 하는 것이 중요합니다. 이 커뮤니케이션의 주제가 다양한 형태로 마케팅으로 전환되는 것이 마케팅 전략에서 가장 중요한 요소입니다.

디지털 마케팅 목적 및 목표

구분	목적	목표
브랜드 인지도 강화	많은 사람들에게 제품과 서비스를 노출시키고, 브랜드의 차별성을 소구	• 노출 증대 • 유입 증대
고객 확보	제품이나 서비스 론칭 후 신규 또는 구매 고객 확보	• 신규고객 확보 • 구매고객 증대
매출 증대	확보된 고객을 기반으로 신규 또는 추가 매출 달성	• 신규매출 증대 • 재구매 증대
관계 강화 및 충성도 유지	기존 확보된 고객을 기반으로 지속적인 고객 방문을 유도하고 추가 매출 달성	• 재방문고객 증대 • 재구매고객 증대

고객 정의

디지털 마케팅 목적 및 목표가 설정되었다면 다음으로 고객 정의가 이루어져야 합니다. 학원에서의 고객은 수강생으로만 인식하는 경우가 많습니다. 하지만 디지털 마케팅에서 목적에 따라 고객을 잠재고객, 유입고객, 전환고객, 신규고객, 구매고객, 재구매고객, 충성고객으로 구분됩니다. 이 고객의 분류에 대해서 자세히 살펴보겠습니다.

잠재고객은 현재는 고객이 아니지만 향후 마케팅 활동에 의하여 고객이 될 가능성이 높은 고객을 의미합니다. 학원에서의 잠재고객은 연령, 관심 과목, 수강 동기, 직업 이력, 자격 취득 이력 등 다양한 고객성향을 기반으로 설정할 수 있습니다.

유입고객은 기업의 마케팅 활동을 통하여 기업의 고객접점 채널인 웹사이트, 소셜미디어, 쇼핑몰 등에 유입된 고객을 정의하는 것입니다. 유입고객은 유입경로, 유입행동 등을 분석하여 고객의 성향을 파악할 수 있습니다. 학원에서의 유입고객은 문의고객으로 정의할 수 있습니다. 문의고객은 전화문의와 온라인문의 그리고 직접 내방문의로 구분됩니다. 이런 유입고객의 대해서 유입경로, 유입행동 등을 잘 분석해야 합니다. 나중에 고객 상담에서 좀 더 자세히 다루겠지만 고객이 학원에 궁금한 문의사항은 "OO과목 있나요? 언제 하나요? 몇 시에 하나요? 어디에 있어요? 얼마에요?" 이렇게 다섯 가지입니다. 고객은 문의할 때 이 다섯 가지만 확인하려고 합니다. 그래서는 유입고객을 전환고객으로 만들 수 없기에 질문에 대한 답변만 진행하는 수동적인 자세가 아닌 문의에 대한 주도권을 가져와서 고객 특성에 대해서 자세히 파악해야 고객 상담을 통해서 실 고객으로 전환이 가능합니다. 그런 만큼 유입고객 관리를 중요합니다. 유입고객에서 한 가지 더 중요한 것은 유입경로에 대한 파악입니다. 온·오프라인에서 행해진 다양한 마케팅 활동의 유입경로를 파악할 수 있는 유일한 방법이 문의고객을 통해서 확인하는 방법입니다. 고객의 문의 시 유입경로를 파악하는 것을 미루면 우리가 진행하는 마케팅 활동에 대한 분석이 불가능합니다. 물론 등록 수강생을 대상으로도 유입경로를 확인할 수 있습니다. 어쩌면 이 방법이 더 쉬울 수 있습니다. 하지만 문의고객을 대상으로 유입경로를 확인하라고 하는 이유는 문의고객의 수가 등록 수강생의 수보다 많기 때문에 마케팅 채널의 효율성·효과성을 분석하기에 더 적절하기 때문입니다.

전환고객은 기업의 고객접점 채널에 유입된 고객 중에 기업이 설정한 목적 및 목표 활동에 반응을 보인 고객을 말합니다. 전환활동은 클릭, 공유, 가입, 구매 등의 활동을 설정하여 고객을 분석할 수 있습니다. 학원에서는 유입고객, 전환고객 둘 다 문의고객으로 볼 수 있습니다.

신규고객은 마케팅 활동으로 인하여 기업이 소유한 고객접점 채널에 신규로 가입한 고객을 의미합니다. 보통 연령, 유입 및 전환채널, 이용행태 등을 분석하여 신규고객의 특성을 파악할 수 있습니다. 학원에서 신규고객은 가망고객으로 정의할 수 있습니다. 문의고객은 단순히 궁금한 것을 질문한 것이라면, 가망고객은 교육 참여 목적이 뚜렷하거나 교육 참여 시기가 명확히 결정된 고객입니다. 가망고객은 반드시 내방상담을 통해서 구매로 이어져야 합니다.

학원 사업은 수강생이 학원을 다니면서부터 시작된다고 봐야 합니다. 반드시 내방상담을 진행한 후에 수강등록이 진행되어야 합니다. 고객이 학원의 차별화된 교육과정과 교육운영 체계, 제공 서비스 등을 직접 눈으로 확인해야 중도탈락 등의 부정적인 요인을 최소화 할 수 있습니다.

구매고객은 기업에 가입된 고객 중 상품을 구매한 고객을 말합니다. 구매고객의 특성을 파악하기 위하여 연령, 구매상품, 구매금액 등의 이용행태를 분석해야 합니다. 학원에서는 여기에 진단 평가와 학습자 특성 분석을 더해야 합니다. 학원에서 구매고객은 등록고객입니다. 학원은 수강생이 등록 후에 학원에 다니기 시작합니다. 그래서 판매 영업이 아니라 관리 영업이라고 강조를 했었습니다. 예비 수강생이 학원 내방상담 시 수강 등록에 매달리는 것보다 명확한 진단 평가와 학습자 특성의 분석을 통해 개인별 맞춤 학습계획을 수립해줘야 합니다. 일반적인 구매고객보다 좀 더 심도 깊게 진행되어야 합니다. 그래야 지속적으로 수강이 이루어집니다.

재구매고객은 상품을 구매한 고객 중 재구매한 고객을 말합니다. 연령 및 상품 등의 기본 정보 외에도 재구매주기 등의 재구매고객 특성을 파악해야 합니다. 학원에서 재등록 수강생이 아주 중요합니다. 이 수강생들이 재등록뿐만 아니라 주변 추천도 이루어지기 때문에 중요합니다.

보습학원에서는 보통 수강생들이 월납을 진행하기 때문에

기본적으로 수강생 관리가 잘 이루어져야지만 재등록이 가능합니다. 성인학원에서는 보통 과정 단위로 수강이 이루어지기 때문에 재등록에 대해서 신경을 안 쓰는 경우가 많습니다. 이 경우에도 반드시 재등록에 집중해야 합니다. 실업자 과정을 취업 목적으로 수강한 후에 취업이 이루어지고 나면 끝나는 것으로 알고 있는 경우가 많습니다. 하지만 실업자 양성과정 수료 후에 실무에서 부족한 것을 느끼게 되면 재직자 향상과정을 수강하는 경우가 발생합니다. 재직자 과정을 신청할 때에는 기존에 다녔었던 익숙한 환경의 학원을 선택하는 경우가 많기에 수료생 관리를 적극적으로 진행하는 것도 중요합니다.

충성고객은 지속적인 방문과 구매활동을 수행하는 고객을 의미합니다. 충성고객은 기업 매출의 80%를 차지하는 상위 20% 고객으로 구성되어 있습니다. 이것을 파레토의 법칙이라고 합니다. 학원에서의 충성고객은 지속적인 재수강뿐 아니라 추천이 이루어지는 고객을 충성고객이라고 합니다. 비록 수강생이 자신의 여건과 환경에 따라 재수강을 안 하더라도 꾸준히 주변 사람을 추천해준다면 이 수강생도 충성고객입니다.

학원 사업에서는 이런 충성고객이 절대적으로 중요합니다. 일반적인 제품은 앞서 말한 '파레토의 법칙'이 적용됩니다. 하지만 학원 사업에서는 '파레토의 법칙'이 정확하게 적용되지는 않습니다. 학원 사업에서의 충성고객은 상위 20% 고객이 매출의 80%를 차지하지는 않습니다. 하지만 충성고객이 표면으로 드러나지는 않지만 매출의 80% 이상을 차지합니다. 충성고객들은 우리가 급여를 지급하지 않는 최고의 마케터이기 때문입니다. 이들은 자신들이 소속되어 있는 커뮤니티와 소셜미디어에 학원을 적극적으로 홍보를 해주기 때문에 매출로 환산할 수 없는 절대적인 존재입니다.

학원 사업과 같은 서비스업에서는 충성고객은 고객으로서의 가치 그 이상입니다. 그들은 우리와 같은 공간에서 같이 호흡하는 조직구성원입니다. 그래서 충성고객을 매우 잘 관리해야 합니다.

디지털 마케팅 고객 정의

구분	정의	분석
잠재고객	현재는 고객이 아니지만 향후 마케팅 활동에 의해 고객이 될 가능성이 높은 고객	연령, 관심사, 라이프스타일, 구매동기
유입고객 (문의고객)	기업의 마케팅 활동을 통하여 기업의 고객접점 채널로 유입된 고객 학원 교육과정, 수강료 등 문의고객	유입경로, 유입행동
전환고객 (문의고객)	기업의 고객접점 채널에 유입된 고객 중에 기업이 설정한 목적 및 목표 활동에 반응을 보인 고객 학원 교육과정, 수강료 등 문의고객	클릭, 공유, 가입, 구매 등의 활동
신규고객 (가망고객)	마케팅 활동으로 인하여 기업이 소유한 고객접점 채널에 신규로 가입한 고객 학원 내방 상담을 진행하거나 등록 확률이 높은 고객	연령, 유입 및 전환채널, 이용형태
구매고객 (수강생)	기업에 가입된 고객 중 상품을 구매한 고객 수강 등록한 수강생	연령, 구매상품, 구매금액
재구매고객 (재등록수강생)	상품을 구매한 고객 중 재구매한 고객 재수강 등록한 재등록 수강생	고객특성, 상품특성, 재구매주기
충성고객 (재등록수강생 + 추천)	지속적인 방문과 구매활동을 수행하는 고객 재수강 등록한 재등록 수강생 + 다른 고객을 추천한 수강생	방문형태, 구매주기, 구매상품, 구매금액

고객을 정의하고 특성을 분석하기 위해서는 주로 '페르소나 Persona 기법'을 활용합니다. 페르소나는 원래 '가면'이라는 뜻이며, 마케팅을 집행하고자 하는 타깃 고객의 특성을 파악하기 위하여 고객의 다양한 정보를 기반으로 가상으로 고객의 캐릭터를 설정하는 것입니다. 고객의 페르소나는 외부 조사기관에서 분석한 고객 이용형태 정보와 내부 고객 정보를 활용하여 설정합니다. 쉽게 말해서 고객의 유형을 분류한다고 생각하면 됩니다. 고객 페르소나 설정은 활용 목적 및 고객 정의에 따라서 달라질 수 있습니다. 기본적인 고객 페르소나 구성은 이름, 성별, 나이, 직업, 수입 등의 고객 프로필, 고객의 특징 및 라이프스타일 등의 고객 성향 정보, 제품 활용 및 구매 등의 니즈와 이용형태 정보로 구성할 수 있습니다.

학원에서는 고객 페르소나 설정을 대부분 안합니다. 이런 것이 있는지도 모르는 경우가 대부분입니다. 고객 페르소나 설정이 필요한 이유는 고객 유형별로 상담 시나리오, 수강 관리 매뉴얼 등을 미리 준비할 수가 있기 때문입니다. 아무런 준비 없이 초기상담이 이루어진다면 말실수를 할 경우가 많습니다. 준비 없이 불현 듯 제시된 혜택 등이 나중에 민원 또는 학원의 불신으로 다가오는 경우가 종종 있습니다. 그리고 상담 시나리오가 없다면 동일 유형의 학생에게 상담자마다 다른 내용으로 상담이 이루어질 수 있습니다. 대형 어학원의 경우 모든 상담 내용과 교육 내용을 통일해서 브랜드 이미지를 동일하게 유지하고 브랜드 가치를 단기간에 향상시킨 사례가 있습니다.

고객 페르소나라고 불리는 고객 유형에 대한 상담 시나리오 및 수강 관리 매뉴얼이 준비가 되어야만 마케팅의 효과를 거둘 수가 있습니다. 표준이 있어야 평가를 할 수 있고, 그 다음 개선이 가능합니다.

고객 여정 분석

고객 페르소나를 설정하고 난 후 고객여정 분석이 이루어져야합니다. 고객여정 분석은 타깃고객의 페르소나를 기반으로 고객과의 마케팅 커뮤니케이션이 가능한 '인지 → 비교탐색 → 경험 → 구매 → 공유 → 사후관리'의 단계별 고객접점 채널과 고객 니즈를 분석하는 것입니다.

인지단계는 고객이 처음으로 제품에 관심을 가지고 인지하는 단계입니다. 인지단계에서 고객은 검색/배너광고, 소셜미디어 등 마케팅 채널을 통해 인지하고, 주로 자신이 평소에 관심을 가진 제품에 관한 정보나 고객의 호기심을 자극하는 재미요소에 반응하는 경우가 많습니다. 학원의 고객은 교육과정과 학원 시스템에 대한 정보 확인을 통해 인지를 하는 경우가 많습니다. 학원에 대한 정보를 수집하는 방법으로는 주변 추천 및 입소문에 의한 간접 정보수집이 대다수입니다. 직업훈련의 경우에는 인터넷과 모바일을 통한 직접 정보수집을 선호합니다.

비교탐색단계는 인지한 제품에 대해서 추가적인 정보를 탐색하고 비교분석하는 단계입니다. 검색, 블로그, 커뮤니티, 소셜미디어, 리뷰 등을 통해 상세정보, 가격, 성능 등을 꼼꼼하게 비교하고 탐색합니다. 고객이 제품구매 시 고려하는 핵심정보가 무엇인지를 파악해서 관련된 정보를 고객들이 주로 이용하는 정보탐색 채널에 노출시켜야 합니다.

특히 학원의 경우는 등록을 성인이 합니다. 보습학원의 경우도 부모가 등록을 하지 아동 또는 청소년이 직접 등록하는 경우는 매우 드뭅니다. 성인학원의 경우도 직업에 관련된 교육을 받기에 교육참여자가 직접 등록하는 경우가 대다수입니다. 이 고객들을 대상으로 어떤 정보를 줄 것인지를 잘 결정해야 합니다. 너무 세세한 교육과정에 대한 정보를 노출시키는 것보다 이 교육에 참여했을 때 얻을 수 있는 결과에 집중해서 정보를 노출시키는 것이 좋습니다.

보습학원의 경우는 아이의 학습능력을 높이기 위해서 학원을 선택합니다. 여기에 꽤 많은 비중을 차지하는 것이 아이의 케어에 관한 것입니다. 맞벌이 부부가 늘면서 우리 아이의 돌봄에 대한 걱정이 너무나 큽니다. 보습학원에서는 고객이 학생과 부모, 두 명입니다. 두 명 모두를 만족시킬 수 있는 정보를 제공해야 타 학원과의 차별성을 보유할 수 있습니다.

일반적인 쇼핑몰처럼 단순히 제품 리뷰를 제공하면 세상 모든 학원이 동일하기 때문에 고객의 기억 속에 우리 학원은 기억 저편으로 사라지게 됩니다. 이 점을 잘 이용하는 것이 매우 중요합니다.

경험단계는 비교탐색이 이루어진 뒤 고객이 구매를 고려하고 있는 상품의 성능이나 차별점을 직접 경험하는 단계입니다. 경험단계에서 고객은 주로 소셜미디어, 커뮤니티, 리뷰, 유튜브 등의 채널을 통해 동영상을 보거나 구매고객의 활용후기를 확인하면서 간접경험을 합니다. 경험단계에서 고객에게 확신을 심어주기 위해서는 다양한 상황에서 실제 구매고객들의 사용후기에 관한 정보를 이해하기 쉽게 제공해줘야 합니다.

고객의 경험을 위해서 많은 학원들이 청강을 진행하고 있습니다. 청강은 매우 부정적인 결과를 만들어냅니다. 학생 한 명이 청강을 함으로써 그 수업은 매우 어수선한 상황이 연출됩니다. 기존 학생들은 낯선 한 명에게 관심이 쏠려서 학습에 집중하지 못하게 됩니다. 청강 학생의 수준과 학업 능력을 담당 교·강사가 파악하지 못했기 때문에 전체적으로 수업의 집중력이 흐트러집니다. 결국 교·강사, 기존 학생, 청강 학생 모두가 만족하지 못하는 결과가 생깁니다. 고객의 경험을 위해서 청강은 절대 금지입니다. 20년 넘게 학원밥을 먹고 살았지만 청강이 효과적 이였던 적은 단 한 번도 없었습니다.

그리고 고객 경험을 위해서 보습학원들이 파자마 파티 등 다양한 이벤트를 진행하는 경우가 많습니다. 이것도 투자에 비해 효과가 미미합니다. 안하는 것이 학원 이미지에 더 도움이 됩니다. 고객이 여기에서 얻어갈 수 있는 경험이 전혀 없습니다. 하지만 이런 형태의 이벤트를 위해서 먹을거리, 놀거리 등 학원 자체적으로 신경 쓸 것이 너무 많습니다. 보습학원의 최종 고객은 부모입니다. 부모가 동반으로 참석하는 이벤트가 아니라면 아무런 효과가 없습니다. 효과가 있을 것이라는 기대는 저버리는 것이 좋습니다. 학원의 학생이 학교친구들과 우애를 깊게 만들어주는 것이 목적이라면 말리지 않겠습니다. 그러나 홍보와 학생 모집을 위한 것이라면 생각도 안하는 것이 좋습니다. 만약 고객 경험을 위한다면 주말 특강 등 무료 세미나 형태의 수업을 통해서 학생과 부모에게 교육의 질이 좋은 학원이라는 인식을 경험하게끔 하는 것이 가장 좋습니다.

구매단계는 제품경험을 통하여 구매 확신을 가지고 구매로 전환하는 단계입니다. 주로 기업의 구매채널인 쇼핑몰에서 구매를 결정합니다. 제품경험 후 구매전환을 유도하기 위해서는 구매 시 고객이 얻을 수 있는 다양한 혜택을 명시적으로 알려주어야 합니다.

학원의 경우는 대부분 내방을 통해 등록, 즉 구매를 합니다. 학원은 등록 후에 제품을 이용하는 사후 서비스 업종이기에 교육 참여를 통해서 얻을 수 있는 결과에 대해서 명확히 제시해주는 것이 좋습니다. 물론 안전장치도 필요합니다. 성적을 얼마만큼 향상시키겠다는 목표를 제시했다면, 학생이 이행해야 하는 것들도 명확히 제시해야 합니다. 그런 다음에 다양한 혜택을 제시해야 합니다. 쉽게 말하면, 학원은 구매 전 제품경험을 할 수 없는 구조입니다. 그래서 등록 전 진단 평가와 교육 참여 후 명확한 결과를 제시하는 것이 중요합니다.

보습학원의 경우는 학생 돌봄에 관한 혜택을 제시하는 것도 다른 학원과의 차별화에 도움이 됩니다.

공유단계는 고객이 제품을 구매 후 구매경험을 공유하는 단계입니다. 제품 구매에 관한 후기, 사용법 등을 주로 쇼핑몰 후기, 소셜미디어, 커뮤니티 등을 통해 공유합니다. 고객들이 공유를 많이 하는 채널에 손쉽게 공유할 수 있는 방법을 제공해 주고 공유했을 때 얻을 수 있는 혜택을 소개해 공유를 유도하는 것이 효과적입니다.

학원에서는 학생이 교육에 참여를 합니다. 대부분의 학원은 자체 시험과 학교 시험, 자격증 취득과 같은 대외 시험 결과를 공유하는 경우가 대부분입니다. 여기에 만족도 조사 결과 및 수강 후기를 공유하고 있습니다. 모든 학원이 다 외형적인 결과에 대한 공유만을 진행하고 있는 것입니다.

보습학원의 경우는 만족도 평가를 안 하는 경우가 많고, 성인학원의 장기과정은 과정 수료직전에 만족도 평가를 하는 경우가 많습니다. 평가에 대해서 다룰 때 자세히 말하겠지만, 만족도 평가는 일정 주기를 가지고 하는 것이 효과적입니다. 만족도 평가와 성취도 평가 그리고 관찰을 통해 피드백을 제시해야 합니다. 그 후에 변화한 모습도 잘 정리해야 합니다. 학생 후기와 함께 피드백 내용, 변화한 모습에 대한 내용을 공유하는 것이 가장 효과적입니다.

사후관리단계는 제품을 구매한 고객들에게 추가적으로 필요한 사항을 지원하여 대응하는 단계입니다. 주로 홈페이지, 소셜미디어, 이메일 등의 기업들이 보유한 고객접점 채널을 기반으로 반응합니다. 고객의 지속적인 재방문 및 구매를 유도하기 위해서는 개별고객의 성향을 분석하여 고객의 특성에 맞는 관심상품 및 혜택정보를 제공해야 합니다.

보습학원은 고객이 한 번 등록하고 나면 특별한 이유가 없으면 잘 옮기지를 않습니다. 성인학원은 상황이 다릅니다. 대부분의 성인학원은 직업훈련에 참여하고 있습니다. 실업자훈련과정을 운영을 통해서 국비지원을 받는 것을 주 수입원으로 하고 있습니다. 성인학원의 학생은 실업자훈련과정 수료 후 재등록^{재구매}을 안합니다. 이 현상은 실업자 대상 과정이라는 과정의 특성상 생기는 어쩔 수 없는 상황이라고 단정합니다. 하지만 실업자과정 수료생을 대상으로 현업활용도 평가를 실시한다면 상황은 극적으로 바뀝니다. 어차피 모든 학원이 취업확인을 하고 있습니다. 취업확인을 학생에게만 하는 것이 아니라 소속 기업의 팀장 또는 직속 선배를 대상으로 진행을 하면 더 많은 것을 얻을 수 있습니다. 학생 역량에 대한 정보, 교육내용에 대한 정보, 추가 교육에 대한 정보 등 많은 것을 얻을 수 있습니다. 그 중에서 추가 교육에 대한 정보를 잘 분석하면 재직자 대상 과정을 손쉽게 개발할 수 있고, 그 과정에 대한 잠재 고객 확보 및 추가 등록이 이루어집니다.

결론적으로 사후관리는 학원 브랜드 가치와 인지도를 높여주는 것을 넘어 직접적인 매출로도 이어집니다.

학원 디지털 마케팅 고객 정의

구분	개요	채널	행동 유도
인지단계	고객이 처음으로 제품에 관심을 가짐	배너/검색광고, 포털, 소셜미디어, 커뮤니티	• 관심상품 정보 • 호기심 자극
비교탐색단계	인지한 제품에 관하여 추가적인 정보를 탐색하고 비교분석	검색, 블로그, 커뮤니티, 소셜미디어, 가격비교, 리뷰	• 제품구매 핵심정보 제공 • 상세정보, 가격, 성능
경험단계	고객이 제품에 관한 성능이나 차별점을 직접 경험	소셜미디어, 커뮤니티, 리뷰, 유튜브	• 실구매 활용 후기
구매단계	제품경험을 통하여 구매확신을 가지고 구매로 전환	쇼핑몰	• 구매혜택 명시
공유단계	고객이 제품을 구매 후 구매경험을 공유	후기, 소셜미디어, 커뮤니티	• 공유방법 제공 • 공유 시 얻을 수 있는 혜택 명시
사후관리단계	제품을 구매한 고객들에게 추가적으로 필요한 사항을 지원	홈페이지, 소셜미디어, 이메일	• 개별 고객의 성향에 맞는 관심 상품 및 혜택 정보 제공

캠페인 설계

모든 마케팅을 진행하기 위해서는 캠페인 설계를 선행해야 합니다. 캠페인 설계라는 것은 고객 페르소나 및 여정 분석을 기반으로 파악된 고객 니즈에 따라 마케팅 목적을 달성하기 위한 마케팅 커뮤니케이션 방안을 설계하는 것입니다. 디지털 마케팅에서는 고객 단계 및 마케팅 목적에 따라 광고 캠페인, MPR 캠페인, 세일즈프로모션 캠페인, CRM 캠페인 등을 구분하여 활용합니다. 광고 캠페인은 주로 배너광고, 검색광고를 활용하여 브랜드 인지도 강화, 타깃고객 확보, 구매증대 등의 다양한 목적을 달성하기 위해서 활용됩니다. 효과적인 광고 캠페인을 진행하기 위해서는 명확한 타깃고객 설정, 마케팅 목적에 맞는 미디어믹스, 고객의 행동을 유도할 수 있는 크리에이티브가 중요합니다.

MPR 캠페인은 고객의 호기심 자극, 체험 유도, 공유 확산 등의 고객행동을 이끌어 내기 위해서 이벤트 진행, 소셜미디어 운영, 브랜디드 콘텐츠, 인플루언서 활용 등의 방법을 주로 활용합니다. MPR 캠페인 설계 시 무엇보다 고객의 관심을 유도하고 공유할 만한 가치가 있는 창의적인 방법의 이벤트나 콘텐츠를 구성해야 합니다.

세일즈 프로모션 캠페인은 전환 및 구매를 유도하기 위하여 할인, 쿠폰, 마일리지, 1+1 등의 직접적인 혜택을 제공해 고객의 행동을 유도하는 방법들이 활용됩니다. 세일즈 프로모션을 진행할 때에는 고객에게 동일한 혜택을 제공하는 것보다 고객의 특성이나 반응에 따라 혜택의 크기 및 제공 주기를 다르게 해야 캠페인에 성공할 수 있습니다.

CRM 캠페인은 고객의 지속적인 재방문 및 구매를 유도하기 위하여 홈페이지 등과 연계하여 맞춤형 상품을 제안하거나 이메일, 소셜미디어 등을 통하여 개인화된 마케팅 메시지를 전달하는 방식입니다. CRM 캠페인은 고객활동 주기, 구매금액에 따라 고객을 분석한 후 고객의 행동에 맞춰 고객이 원하는 정보와 혜택을 제공하는 것이 중요합니다.

캠페인 설계

구분	목적	주요방법	성공요소
광고 캠페인	고객 인지 강화	배너광고, 검색광고	• 타깃고객 설정 • 미디어믹스 • 창의성
MPR 캠페인	고객 행동을 유도	이벤트, SNS 운영, 브랜디드 콘텐츠, 콘테스트, 인플루언서 활용, 콜라보레이션	• 관심 유도 및 공유 가능한 이벤트 및 콘텐츠
세일즈 프로모션 캠페인	고객의 전환 및 구매율 유도	할인, 쿠폰, 마일리지, 1+1	• 고객의 특성이나 반응에 따라 차등화된 혜택 제공
CRM 캠페인	고객의 지속적인 재방문 및 구매를 유도	홈페이지 개인화 맞춤형 정보 및 혜택 제안	• 고객활동 주기, 구매 금액에 따라 차등화된 정보와 혜택 제공

미디어 믹스

지금까지 마케팅의 목적 및 목표 설정, 고객정의, 고객여정 분석, 캠페인 설계에 대해서 알아봤습니다. 이런 내용을 종합적으로 표현하고, 마케팅 효과를 거두기 위해서 하는 것이 미디어 믹스입니다. 미디어믹스는 고객과 커뮤니케이션하기 위한 다양한 채널 및 미디어를 활용하여 효과적으로 메시지와 콘텐츠를 전달하는 것을 말합니다. 디지털 마케팅에서는 목적 및 고객 행동 유도에 따라 페이드미디어 Paid Media, 온드미디어 Owned Media,

언드미디어Earned Media를 잘 혼합해서 진행합니다.

마케팅 목적에 따라서 페이드미디어, 온드미디어, 언드미디어를 적절하게 혼합하여 기업, 즉 우리 학원이 원하는 커뮤니케이션을 도출할 수 있습니다. 타깃고객을 대상으로 페이드미디어인 배너광고를 진행하여 고객 관심을 유도하고, 관심 상품을 포털에서 검색할 때 온드미디어인 블로그에 상세정보를 제공해 탐색비교할 수 있도록 지원하며, 구매의사 결정에 영향을 미치는 후기를 언드미디어인 체험단을 통해 공유확산을 일으킬 수 있습니다.

페이드미디어는 쉽게 말해서 돈을 지불하고 구매하고 집행하는 미디어를 활용하는 것입니다. 검색광고, 배너광고, 리워드광고 등의 광고매체를 이용하여 초기 고객 인지 및 구매를 강화하는 데 활용합니다.

온드미디어는 기업이 자체적으로 고객과 커뮤니케이션하기 위한 미디어채널을 구축하는 것입니다. 홈페이지, 이메일, SNS 운영, 커뮤니티 등에 고객접점 채널을 구축한 후 고객이 관심을 가지는 정보제공 및 지속적인 고객과의 관계를 구축하기 위한 목적으로 활용할 수 있습니다. 온드미디어는 기업의 마케팅 목적에 따라 타깃 고객들이 주로 사용하는 SNS 및 커뮤니티 자체 채널을 구축하여 고객반응을 유도합니다.

언드미디어는 고객이 자발적으로 공유확산하는 미디어채널과 연계하는 것입니다. 게시판, 소셜미디어, 커뮤니티, 체험단 등을 활용하여 콘텐츠를 공유하거나 바이럴을 통하여 확산을 유도하는 데 활용됩니다.

마케팅 미디어믹스

구분	진행방법	주요미디어	주요활용
페이드미디어	돈을 지불하고 구매하여 진행하는 미디어 활용	배너광고, 검색광고 등	• 고객 인지 및 구매 유도
온드미디어	기업이 자체적으로 고객과 커뮤니케이션 하기 위한 미디어 채널	홈페이지, SNS 운영, 커뮤니티 등	• 관심정보 제공 • 지속적인 관계 구축
언드미디어	고객이 자발적으로 공유확산하는 미디어 채널과 연계	소셜미디어, 커뮤니티, 체험단, 인플루언서	• 콘텐츠 공유 • 바이럴 확산 유도

성공하는 마케팅 : 트리플미디어 전략

마케팅 기본 전략

지금까지 마케팅의 기본과 전략에 대해서 살펴봤습니다. 앞에서 살펴봤던 내용들은 트리플미디어 전략을 마케팅 실무에 적용하기 위해서 기본기를 다진 것이라 생각하면 됩니다. 전통적으로 진행됐던 마케팅은 매스미디어를 기반으로 4대 매체에 의존해 고객의 주목을 이끌어내고 제품을 인지시키는 것이 중요했습니다. 전통적 마케팅에서는 ATL과 BTL 매체를 구분하여 미디어믹스 및 캠페인 전략을 구사하였습니다. ATL_{Above The Line}은 TV, 신문, 라디오, 잡지와 같은 매스미디어 기반의 4대 매체를 말합니다. BTL_{Below The Line}은 ATL을 제외한 모든 매체를 의미합니다. BTL은 ATL을 기반으로 고객 인지를 강화한 후 ATL을 보조하여 고객의 참여 및 구매를 유도하는 역할을 했습니다.

전통적 광고매체의 역할

구분	주요매체	주요역할
ATL (Above The Line)	매스미디어 (TV, 신문, 라디오, 잡지)	단기간 인지도 강화
BTL (Below The Line)	캠페인 (이벤트, 프로모션, 바이럴 등)	고객 참여와 구매 유도

학원 트리플미디어 전략

인터넷의 등장에 따라 검색 및 공유를 통해 고객의 적극적인 참여가 이루어지는 상황이 발생하면서 트리플미디어가 등장하였습니다. 기존 광고를 페이드미디어라고 정의하고, 이를 마케팅 미디어로 재평가하고 트리플미디어의 유기적인 연계가 마케팅 커뮤니케이션의 기본이 되었습니다. 여기에 고객 접점 연계 및 관계강화 측면에서 기업이 주도적으로 미디어를 확보해야 하며 관심 고객에게 자연스럽게 도달할 수 있도록 고객의 자발적인 참여를 이끌어 내기 위한 접근도 같이 고민해야 합니다.

트리플미디어는 비용을 지불하는 페이드미디어, 소유하는 온드미디어, 획득하는 언드미디어를 연계하여 마케팅을 진행합니다.

페이드미디어는 초기 인지도 강화를 위해서 돈을 지불하고 기업이 원하는 타깃과 노출량을 단기간에 확보할 수 있습니다. 온드미디어는 다양한 고객접점 채널에서 고객이 관심을 가지는 정보를 제공하고 지속적인 관계 구축이 가능합니다. 언드미디어는 고객의 자발적인 참여로 공유와 확산을 유도하는 역할을 합니다. 트리플미디어 전략은 학원사업에 적합한 마케팅 전략입니다.

학원은 대기업처럼 마케팅에 큰 비용을 지급할 수 없고, 고객과 끊임없이 소통을 해야 하고, 고객이 스스로 우리 학원의 브랜드를 알려야 하기 때문입니다. 학원 트리플미디어 전략을 잘 활용하는 것이 학원 성공의 지름길입니다.

학원 트리플미디어의 개념

구분	개념	활용 매체	역할	장점	단점
페이드미디어	돈을 지불하고 구매해서 진행하는 미디어 활용	• 배너광고 • 검색광고 • 리워드광고 • 네이티브광고 • 제휴광고 • 4대 매체	• 단기 인지도 확보 • 온드미디어 유도 • 언드미디어 연계	• 필요만큼 노출 가능 • 즉시 대응 • 컨트롤 가능	• 반응률 낮음 • 신뢰성 낮음
온드미디어	기업 자체로 고객과 커뮤니케이션을 위한 미디어 채널 구축	• 홈페이지 • 이메일 • 소셜미디어 • 커뮤니티 • 상품 패키지 • 매장	• 검색 대응 • 언드미디어 공유 • 고객참여 유도 • 고객관계 구축	• 컨트롤 가능 • 장기 활용 가능 • 다양한 연계 가능	• 기업발신 정보 신뢰성 낮음 • 제작 기간 장기간 소요
언드미디어	고객이 자발적으로 공유확산하는 미디어채널과 연계	• 뉴스기사 • 게시판 • 블로그 • 리뷰 • 체험단 • 인플루언서	• 바이럴 유도 • 바이럴 확산 • 고객참여 • 신뢰성구축	• 신뢰도 높음 • 바이럴 유도 • 장기적 효과	• 컨트롤불가 • 대규모 진행 어려움 • 효과측정 어려움

학원 트리플미디어 활용 방안

트리플미디어 믹스의 기본적인 활용 방안은 페이드미디어인 검색광고, 배너광고를 활용하여 고객의 인지도를 강화시킨 후 상품의 추가적인 정보를 획득하고 경험을 할 수 있는 온드미디어인 홈페이지 및 소셜미디어 방문을 유도하여 고객의 구매를 이끌어 내는 것입니다. 구매 후 구매에 대한 리뷰, 사용경험에 따른 후기 정보를 언드미디어인 홈페이지 게시판과 커뮤니티를 통해 확산시킵니다. 트리플미디어 믹스의 성공적인 진행을 위해서 페이드미디어를 활용하여 초기 타깃고객의 인지도를 확보하고, 온드미디어를 통한 고객의 탐색, 비교 및 체험의 확대 그리고 언드미디어를 통한 고객참여 및 바이럴 유도가 상호연계되어 통합적으로 이루어져야 합니다.

대형학원의 경우는 기본 홈페이지를 구축한 다음 페이드미디어를 활용한 광고를 집중적으로 진행합니다. 동일 분야에서는 자금력이 풍부하기에 광고비용을 많이 사용합니다. 소형학원의 경우는 홈페이지 구축비용을 절감하기 위해서 홈페이지 대용으로 블로그를 활용하는 경우가 많습니다. 소형학원은 블로그를 통해 페이드미디어와 온드미디어를 통합 운영한다고 보면 될 것입니다. 대형학원이든 소형학원이든 간과하는 것이 하나의 채널에만 너무 집중한다는 것입니다. 적어도 페이드미디어, 온드미디어, 언드미디어에 관한 채널을 각각 하나씩은 보유해야 합니다. 처음에는 힘들고 일품이 많이 들어가지만 장기적으로는 마케팅에 성공하는 지름길입니다. 학원 홍보 및 관리를 위해서는 학원 홈페이지가 반드시 필요합니다. 이 부분을 간과하지 말아야 합니다.

학원 홈페이지는 100만 원 이내에서 충분히 제작이 가능합니다. 그리고 연간 운영비는 30만 원 정도면 충분합니다. 학원 홈페이지는 우리 학원의 모든 정보가 모이는 저장소입니다. 홈페이지는 홍보를 위해서 필요한 것이 아니라 총체적인 홍보와 관리를 위한 것입니다. 고객과의 소통을 위한 온드미디어 채널은 SNS를 사용하면 됩니다.

학원은 별도의 학원관리 프로그램을 통해서 소통하는 경우가 많습니다. 학원관리 프로그램은 안내 또는 공지로 역할이 제한적입니다. 이 프로그램은 폐쇄적이라 홍보와 연계시킬 수가 없습니다. 네이버 블로그 또는 밴드가 학원관리 프로그램의 대체재로 적합합니다. 홈페이지와 블로그가 있다면 언드미디어와 연계가 수월해집니다. 리뷰 및 후기를 홈페이지와 블로그에 공유가 된다면 언드미디어로서의 역할을 충분히 할 수 있습니다. 학원의 정보는 홈페이지와 블로그를 통해서 공유가 되는 것이고, 뉴스기사 그리고 페이스북, 유튜브와 같은 SNS 채널은 공유를 확산시키기 위한 도구로 활용하면 됩니다.

트리플미디어의 연계

구분	연계 내용
페이드미디어	• 타깃고객 노출 • 인지도 확보 • 검색 및 공유 유도 • 온드미디어, 언드미디어와의 연계
온드미디어	• 고객 탐색 및 비교 지원 • 체험 및 구매 유도 • 고객관계 구축 강화 • 페이드미디어와 언드미디어 연계
언드미디어	• 고객 참여 및 공유 확산 • 입소문 유도 • 신뢰성 강화 • 페이드미디어 및 온드미디어 유입

학원 온드미디어 - 검색엔진 최적화 방안

페이드미디어 전략에 앞서 온드미디어 전략부터 살펴보겠습니다. 페이드미디어는 과금이 발생하기 때문에 부담스러울 수 있습니다. 온드미디어는 과금이 많이 발생하는 것이 아닙니다. 학원을 운영하면서 마케팅의 비전문가로서 쉽게 진행할 수 있습니다. 우선 디지털 마케팅 커뮤니케이션의 중심은 검색엔진입니다. 이제는 생성형 AI도 어느 정도 검색엔진의 역할을 하고 있지만 마케팅적으로는 아직까지 뚜렷한 방안이 마련되고 있지는 않습니다. 검색엔진은 항상 우리와 함께하고 있습니다. 일상생활에서 네이버, 구글, 다음과 같은 검색엔진을 우리는 한 몸처럼 여기고 있습니다. 이 말은 디지털 마케팅 커뮤니케이션의 중심은 검색엔진이라는 것입니다.

기업에서 검색엔진 최적화 마케팅은 고객들과 마주 대할 수 있는 기회를 제공하고, 더 나아가 인지도를 확장할 수 있는 기본적이면서도 강력한 마케팅 방안입니다. 검색엔진 최적화 마케팅은 검색엔진마다 가지고 있는 기본적인 검색수집 방식과 검색결과 출력 방식을 기반으로 검색엔진에 최적화되도록 문서 구조 및 주요 키워드를 구성하는 홍보 방법입니다. 검색엔진 최적화 마케팅을 진행하기 위해서는 검색엔진이 어떤 구조로 검색하고 검색결과를 추출하는지 이해해야 합니다. 검색엔진이 수집하는 문서와 검색결과를 출력하는 기본 방식은 학술논문의 검색방식을 기반으로 하고 있습니다. 학술논문의 구성 요소인 논문제목, 요약, 키워드, 본문 내용 등을 HTML 문서 내에서 수집하고, 부합하는 키워드가 있으면 검색결과가 우선순위로 표출됩니다.

학술논문과 웹문서 구조

학술논문	HTML 구성
논문제목	웹페이지의 타이틀
초록(요약)	웹페이지의 설명문
키워드	키워드1, 키워드2, 키워드3
본문	본문 내용

검색엔진을 최적화하기 위해서는 가장 기본적이며 이러한 구조와 순서에 맞춰 문서를 구성하고 키워드를 배치해야 합니

다. 웹페이지 문서제목과 문서요약문, 문서키워드, 본문내용에 주제 키워드가 배치되어 있어야 합니다. 검색엔진 최적화 마케팅의 진행은 온페이지 SEO Search Engine Optimization, 검색엔진 최적화와 오프페이지 SEO로 구성됩니다.

온페이지 SEO는 테크니컬 SEO와 콘텐츠 SEO로 다시 구분됩니다. 테크니컬 SEO는 홈페이지가 검색엔진에 크롤링과 인덱싱이 잘 이루어지도록 검색엔진에 영향을 미치는 기술적 요소를 구성 및 제공하는 것입니다. 콘텐츠 SEO는 잠재고객들이 기업의 상품이나 서비스를 검색하기 위해서 사용하는 키워드 및 원하는 콘텐츠를 구성하여 제공하는 것입니다.

오프페이지 SEO는 기업의 웹사이트를 최적화하는 것이 아닌 다른 웹사이트에 자사의 웹페이지 및 콘텐츠 링크가 많이 연결되도록 하는 것입니다.

검색엔진을 최적화하기 위해서는 기본적으로 반응형 홈페이지를 구축하는 것이 중요합니다. 템플릿 형태의 반응형 홈페이지를 저렴하게 제작해주는 업체가 많기에 홈페이지 제작에 너무 부담을 안가져도 됩니다.

전통적 광고매체의 역할

구분	최적화 방안	최적화 요소
테크니컬 SEO	사이트 구조 개선	• 검색엔진에 대응하기 위한 URL 구조 개선 • 쉬운 사이트 이동 구조
	검색엔진 대응	• robots.txt 제공 및 구성 • 사이트맵 및 RSS 제출
	모바일 최적화	• 반응형 웹페이지 구성 • 모바일사이트 구성 • 모바일 URL 구성
콘텐츠 SEO	검색 키워드 구성	• 명확하고 타깃니즈에 부합하는 제목 사용 • 메타태그 적용하기
	콘텐츠 최적화	• 고객 니즈에 부합하는 콘텐츠 구성 • 앵커텍스트 작성 • 이미지 사용 최적화(Alt 태그 사용)
오프페이지 SEO	사이트 홍보 분석	• 타사 및 고객유입 채널 링크 홍보 • 네이버 웹마스터도구 활용 • 구글서치콘솔 활용

학원 온드미디어 - 검색엔진 상위노출 방안

구글, 네이버, 다음 등의 각 검색엔진에 상위노출 방식은 각각 다르지만 기본적으로 7가지 요소에 의해 상위노출이 가능합니다.

첫째, 키워드 연관성입니다. 웹페이지 문서구조 내에 검색결과에 부합하는 연관된 주제키워드가 배치되어 있어야 합니다.

둘째, 키워드 돌출입니다. 이 말은 웹페이지 내에 주제키워드가 얼마나 먼저 나타나는지에 따라 검색순위가 결정된다는 것입니다.

셋째, 키워드 무게입니다. 이것은 웹페이지에 주제키워드가 얼마나 많이 반복되는지에 따라 검색순위가 결정된다는 것입니다.

넷째, 키워드 밀도입니다. 웹페이지에 지나치게 많은 주제키워드를 넣으면 스팸으로 간주하여 검색결과에서 제외시킨다는 말입니다. 주제키워드는 기본적으로 3~7%가 적당합니다. 네이버 블로그의 경우 제목에 특정 키워드가 3번 이상 반복되면 저품질 블로그로 인식하여 검색결과에서 제외시키는 것도 키워드 밀도에 연관이 있습니다.

다섯째, 키워드 근접입니다. 이 말은 주제키워드 간의 거리를 계산하여 가장 가까이 있는 키워드를 우선순위로 노출시킨다는 것입니다. 검색어로 컴퓨터학원이라는 노출이 많다고 가정하면, '잘 가르치는 컴퓨터학원'이 '컴퓨터를 잘 가르치는 학원'보다 노출이 잘된다는 의미입니다.

여섯째, 사이트 유명도입니다. 검색 결과 신뢰성과 정확성을 높이기 위하여 주제 키워드와 부합하는 키워드를 많이 보유한 사이트에 가중치를 두어 상위로 노출시킨다는 것입니다.

일곱 번째, 사이트 신뢰도입니다. 쉽게 말해서 본문 내용이 퍼온 글이 아닌 직접 작성한 글이거나, 댓글이 많이 달리는 경우에 상위노출이 가능하다는 것입니다.

학원 온드미디어 - 핵심키워드 선정 방안

이어서 살펴볼 내용은 검색엔진 최적화를 활용하여 효과적인 마케팅을 풀어가기 위한 고려사항을 알아보겠습니다.

첫째, 학원의 제품과 서비스에 부합하는 핵심키워드 및 연관 키워드를 선정하는 것입니다. 타깃 고객이 어떠한 키워드를 검색하고, 경쟁사는 어떠한 키워드를 구성했는지를 분석해야 합니다. 키워드는 브랜드 및 상품키워드를 기본으로 일반 키워드, 관심 키워드, 경쟁 키워드로 구분됩니다.

검색엔진 키워드 구성

키워드	설명	예시
브랜드 및 상품키워드	브랜드 연관 검색어 브랜드 핵심 상품 포함	나이키 운동화, 에어조던 운동화 등
일반 키워드	산업군에서 많이 활용하는 키워드	운동화, 러닝화, 농구화 등
관심 키워드	시즌 및 이슈 관심사 키워드	조깅화, 러닝화, 등산화 등
경쟁 키워드	경쟁사 브랜드명 또는 유사상품 키워드	뉴발란스 운동화, 아디다스 러닝화 등

둘째, 검색엔진에 최적화 조건에 맞춰 핵심 키워드를 배치하는 것입니다. 검색엔진 상위노출을 위해서는 최적화 방안을 고려해서 핵심 및 연관 키워드를 전략적으로 배치해야 합니다.

①제목, 설명문, 키워드, 본문 내에 핵심 키워드가 배치되어야 하고
②제목을 포함한 본문 문서 맨 앞에 핵심 키워드가 배치되어야 하고
③제목을 포함한 본문 문서에 핵심 키워드가 반복적으로 배치되어야 합니다. 이때 제목, 설명문, 키워드, 본문에 핵심

키워드가 연속적으로 3회 이상 반복되지 않도록 유의해야 합니다. 핵심 키워드를 배치할 때에는 키워드 간격이 가깝도록 해야 합니다.

셋째, 검색결과의 신뢰도를 높이기 위한 콘텐츠 최적화 작업을 진행해야 합니다. 콘텐츠 최적화를 위해서는 문서를 직접 작성하고 주제와 부합되는 연관된 내용들로 본문을 풍성하게 구성해야 합니다. 콘텐츠를 구성할 때는 많은 사용자들의 공감을 불러일으켜 추천과 댓글을 유도하고 블로그 및 SNS에 공유가 될 수 있는 콘텐츠를 구성해야 합니다.

기업의 입장에서 보면 검색엔진 최적화는 비용을 들이지 않고 단기간에 고객 방문을 유도할 수 있는 효과적인 홍보 방법입니다. 학원을 개원하고 온라인마케팅 고려 시 웹사이트, 블로그, 카페, SNS, 동영상 등 다른 채널과 함께 활용했을 때 효과가 증대되기 때문에 통합적으로 접근해야 디지털 마케팅에 성공할 수 있습니다.

학원 온드미디어 - E-mail 마케팅 방안

이메일 마케팅이라고 하면 진부한 느낌이 듭니다. 많은 기업이 지금 이 순간에도 마케팅 채널 확대와 전략을 고민할 때 SNS, 검색엔진 등의 활용은 많이 고민하지만, 이메일 마케팅 연계와 효과성을 간과하는 경우가 많습니다. 이메일은 저렴한 비용으로 타깃 고객에게 기업에 관한 소식과 정보를 빠르게 전달할 수 있습니다. 장기적으로 고객과의 커뮤니케이션을 효과적으로 전개할 수 있는 최적화된 커뮤니케이션 도구입니다. 학원을 운영하면서 효과가 없을 것 같은 이메일 마케팅까지 진행하기에 부담이 될 수도 있습니다. 학원의 소식과 정보를 이메일 뉴스레터 형태로 발송하여 고객을 유입시키고 지속적인 관계를 유지하는 방안으로 활용하면 됩니다. 부담 없이 일정 기간 홍보에 활용했던 콘텐츠들을 모아서 뉴스레터 형태도 발송하면 됩니다. 이메일 뉴스레터를 통해 신규고객을 유입시키고, 기존 고객과 지속적인 관계를 유지하는 방안으로 활용하면 됩니다.

이메일 마케팅은 기업 입장에서 단기적으로 회사를 홍보하고 장기적으로 고객과의 지속적인 관계를 강화할 수 있는 효과적인 마케팅 커뮤니케이션 방법이라고 재차 강조합니다. 이메일 마케팅을 위한 양식과 내용 결정에서 중요한 것은 고객에게 바라는 행동을 하도록 제목과 콘텐츠 내용을 구성하는 것입니다. 제목을 작성할 때는 고객의 호기심을 자극하는 문구로 10자 내외로 짧게 구성하는 것이 좋습니다. 여기에 직관적으로 얻을 수 있는 혜택을 명시하는 것이 효과적입니다. 단, 홍보 목적으로 이메일을 발송한다면 [광고]라고 제목 앞에 표기해야 합니다. 이메일 내용은 복잡하고 다양한 내용을 다루는 것보다는 핵심적인 내용을 간결하게 볼 수 있도록 구성하고, 고객들이 손쉽게 유입될 수 있도록 링크를 연결하는 것이 효과적입니다.

우리는 살면서 하루에도 무수히 많은 이메일을 받고 있습니다. 고객들도 마찬가지입니다. 대부분 이메일을 통해 좀 더 유용한 정보를 얻기를 원합니다. 그래서 이메일 마케팅을 진행할 때에는 일방적인 홍보 내용이나 제품 목록을 나열하는 것보다는 고객들이 유용하게 활용할 수 있는 정보나 혜택을 얻을 수 있다는 느낌으로 디자인과 구성에 신경을 써야 합니다. 이메일을 언제 보내면 효과가 좀 더 좋을까요?

우리나라의 경우 이메일 오픈율 및 클릭률이 월요일에 가장 높았고, 시간으로는 오전 9시에서 11시 사이에 가장 높았습니다. 이메일 발송 요일과 시간대를 잘 선택하는 것도 효과를 높이는 데 도움이 됩니다. 이메일 마케팅은 정기적으로 캠페인을 진행할 수도 있습니다. 고객의 특성 및 반응에 따라 마케팅 자동화 서비스를 활용해 자동화할 수도 있습니다. 최초 회원가입자에게는 환영 메일을 발송한 후 환영 메일에 반응한 고객들을 대상으로 일정 기간이 지난 후 구매유도 메일을 보낸다든지, 관심 상품을 추천하는 개인화된 이메일을 구성하여 발송할 수 있습니다. 요즘 이메일 마케팅을 등한시하는 기업이 많지만, 학원처럼 소규모 기업에서 가장 저렴한 비용으로 단기적으로, 장기적으로 모두 효과를 볼 방안이라는 것을 잊지 마십시오.

학원 페이미디어 마케팅 방안

이제 페이드미디어 전략에 대해서 살펴보겠습니다. 페이드미디어 전략은 과금이 발생하는 마케팅을 말합니다. 쉽게 말해서 온라인 광고라고 생각하면 됩니다. 온라인 광고, 즉 디지털 광고는 학원들이 단기간 내에 마케팅 성과를 이루기 위해서 가장 많이 활용하고 있는 마케팅 방법입니다. 이유는 기업이 원하는 마케팅 목적과 목표에 따라 예산을 기반으로 자유롭게 미디어와 타깃을 선정하여 광고를 노출시킬 수 있기 때문입니다. 디지털 광고는 캠페인 목적에 따라서 브랜딩 캠페인과 퍼포먼스 캠페인으로 구분됩니다.

브랜딩 캠페인의 목적은 광고 노출을 통해 인지도를 확보하고 브랜드 메시지와 이미지를 전달하는 것입니다. 퍼포먼스 캠페인은 광고에 노출된 고객의 직접적인 행동을 유도하는 목적의 캠페인입니다. 퍼포먼스 캠페인은 단기간에 고객 확보와 매출 증대를 위해서 진행됩니다. 퍼포먼스 캠페인의 경우 디지털에 노출시키고, 오프라인에서의 직접적인 행동을 유도하는 방법으로 주로 활용됩니다. 예전에는 학원에서 브랜딩과 퍼포먼스 광고를 별도로 진행했습니다. 현재에는 브랜딩과 퍼포먼스 성과를 한꺼번에 달성할 수 있는 퍼포먼스 브랜딩 캠페인을 진행하고 있습니다. 예를 들어 동영상 광고를 활용해 브랜드 인지도 강화와 함께 바이럴 참여를 유도하여 브랜드 점유율을 높이고, 동영상 광고에 반응한 고객을 대상으로 추가적인 제품 구매 등을 유도하는 방식으로 진행됩니다.

학원을 운영하면서 홈페이지, 블로그 등 어떤 미디어 채널을 운영할 것인지를 잘 결정하는 것이 우선입니다. 이 결정에 따라 퍼포먼스 브랜딩 마케팅을 진행할 것인지에 대한 전략을 잘 수립해야만 합니다.

브랜딩 캠페인과 퍼포먼스 캠페인 비교

구분	브랜딩 캠페인	퍼포먼스 캠페인
목표	• 브랜드 인지도 확보 • 브랜드 메시지와 이미지 전달	• 고객 참여 및 행동 유도
성과지표	• 노출 • 클릭 • 조회	• 이벤트 참여 및 회원 가입 • 구매전환 및 인앱 구매 • 앱 설치 및 다운로드
과금유형	• CPM: 1,000회 조회당 과금 • CPC: 광고 클릭당 과금 • CPV: 광고 조회당 과금	• CPI: 앱 설치당 과금 • CPA: 특정 액션 수행당 과금 • CPS: 실매출 발생당 과금

학원 페이미디어 - 디지털 광고 운영 방안

디지털 광고는 대상과 목적에 따라 디스플레이 광고, 검색 광고, 네이티브 광고, 동영상 광고, 보상형 광고, 콘텐츠형 광고 등이 존재합니다. 다양한 광고 채널을 잘 믹스해서 광고를 진행하는 것이 디지털 마케팅 성공의 지름길입니다. 디지털 광고에서 가장 일반적으로 진행되고 있는 광고는 디스플레이 광고입니다. 디스플레이 광고의 형태는 배너 형태의 광고를 말합니다. 우리나라의 대표적인 디스플레이 광고 상품으로는 구글 디스플레이 네트워크와 카카오 모먼트가 있습니다. 두 상품 모두 커뮤니티와 언론사를 중심으로 광고가 노출되며 카테고리 주제, 문맥, 리타기팅 설정이 가능합니다. 배너 광고라고 하면 네이버 메인

페이지에서만 보는 배너 광고를 생각합니다. 하지만 다양한 언론사, 커뮤니티 사이트 등에 노출되는 배너 광고의 경우 클릭당 요금부과 방식으로 진행됩니다. 학원 홍보를 위해서는 포털사이트의 메인 배너 광고보다는 언론사, 커뮤니티 사이트에 노출되는 배너 광고를 진행하는 것이 효율적입니다.

학원을 운영하면서 디스플레이광고도 전략을 잘 수립한다면 적은 비용으로 높은 효과를 볼 수 있는 광고 상품입니다.

구글 디스플레이 네트워크와 카카오 모먼트 비교

구분	구글 디스플레이 네트워크 (GDN)	카카오 모먼트
주관사	• 구글	• 카카오
노출 사이트 수	• 약 6만 개(국내 사이트 90%)	• 약 4,000개
노출 사이트	• 구글, 커뮤니티, 언론사, 앱	• 다음, 카카오 플랫폼, 커뮤니티, 언론 사, 앱(24개 카테고리)
키워드 타기팅	• 사이트상 노출된 키워드 (문맥 타기팅)	• 고객입력 키워드(키워드 광고)
리타기팅	• 가능	• 가능

학원 페이미디어 - 검색 광고 운영 방안

검색광고는 사이트 이용자가 검색창에 키워드를 검색했을 때 키워드와 연관된 광고주 사이트가 노출되는 형태의 광고입니다. 검색광고는 브랜드 인지도 강화, 사이트 유입, 구매 전환 등을 목적으로 진행됩니다. 학원 운영의 효율적인 측면에서 보면 적은 예산으로 광고 집행이 가능하고 노출 수, 클릭 수, 전환율 등의 광고효율에 따라 유연하게 광고를 집행할 수 있습니다.

학원은 오프라인 형태의 학원이기 때문에 직접 방문을 통해 등록이 이루어집니다. 이런 이유로 전환율을 파악하기가 힘든 상황입니다. 고객이 첫 문의를 하였을 때 반드시 어떤 경로와 어떤 키워드로 우리 학원을 접하게 되었는지 파악해야만 전환율을 파악할 수 있습니다. 전환율 뿐만 아니라 어떤 광고 매체를 통해 우리 학원을 접하게 되었는지 확인할 수 있는 유일한 방법이기에 전 직원이 노력해서 어떤 경로와 어떤 키워드로 우리를 알게 되었는지 확인해야 합니다.

대표적인 검색광고는 네이버 검색광고입니다. 모든 광고의 순위와 상관없이 동일한 형태로 노출되기에 눈에 띄게 하기 위해서는 이러한 조합이 필요합니다. 네이버 검색 광고는 키워드 검색 시 상단의 파워링크와 중간의 비즈사이트 영역에 노출이 됩니다. 파워링크는 최대 10개, 비즈사이트는 최대 5개까지 광고가 노출됩니다. 광고 노출 방식은 각각의 광고주가 키워드별로 입찰한 가격에 따라 키워드 노출 순위가 결정됩니다.

학원의 경우는 대표 키워드라고 할 수 있는 과정명을 중심으로 노출 키워드를 생성합니다. '과정명', '과정명 + 학원', '지역 + 과정명', '지역 + 과정명 + 학원'으로 키워드를 생성하는 것이 바람직합니다. 검색광고를 진행할 때 무엇보다 중요한 것은 노출 수, 클릭 수 등을 고려해서 키워드별로 그룹을 지정해서 진행하는 것이 좀 더 효과적으로 진행할 수 있습니다. 클릭당 과금방식CPC의 광고는 주식을 관리하는 것처럼 하루에도 몇 번씩, 자주 관심을 가지고 관리해야 효과를 볼 수 있습니다.

학원 페이미디어 - 네이티브 광고 운영 방안

사용자가 광고에 대한 거부감이 늘어나고 반응률이 떨어지면서 기존 서비스 자체를 광고 형태로 제공하는 네이티브 광고가 늘어나고 있습니다. 대표적인 네이티브 광고는 사용자들이 많이 활용하는 SNS 게시글 중간에 자연스럽게 광고 콘텐츠가 게재되는 피드Feed 형태와 위키트리와 같은 전문매체의 고객에게 유용한 정보를 전달하는 정보성 콘텐츠 기사 형태가 많이 활용됩니다. 네이티브 광고는 유용한 정보가 담겨 있어 콘텐츠로 인식하기 때문에 광고에 대한 거부감을 최소화시킬 수 있습니다. 스토리 형태로 구성되기 때문에 브랜드 스토리텔링에도 효과적입니다. 여기에 사용자들이 콘텐츠를 자발적으로 확산하기에 다른 광고보다도 바이럴 효과가 뛰어납니다.

학원 페이미디어 - 동영상 광고 운영 방안

요즘 대세라고 할 수 있는 동영상 광고는 사람들이 모바일로 동영상을 시청하는 시간이 늘어나고, 기업의 마케팅측면에서 단순히 노출되기보다는 고객의 경험과 공감을 유도하는 것이 중요해지면서 점차 비중이 늘어나고 있습니다. 동영상 광고는 광고의 게재 위치에 따라 인스트림 동영상 광고와 아웃스트림 동영상 광고로 구분됩니다.

인스트림 동영상 광고는 동영상 콘텐츠가 재생되는 플레이어 내에서 콘텐츠 재생 이전, 중간, 이후에 삽입되는 방식으로 진행됩니다. 아웃스트림 광고는 별도의 동영상 플레이어 없이 기사나 피드형 콘텐츠 사이에 진행이 됩니다. 유튜브의 동영상 광고 상품은 트루뷰 인스트림, 트루뷰 포 액션, 트루뷰 디스커버리, 범퍼애드, 논스킵광고, 마스터헤드로 구분됩니다.

학원을 운영하면서 유튜브 동영상 광고 상품과 학원의 자체 콘텐츠를 잘 매칭시켜서 동영상 광고를 진행하는 것이 효율적입니다. 대기업처럼 동영상 광고를 별도로 제작을 하기에는 비용 부담이 크기 때문에 자체 콘텐츠를 활용하는 것을 추천합니다.

콘텐츠 광고는 사용자들이 많이 사용하는 콘텐츠 서비스를 광고매체로 활용하는 것을 의미합니다. 우리 주변에서 쉽게 볼 수 있는 대표적인 콘텐츠 광고는 카카오톡에서 이모티콘을 기업의 마케팅 목적으로 연계하여 활용하는 브랜드 이모티콘입니다. 브랜드만의 특징이 잘 담긴 이모티콘을 통해 기업은 소비자와 친밀도를 높이고, 자연스러운 바이럴 효과까지 얻을 수 있습니다. 이모티콘 사용자가 카카오톡 친구가 될 경우 소비자에게 지속해서 마케팅 메시지를 보낼 수 있습니다.

이런 콘텐츠 광고는 비교적 소규모로 운영되는 학원 사업에서 활용하기는 어렵습니다. 하지만 이러한 광고 채널이 있다는 것을 인지하는 것이 도움이 됩니다.

학원 언드미디어 마케팅 방안

학원을 운영하는 분들이 가장 궁금해하는 언드미디어 전략에 대해서 살펴보겠습니다. 언드미디어 전략에는 소셜미디어 마케팅 전략과 바이럴 마케팅 전략이 포함됩니다. 소셜미디어 마케팅과 바이럴 마케팅이 현재 디지털 마케팅을 주도하고 있습니다. 어떤 사업이든지 기업을 경영하는 입장에서도 소셜미디어 마케팅과 바이럴 마케팅을 빼고 마케팅을 진행할 수 없습니다. 두 마케팅 모두 단기적이면서도 또한 장기적인 효과를 거둘 수 있는 마케팅입니다.

여기서 우리가 생각해봐야할 것은 "왜 지금 소셜미디어 마케팅인가?"입니다. 소셜미디어는 개인 삶의 방식뿐만 아니라 기업전략 및 마케팅 커뮤니케이션의 패러다임을 바꿔 놓았습니다. 소셜미디어는 사회적 관계를 인터넷 공간으로 이동시킨 것으로 사람 간의 관계 맺기를 통해 네트워크 형성을 지원합니다. 개인을 중심으로 만들어진 다양한 사회적 네트워킹을 통해 서로의 관심사 및 의견, 경험 등을 공유하는 양방향 커뮤니케이션이 가능합니다. 블로그, 트위터, 페이스북, 유튜브, 인스타그램 등 개인화된 플랫폼을 기반으로 친구를 사귀고 정보를 공유하며 항시 연결된 상태에서 지속적인 커뮤니케이션이 가능해진 것입니다. 2000년대 후반부터 등장한 소셜미디어는 눈 깜짝할 사이에 개인 삶의 방식뿐만 아니라 기업의 전략 및 마케팅 커뮤니케이션의 패러다임을 뒤바꾼 핵심 미디어로 자리를 잡았습니다.

이러한 소셜미디어의 성장은 정보 제공과 공유 방식, 관계형성, 커뮤니케이션 방식 등 기존의 틀을 파괴시켰습니다. 이 변화를 결국 기존 고객과의 마케팅 커뮤니케이션 환경도 바꿔놓았습니다. 소셜미디어 마케팅의 기본은 개방성입니다. 서로 연결되어 있는 다양한 소셜미디어의 고객접점을 기반으로 관심사 및 정보공유를 통해 고객 니즈를 파악합니다. 고객과 열려 있는 대화를 통해 지속적인 관계를 형성하는 일련의 커뮤니케이션 활동인 것입니다. 소셜미디어 마케팅의 특징은 자발성, 실시간성, 연결성이라고 할 수 있습니다. 이 특징은 기존의 전통적인 마케팅과는 다르게 고객이 마케팅의 주체가 되는 것입니다. 소셜미디어 마케팅에서 고객의 자발적인 참여를 많이 이끌어 내는 것이 성공의 핵심 열쇠입니다.

기업은 소셜미디어 마케팅을 통해 제품에 대한 잠재고객의 니즈를 파악해서 신제품을 기획할 수 있습니다. 마케팅 프로모션 측면에서는 개인화된 미디어 플랫폼에서 고객의 자발적인 참여를 통해 제품 홍보채널로 활용할 수도 있습니다. 마지막으로 고객 커뮤니케이션 측면에서 고객을 대상으로 제품과 서비스에 대한 고객의 의견을 청취하고, 고객과의 관계를 강화시킬 수 있습니다.

학원 사업에 종사하는 모든 종사자들은 고객과의 소통이 아주 중요합니다. 새로운 교육과정의 개발부터 홍보, 고객 관리에 이르기까지 고객과의 소통이 최종 차별화라고 할 수 있습니다.

이러한 소통을 여과없이 진실되게 소셜미디어를 통해서 고객들과 공유한다면 어느 누구도 흉내낼 수 없는 브랜드 가치와 이미지를 구축할 수 있습니다. 적어도 학원 사업에서 만큼은 관리가 홍보이고, 홍보가 관리입니다. 이것이 자연스럽게 공유되었을 때 학원을 성공시킬 수 있습니다.

학원 소셜미디어 마케팅 활용 방안

구분	활용 방안
제품 개발	• 잠재고객 니즈 파악을 위한 시장조사 진행 • 고객 아이디어를 제품 개발에 반영
마케팅 프로모션	• 고객의 자발적 참여 유도 • 제품 홍보채널 활용
고객 커뮤니케이션	• 신규고객 확보를 위한 제품과 서비스 소개 • 충성고객 관리 및 유지를 위한 관계 강화

학원 언드미디어 - 소셜미디어 마케팅 방안

소셜미디어 마케팅 추진 전략 중에서 목적 및 방향성 수립, 타깃 고객 분석, 마케팅 역량 파악, 마케팅 채널 구축, 운영방법 결정, 마케팅 최적화에 대해서 알아보겠습니다. 먼저, 어떤 일을 하든지 목적과 방향성을 수립하는 것이 중요합니다. 학원 일을 복합적으로 진행하다 보면 나도 모르게 다른 길로 가고 있을 때가 있습니다. 이때 명확한 목적과 방향성이 정해져 있다면 쉽게 제자리로 돌아올 수 있습니다. 그래서 어떤 일이든 목적과 방향성이 중요합니다.

학원을 운영하면서 소셜미디어를 통하여 얻고자 하는 목적과 방향성을 명확히 수립해야 합니다. 소셜미디어가 학원 운영 전략에 중요한 역할로 자리 잡기 위해서는 비즈니스와 마케팅 전략에서 얻고자 하는 목적 및 방향성과 부합되어야 합니다. 소셜미디어 마케팅이 기존 비즈니스, 마케팅과 별개 활동이 아닌 고객 커뮤니케이션 측면에서 기존 미디어가 제공하지 못하는 소셜미디어만의 차별화된 커뮤니케이션 및 소통 방식으로 기존 마케팅 커뮤니케이션을 강화할 수 있도록 연계되어야 합니다.

학원에서 운영하고자 하는 소셜미디어가 단순 홍보 목적인지 아니면 고객과의 관계를 강화하기 위한 것인지, 마케팅 프로모션을 활성화하기 위한 것인지, 고객 의견 수렴과 바이럴 마케팅으로서의 마케팅 채널로서 역할을 할 것인지 먼저 결정해야 합니다.

첫 번째 소셜미디어로서의 목적과 방향성은 잠재고객의 요구를 파악하기 위한 시장조사 활동 및 모니터링으로 활용하는 것입니다.

두 번째 목적과 방향성은 신규 아이디어 및 신제품 테스트에 고객 의견을 수렴하여 반영하는 것입니다. 학원을 운영하면서 잠재고객뿐만 아니라 기존고객, 경쟁 학원의 소셜미디어를 통해 다양한 피드백을 바탕으로 차별화된 교육과정과 운영 방식을 개발하고 강화할 수 있습니다.

세 번째 목적과 방향성은 TPO(Time, Place, Occasion)를 기반으로 고객 접점 채널로서 고객 관계를 형성하는 것입니다. 학원의 블로그와 페이스북을 통해 다양한 상황에 따른 소식을 전하는 등 고객 접점 채널을 활용한 즉각적인 피드백이 가능합니다.

네 번째 목적과 방향성은 자발적 바이럴 확산에 따른 마케팅 커뮤니케이션 강화입니다. 고객은 블로그 등 개인 미디어를 활용하여 자발적으로 제품에 관한 정보를 제공할 뿐만 아니라 네트워크로 연결된 관심사가 같은 지인에게 정보를 전파하는 역할을 수행합니다.

학원 언드미디어 - 소셜미디어 마케팅 활용

아무리 작은 학원을 운영하더라도 소셜미디어 마케팅의 목적과 방향성은 수립해야 합니다. 어떤 사회적 활동을 하더라도 소셜미디어를 빼고는 활동할 수 없는 시대입니다. 학원의 경영 및 운영 전략에도 소셜미디어를 활용하는 방안을 마련해야 합니다. 학원 사업은 서비스업이기에 고객 관리가 무엇보다도 중요합니다. 고객 관리의 기본은 고객과의 소통, 즉 커뮤니케이션입니다. 학원 경영 전략의 목적과 방향성이 소셜미디어 마케팅 전략의 목적과 방향성과 일치해야 합니다. 소셜미디어를 경영 전략에 있어 중요한 도구로 인지하고, 홍보의 목적인지, 고객 관계 강화의 목적인지, 프로모션 활성화의 목적인지, 고객 의견 수렴과 바이럴 마케팅을 위한 목적인지 명확히 결정해야 합니다.

소셜미디어를 제대로 활용하기 위해서는 조직 내외부의 마케팅 역량을 파악해야 합니다. 소셜미디어 마케팅을 진행하기 위해서는 사람, 비용, 시간이 많이 소요되는 마케팅입니다. 정기적으로 꾸준하게 학원, 서비스, 교육과정에 관한 콘텐츠를 게재해야 하며 소셜미디어를 운영하는 사람의 소통 방식에 따라 고객 반응 및 참여가 좌지우지됩니다. 학원에서 콘텐츠를 생산할 수 있는 사람은 강사와 학생을 비롯하여 전체 구성원이 모두 콘텐츠를 생산할 수 있습니다.

콘텐츠 역량은 소셜미디어상에서 고객과 커뮤니케이션하기 위한 중요한 도구이기에 학원이 정기적으로 콘텐츠를 제공하고, 구성할 수 있는 역량을 보유해야 합니다. 고객의 적극적인 참여가 이루어질 수 있도록 고객과 커뮤니케이션하며 전반적인 소셜미디어 마케팅 업무를 이해하고 체계적으로 운영, 관리할 수 있는 역량을 보유해야 합니다.

소셜미디어 마케팅을 본격적으로 운영하기 위해서는 소셜미디어에서 고객 접점 및 마케팅 채널을 구축해야 합니다. 모든 학원이 소셜미디어의 마케팅 채널로서 블로그와 페이스북채널이 맞는 것은 아닙니다. 학원의 소셜미디어 마케팅은 학원 경영전략에 부합하는 소셜미디어 마케팅 채널을 선정하여 마케팅 채널로 활용해야 합니다.

우리가 가장 많이 접하고 있는 블로그는 기업의 브랜드 스토리 및 검색엔진 최적화 대응을 위한 목적으로 활용되고 있습니다. 트위터는 실시간 전달 및 바이럴 노출을 목적으로 주로 뉴스 및 공공기관들이 많이 활용하고 있습니다. 학원에서도 취업 및 자격증 정보 등을 트위터를 통해 실시간 정보를 제공하는 때도 있습니다. 트위터만의 콘텐츠를 구성하기보다는 블로그, 페이스북, 인스타그램 등과 연동하여 자동으로 발행하는 방법으로 주로 활용합니다.

페이스북은 학원을 포함한 대부분 기업이 활용하는 대표적인 소셜미디어 마케팅 채널입니다. 페이스북을 통해 고객 관계 강화와 브랜드 인지도 증대를 목적으로 활용하고 있습니다. 콘텐츠는 블로그와 동일하게 기업 홍보성 내용과 고객들에게 유용한 정보와 트렌드에 맞는 공감 콘텐츠를 중심으로 구성합니다. 블로그는 텍스트 중심의 문장 형태로 구성되어 있다면, 페이스북은 이미지 중심의 카드뉴스 형태로 구성됩니다.

인스타그램은 고유의 특성으로 인해 고객의 이목을 끌고, 구매 욕구를 불러일으킬 수 있는 화려하고, 감각적인 사진과 이미지를 중심으로 콘텐츠를 구성하고 있습니다.

유튜브는 고객들의 동영상 콘텐츠 소비가 늘어나면서 학원들이 동영상을 기반으로 브랜드 스토리텔링을 통한 인지도 강화와 교육과정 홍보를 목적으로 활용되고 있습니다.

학원을 포함한 대부분 기업은 하나의 채널에 집중하기보다는 기업의 목적과 방향성에 맞는 다양한 채널을 개설하여 운영하고 있습니다. 브랜드 스토리텔링과 고객 관계 구축을 위해서 블로그와 페이스북을 중심으로 운영하는 경우가 많습니다. 고객의 특성에 맞는 브랜드 스토리텔링 콘텐츠를 제공하기 위해서 페이스북, 인스타그램, 유튜브를 함께 운영하는 때도 있습니다. 최근 소셜미디어 채널 구축 방식을 살펴보면 제품 홍보 및 브랜드 스토리에 고객이 공감하고 참여할 수 있는 콘텐츠에 집중하여 고객에게 직접 전달하는 브랜드 저널리즘 형태도 변화하고 있습니다. 브랜드 저널리즘은 학원 홍보 및 브랜드 커뮤니케이션을 목적으로 다양한 주제의 콘텐츠를 전통적 미디어처럼 학원이 자체적으로 생산하고 운영하는 방식입니다.

소셜미디어 채널의 특징

채널	주 연령층	주요 역할	주요 콘텐츠	마케팅 활용
블로그	15~45	• 기업 브랜드 스토리 • 검색 노출	• 브랜드 스토리텔링(동영상) • 제품 및 활용법 소개	• 체험단 후기 • 공유
트위터	30~50	• 실시간 전달 • 바이럴 노출	• 뉴스 • PR 기사 • 소셜미디어 연계	• 광고 • 공유 • 댓글
페이스북	15~45	• 고객관계 강화 • 브랜드 커뮤니케이션	• 브랜드 스토리 • 카드 뉴스 • 공감 콘텐츠	• 광고 • 공유 • 댓글
인스타그램	20~30대 여성	• 브랜드 및 제품 소개 • 스토리텔딩 • 브랜드 커뮤니케이션	• 브랜드 이미지 • 스타일 이미지 • 정보성 이미지	• 해시태그 • 공유 • UGC
카카오스토리	30~40대 여성	• 브랜드 및 제품 소개 • 스토리텔링	• 사진 기반 정보	• 공유 • 댓글
유튜브	20~40	• 브랜드 스토리텔링(동영상) • 제품 및 활용법 소개	• 브랜드 영상 • 바이럴 영상 • 하우투 영상	• 브랜드 영상 • 바이럴 영상 • UGC • 공유

학원을 운영하면서 소셜미디어를 활용하려면 홈페이지, 블로그, 페이스북, 유튜브 등 온라인 채널을 운영관리할 수 있는 전략이 필요합니다. 홈페이지는 학원의 모든 정보가 담겨있는 말 그대로의 집이라고 생각하면 됩니다. 정보를 가족이라고 한다면 가족이 머무를 수 있는 구성원 각자의 방이 있습니다. 이 방은 정보를 담는 역할을 하기 때문에 블로그, 페이스북, 유튜브 등을 활용하여야 합니다. 집과 가족이 원활한 사회적 관계를 위해서는 사회적 네트워크를 구축해야 합니다. 이 역할은 트위터와 인스타그램이 한다고 보면 됩니다. 텍스트 중심의 블로그 콘

텐츠를 먼저 제작하고, 카드 뉴스 형태의 페이스북 콘텐츠로 변환하고, 동영상 형태의 유튜브 콘텐츠로 재가공해서 활용하면 됩니다. 텍스트 기사 형태로 트위터를 통해 확산시키고, 동영상 홍보영상 형태로 인스타그램을 통해 확산시키면 됩니다. 이렇게 만들어진 모든 콘텐츠는 홈페이지에 담아두면 됩니다. 이 방법이 인원이 적은 소규모 학원에서도 충분히 성공할 수 있는 소셜미디어 마케팅 방법입니다.

말이 쉽지 나는 콘텐츠 구성도 어떻게 할 줄 모르는데 운영부터 할 수 있을까라는 먹먹함이 생길 수도 있습니다. 소셜미디어에서의 콘텐츠는 비즈니스 콘텐츠와 커뮤니케이션 콘텐츠로 나눕니다. 비즈니스 콘텐츠는 기업 뉴스, 브랜드, 제품, 서비스 등 마케팅을 주목적으로 제작되는 콘텐츠입니다. 커뮤니케이션 콘텐츠는 시즌성, 일상 정보, 트렌드, 생활팁 등 고객 관심사와 공유를 이끌어 낼 수 있는 생활 방식 형태의 콘텐츠를 중심으로 제작됩니다. 소셜미디어 마케팅의 효과를 보려면 커뮤니케이션 콘텐츠의 비중이 70~80% 정도가 적당합니다.

소셜미디어 콘텐츠 구성법

분야	콘텐츠	주요 소재
비즈니스 콘텐츠	기업 및 브랜드	• 기업, 직원, 행사, 사회공헌, 브랜드 철학 및 문화 등
	제품 및 서비스	• 제품 출시, 주요 기능, 활용 방법, 혜택, 이벤트 등
커뮤니케이션 콘텐츠	시즌성	• 계절, 기념일, 주요 행사 등
	생활 양식	• 영화, 음악, 도서, 요리, 건강, 뷰티 등
	트렌드	• 소비자 트렌드, 산업 트렌드, 기술 트렌드, 이슈 트렌드 등

콘텐츠 구성에 대해서 이해하고 나면 글쓰기가 어려운 경우가 발생됩니다. 소셜미디어 채널을 운영해본 경험이 있다면 느꼈을 내용입니다. 소셜미디어 채널 운영을 기존 매스미디어와 동일한 방식으로 커뮤니케이션을 하면 실패하게 됩니다. 소셜미디어는 관계를 형성하고 네트워크로 연결되어 지속적으로 관계를 유지할 수 있도록 친근하게 대화하는 형태로 운영되어야 합니다. 고객들이 대화에 참여하고 함께 이야기를 나눌 수 있도록 '대화의 장'이 되어야 합니다. 소셜미디어의 글쓰기는 고객이 이끌어 주는 효율적인 글쓰기가 필요합니다. 다음은 소셜미디어에서 고객과 원활한 고객 커뮤니케이션이 이루어 질 수 있는 글쓰기의 과정입니다.

첫째, 고객들의 목소리를 경청하고 그들이 관심이 무엇인지를 분석해야 합니다. 소셜미디어의 주체는 내가 아닌 고객입니다.

둘째, 고객이 관심을 가질 수 있는 기업의 주제와 맞는 글의 소재를 찾아야 합니다. 소셜미디어에서의 글쓰기는 고객들이 관심을 가지는 콘텐츠를 작성하여 대화하는 것입니다. 고객과 대화할 수 있는 '꺼리'가 필요하다는 것입니다. 고객이 관심을 가지고 공감 가능한 대화 소재를 꾸준히 발굴해야 합니다.

셋째, 고객과의 커뮤니케이션을 위한 형태의 글의 형식을 결정해야 합니다. 소셜미디어에서는 업무적이고 딱딱한 문어체의 어투보다는 친절하고 상냥하게 느낄 수 있는 구어체의 대화 형식으로 글을 쓰는 것이 효과적입니다.

지금까지 디지털 마케팅에 대해서 자세히 살펴봤습니다. 왜 디지털 마케팅이 학원 경영에 있어서 중요한지도 느꼈습니다. 디지털 마케팅의 페이드미디어, 온드미디어, 언드미디어에 대해서 알아봤고, 디지털 마케팅 전략에 대해서도 살펴봤습니다. 최종적으로 소셜미디어 마케팅을 학원 경영과 연계해서 전략을 구성하고 진행하는 것에 대해서도 알아봤습니다. 마지막으로 콘텐츠 구성과 글쓰기에 대해서도 알아봤습니다. 이제는 우리가 운영하는 학원의 경영전략과 함께 디지털 마케팅 전략을 구상하고 실천해야 합니다. 머릿속으로 생각만 가득하고 실천하지 않는다면 아무 의미가 없는 것입니다.

온라인 마케팅과 오프라인 마케팅의 궁합이 중요하다.

학원 마케팅 최적화

운영하는 학원의 경영전략과 마케팅을 연계하고, 고객 커뮤니케이션 강화와 마케팅을 연계시키기 위해서는 마케팅 최적화가 이루어져야 합니다. 마케팅 채널로서 소셜미디어를 적극적으로 활용하기 위해서는 단기적으로 소셜미디어 채널이 활성화되어야 합니다. 장기적으로 고객의 적극적인 참여와 학원의 온·오프라인 마케팅 연계를 통한 시너지가 일어나게끔 마케팅 최적화가 이루어져야 합니다. 소셜미디어 마케팅 최적화를 위해서 가입유도, 채널 활성화, 고객 참여, 연계 방안, 고객 관계 구축 등을 활용해서 진행해야 합니다.

가입유도는 소셜미디어 채널을 개설하고 오픈 이벤트 방식으로 단기간에 회원을 확보하고 채널을 홍보할 수 있는 팬 및 구독 참여 유도, 친구 추천, 이벤트 공유를 함께 진행합니다. 채널 활성화는 고객들이 정기적으로 방문하고, 참여하고, 공유 확산을 통해 연계할 수 있는 이벤트를 활용합니다. 정기 이벤트는 주간, 월간, 분기 단위로 테마 및 시즌 이슈를 활용하여 고객의 정기적인 채널 방문을 유도하기 위하여 활용합니다. 공유 이벤트는 학원의 핵심 콘텐츠나 진행하는 주요 이벤트, 광고 캠페인 등의 포스팅을 공유하여 바이럴 확산을 유도하기 위한 목적으로 진행합니다. 고객 참여는 고객들의 사연이나 수강 후기 등을 공모하여 콘텐츠 확보, 고객 경험 강화, 구매유도를 목적으로 진행합니다.

마케팅 연계는 통합마케팅 커뮤니케이션 차원에서 소셜미디어 채널을 연계하여 기업의 마케팅 커뮤니케이션을 지원하는 역할을 합니다. 기존 온·오프라인 캠페인 활성화를 목적으로 체험단을 활용해 인지도를 강화합니다. 게릴라 마케팅과 제휴 마케팅을 통해 고객참여 및 바이럴 확산을 유도합니다. 캠페인 연계는 기업의 온·오프라인에서 진행하고 있는 광고, 프로모션 등 다양한 캠페인 참여와 활성화를 위하여 소셜미디어와 연계해서 진행합니다. 제휴 마케팅은 타학원과의 콜라보레이션 등을 통하여 브랜드 커뮤니케이션 및 채널 활성화를 목적으로 진행합니다.

소셜미디어 마케팅 최적화를 위해 진행하는 다양한 마케팅 기법들을 살펴봤습니다. 온·오프라인 통합 마케팅을 잘하기 위해서 소셜미디어 마케팅을 기반으로 진행하는 것이 효율적입니다. 디지털 마케팅 중에서도 언드미디어 마케팅에 해당하는 소셜미디어 마케팅을 기반으로 온·오프라인 마케팅을 진행해야 합니다.

학원은 교육서비스업입니다. 제품이 눈에 보이지 않는 무형의 상품이고, 구매 후부터 서비스를 이용하기 때문에 학원 운영관리의 최적화된 도구는 소셜미디어입니다. 소셜미디어를 활용해서 마케팅을 진행하는 것은 비용적인 측면에서 매우 효율적입니다. 그리고 학원 운영에 관한 모든 콘텐츠를 콘텐츠 유형에 따라 적합한 소셜미디어에 게재하기 때문에 운영과 관리, 마케팅을 동시에 진행할 수 있어서 시간, 비용, 인력측면에서 효과를 거둘 수 있습니다. 소셜미디어를 통해서 수강생과 보호자와의 커뮤니케이션 창구로 활용하기에 소셜미디어를 중심으로 온·오프라인 통합마케팅을 해야 하는 것입니다.

학원 통합마케팅 커뮤니케이션 전략

지금까지 소셜미디어 채널 활성화에 중점을 두고 소셜미디어 마케팅의 전개 방식을 알아봤다면, 이제는 다양한 고객 접점을 연결하고, 학원의 온·오프라인 마케팅 채널을 통합 연계하는 통합마케팅 커뮤니케이션 전략을 살펴봐야 합니다. 직접적으로 고객과 소통할 수 있는 커뮤니케이션에 집중하여 고객들이 공감할 수 있는 콘텐츠를 제공하고, 소셜미디어 채널과 온·오프라인 고객 접점 채널과의 유기적인 연계 방안을 구축해야 합니다. 고객 참여도에 따라 고객을 재정의한 후 지속적인 관계를 확대해 나갈 수 있는 방안도 마련해야 합니다. 온·오프라인 통합마케팅 커뮤니케이션 강화를 위한 실행 전략을 살펴보겠습니다.

먼저, 마케팅 커뮤니케이션 측면에서 운영과 관리를 효율화해야 합니다. 처음에는 소셜미디어를 신규 고객 확보를 위한 채널로 활용했습니다. 학원은 고객 관리가 생명이기에 확보된 고객과의 관계 구축과 다양한 접점을 연계하는 마케팅 커뮤니케이션을 강화해야 합니다.

두 번째, 내·외부 고객 접점 채널을 연결하는 채널 믹스 전략을 실천해야 합니다. 블로그, 페이스북에 국한된 고객 커뮤니케이션 채널을 유튜브, 인스타그램, 카카오톡 등과 연결한 통합 소셜미디어 채널을 연동해야 합니다. 이렇게 구축된 통합 소셜미디어 채널과 기존 오프라인 고객 접점을 연결하는 온·오프라인 간의 소셜미디어 채널 믹스 전략을 구현해야 합니다.

세 번째, 콘텐츠 제작과 마케팅 커뮤니케이션에 고객을 적극적으로 참여시키는 전략을 적용해야 합니다. 기업이 모든 콘텐츠를 생산하고 게재하는 형태의 메시지 전달 방식에서 벗어나 고객이 참여하여 함께 콘텐츠를 제작하고 자발적인 바이럴 행동을 유도하는 것입니다. 고객이 자발적으로 게재한 포스팅을 통하여 신규 고객과 보다 친밀감 있게 상담을 할 수 있는 환경이 만들어집니다. 고객이 자발적으로 콘텐츠를 다양한 소셜미디어에 노출시킴으로써 별도의 마케팅 비용을 들이지 않고도 바이럴 마케팅 효과를 얻을 수 있습니다.

네 번째, 고객 참여 및 브랜드 경험을 증대시키기 위해 게이미피케이션 기법게임 외적인 분야에서 문제 해결, 지식 전달, 행동 및 관심 유도 혹은 마케팅을 위해 게임의 매커니즘과 사고방식을 접목시키는 것을 활용하는 것입니다. 고객 참여를 위한 게임 미션, 랭킹, 보상 같은 기법들을 소셜미디어 서비스 및 캠페인에 적용하여 고객들이 재미있게 즐기면서 브랜드를 경험하고 지속적인 관계를 유지하도록 만들어 주는 것입니다.

마지막으로 실시간으로 고객 접점 채널을 연결하고 커뮤니케이션할 수 있는 전략을 구사해야 합니다. 스마트폰이 대중화되었기에 온라인 커뮤니케이션의 중심이 PC에서 모바일로 이동하고 있습니다. 고객이 언제 어디서나 필요할 때 고객의 위치와 욕구를 파악하여 실시간으로 관계를 구축하고 커뮤니케이션할 수 있는 기반을 확보해야 합니다.

오프라인 마케팅을 할 수 있는 방법에는 전단지 배보, 벽보 게재, 현수막 게재, 버스 및 지하철 광고, 옥외 광고 등이 있습니다. 이 방법들은 오프라인 홍보를 진행할 수 있는 도구입니다. 지금도 우리는 고객 확보가 어려우면 "전단지를 나눠줄까?", "벽보를 붙일까?"라는 일방적인 전달 방식만을 생각합니다. 마케팅의 목적은 신규 고객 확보와 브랜드 이미지 고취입니다. 단기 효과도 중요하지만 지속적인 장기 효과도 중요합니다. 그러기 위해서는 마케팅 콘텐츠가 있어야 합니다. 마케팅 콘텐츠는 제품, 서비스, 프로모션, 이벤트 등의 내용으로 구성됩니다. 준비한 콘텐츠를 어떻게 고객들에게 전달하고, 고객과 소통할지 마케팅 도구, 즉 채널을 잘 통합해야 합니다. 그리고 적재적시에 행동으로 실천해야 합니다. 물론 전단지를 배포하면 효과는 있을 것입니다. 동일한 행동을 했을 때 더 큰 효과를 얻으려면 콘텐츠와 콘텐츠 내용에 따른 전달 채널을 잘 구축해야 합니다.

보통 학원에서는 방학특강과 같은 특별과정에 대한 오프라인 홍보를 많이 합니다. 특별과정에 대한 단순한 홍보보다는 프로모션 또는 이벤트에 대한 홍보를 오프라인을 통해서 고객 참여를 유도하고, 주력 소셜미디어 채널 또는 홈페이지, 학원의 오프라인 공간 등을 활용해서 고객이 직접 참여하고 소통할 수 있게끔 연계하는 것이 더욱 효과적입니다.

많은 비용과 시간을 투자해서 신규 고객을 확보했는데, 한 달후에 다른 학원으로 옮기거나, 학원의 부정적인 의견을 공유 확산한다면 너무 억울하지 않을까요? 학원의 경영전략과 목적, 방향성에 부합된 운영, 관리 역량을 구축해야 합니다. 그 다음 그 역량을 기반으로 마케팅을 실천해야 고객에게 진실된 서비스를 제공할 수 있습니다. 대부분 학원을 경영하면서 마케팅에만 모든 역량을 집중시킵니다. 학원 사업에서 성공하려면 운영과 관리에 모든 역량을 집중시켜야 합니다. 철저한 운영과 관리 속에서 자연스럽게 생겨나는 콘텐츠를 가지고 온·오프라인 통합 마케팅을 실천했을 때 성공하는 학원이 될 수 있습니다.

chapter 3

학원을 성공으로 이끄는 여섯 가지 원칙

제1원칙 :
관리만이 성공의 길!
최고의 관리는 평가!

학원 성공의 길은 오직 관리

우리가 운영하는 학원의 핵심 브랜드 가치는 무엇일까요? 아마도 '잘 가르치는 학원'일 것입니다. 표현은 약간씩 다르더라도 고객이 학원 수강을 통해 목표를 달성한다면 잘 가르치는 학원이라고 인정받을 것입니다. 그럼 공부를 한다는 것은 무엇일까요? 학습을 통해 역량을 발전시키는 것이라 할 수 있습니다. 개인 역량은 높은 성과를 창출한 탁월한 성과자로부터 일관되게 관찰되는 행동 특성을 말합니다. 지식, 기술, 태도, 가치의 상호작용에 의해 성공적 결과를 이끌어낸 행동을 말합니다. 학습을 통해 역량을 발전시킨다는 의미는 지식 습득, 기술 향상, 태도 변화, 가치 달성을 통해 역량을 발전시킨다는 것입니다.

학원 사업을 성공하려면 관리만이 살 길입니다. 관리의 영역은 조직 관리와 고객 관리로 구분됩니다. 관리를 잘하려면 어떻게 해야 할까요? 근거를 가지고 관리해야 합니다. 근거는 어떻게 확보할까요? 근거는 평가 결과를 통해 확보할 수 있습니다. 관리를 성공하려면 대화거리를 가지고 고객과 소통을 해야 합니다. 여기서 대화거리는 일상적인 내용이 아닙니다. 고객의 역량 평가 결과를 기반으로 피드백 제공 방식의 소통을 하는 것입니다. 평가의 결과는 진단 평가, 형성 평가, 총괄 평가의 결과를 말합니다. 피드백 제공 방식은 고객의 개선 방향을 제시하는 형태로 진행해야 합니다. 피드백은 지식, 기술, 태도, 가치 영역을 구분해서 구체적으로 제시해야 합니다. 명확한 피드백 기반의 관리를 진행하면 학원의 브랜드 가치는 저절로 높아지고, 자연스럽게 마케팅과도 연계가 됩니다.

학원 사업은 고객의 역량을 발전시키는 것이 핵심 역할입니다. 능력과 역량의 차이는 무엇일까요? 능력은 개인적인 것이고, 역량은 사회적 또는 조직적인 것이라 할 수 있습니다. 예를 들어 엑셀 프로그램의 기능을 잘 다루는 것은 능력입니다. 엑셀 능력을 활용해서 조직에서 급여 관리, 거래처 관리 등의 업무를 수월하게 수행하는 것이 역량입니다.

능력과 역량 비교

능력(Ability)	역량(Competence)
• 지식과 기술은 Input을 강조하고, 실용성 여부에 대한 논란이 있음 • 단순정성적 기술의 경우 가시화, 구체화가 미흡함 • 개인 보유 자질에 초점을 둠 • 조직의 비전과 연계된 개념으로서의 정의가 곤란함 • 일반적 표현으로 이해하기 어려움	• 조직의 성과창출과 관련된 프로세싱 요건을 강조함 • 관찰 가능한 행동 중심으로 기술, 조직구성원의 공감 형성이 용이함 • 탁월한 경과 창출에 요구되는 자질을 강조, 성과연계가 용이함 • 행동으로 정의, 세분화하여 구분됨

역량의 유형

역량은 개인의 내재된 특성으로서 여러 상황 속에서 나타나며 장시간 지속되는 행동 및 사고방식을 말합니다. 역량의 유형을 5가지로 구분합니다.

첫째, 동기Motives는 개인이 일관되게 생각하거나 원하는 어떤 것으로서 행동의 원인이 됩니다.

둘째, 특질Traits은 신체적인 특성, 상황 또는 정보에 대한 일관적인 반응성을 의미합니다.

셋째, 자기개념Self-concept은 태도, 가치관 또는 자기상을 의미합니다.

넷째, 지식Knowledge은 특정 분야에 대해 가지고 있는 정보를 의미합니다.

다섯째, 기술Skill은 특정한 신체적 또는 정신적 과제를 수행할 수 있는 실행력을 말합니다.

　이 중에서 동기와 특질은 개인이 태어나면서 보유하는 요소로서, 능동적이고 자발적인 '마스터 특질'입니다.

　역량에는 항상 의지가 포함됩니다. 의지Intent는 특정 결과를 지행하는 행동을 유발하는 동기나 특질입니다. 예를 들어, 지식이나 기술적 역량의 이면에는 반드시 동기, 특질, 자기개념이 있어서 지식과 기술을 발휘하도록 추진력을 제공합니다. 의지를 무시하고는 어떤 행동에서 역량을 도출할 수 없습니다. 준거 조회Criterion Reference, 즉 준거에 따른다는 것은 어떤 사람의 탁월성이나 부족한 역량을 구체적인 준거로 예측한다는 것입니다. 준거 조회는 역량 정의의 핵심 요소입니다. 어떤 특성이 현실적으로 의미 있는 어떤 것을 예측하지 못한다면 그것은 역량이라고 할 수 없습니다.

역량의 특성

역량의 특성은 6가지로 요약할 수 있습니다.

　첫째, 수행과정에서 나타나는 구체적인 행동입니다. 역량은 능력과 수행과정에서 나타나는 개인의 행동 특성을 중심으로 파악합니다.

둘째, 개인과 조직의 변화를 지원합니다.

셋째, 상황 대응적입니다. 개인 역량은 조직이 제시하는 성과 기준과 수행 환경에 따라 달라집니다.

넷째, 성과에 초점을 맞춥니다. 역량은 성과 증대에 초점을 둡니다.

다섯째, 육성·개발이 가능합니다. 교육·훈련, 코칭, 높은 목표 설정, 유익한 피드백 등에 의해 역량은 개발할 수 있고, 학습 가능한 것입니다. 역량의 개발 방법은 교육·훈련에만 국한된 것은 아닙니다.

여섯째, 관찰과 측정을 할 수 있습니다. 역량은 행위 중심으로 기술되기 때문에 관찰할 수 있습니다. 쉽게 평가하여 피드백을 제공할 수 있습니다. 성과 목표를 구체화하고 시간에 따른 변화를 객관적으로 측정하는 데 도움을 줍니다. 이를 기반으로 행동에 대한 피드백과 수정이 쉬워집니다.

학원에서의 역량

역량에 대해서 살펴본 가장 큰 이유는 학원 사업의 핵심 성공요소가 관리이기 때문입니다. 관리라고 하면 관리자가 일방적으로 전달하는 것으로 생각하는 분이 많습니다. 관리는 조직구성원과 고객의 역량을 발전시키는 것입니다. 역량에 대한 평가 결과를 개선 가능한 피드백의 형태로 소통하는 것이 성공의 관리 방안입니다. 역량 기반의 평가는 고객뿐만 아니라 조직구성원도 평가할 수 있습니다. 공급자와 소비자 모두 평가가 가능하고, 개선이 가능합니다. 조화로운 발전과 개선이 학원 사업에서 중요한 성공 요소입니다. 역량 기반의 평가시스템과 운영 시스템이 구축된다면 학원은 반드시 성공합니다.

 학원 사업의 핵심고객은 수강생입니다. 수강생마다 학원을 수강하는 목표가 다를 수 있습니다. 분명한 것은 지식, 기술, 태도로 구성된 역량을 발전시키기 위함입니다. 학과 보충이든, 직무능력 양성이든 수강생은 역량을 발전시키기 위해 학원에 다닙니다. 학원은 지식이라는 무형의 제품을 판매하고, 고객 관리를 통해 수강생의 목표를 달성하게끔 해야 합니다. 수강생의 목표 달성 여부는 평가를 통해 확인할 수 있습니다. 평가 결과를 기반으로 객관적이고, 개선 가능한 피드백이 제공되어야 합니다. 피드백의 제공이 고객과의 소통인 것입니다. 이런 맥락에서 교육과 평가에 대해서 깊이 있게 살펴보겠습니다.

 교육이 무엇일까요? 교육이 무엇인지에 대한 논의는 지속해서 이어져 오고 있습니다. 교육학자인 김정환과 강선보는 교육을 한글의 어의로 '가르치다'와 '기르다'의 합성어로 분석하였습니다. 교육은 피교육자의 발전 가능성, 교육자의 교도훈련성 피교육자에게 그 사회에 바람직하다고 생각되는 가치, 규범, 생활양식을 습득하도록 가르치는 것, 인격적 매개성을 전제로 한다고 했습니다. 교육에 대한 정의가 학자마다 다를 수 있지만, 공통적으로는 사람이 지닌 무엇인가를 변화시키려는 활동이라고 할 수 있습니다.

교육의 대상은 사람

교육의 대상은 사람입니다. 사람을 어떻게 보느냐에 따라 교육뿐 아니라 교육평가관이 달라질 수 있습니다. 사람은 사람이 지닌 본성에 따라 성선설, 성악설, 중립설로 분류됩니다. 맹자, 소크라테스 등은 인간은 태어날 때부터 선하게 태어난다고 보는 성선설을 주장했습니다. 순자, 칼빈 등은 인간의 본성은 악하다고 보는 성악설을 지지했습니다. 로크는 사람은 선하지도 악하지도 않으며 백지와 같은 상태로 태어난다는 중립설을 제안했습니다. 행동주의자들은 사람의 본성을 백지상태로 보는 중립설을 지지했습니다. 행동주의자들은 교육을 통하여 사람의 행동을 얼마든지 변화시킬 수 있다고 보는 것입니다.

사람의 행동은 수동적, 능동적, 상호작용적으로 구분할 수 있습니다. 그리고, 사람을 목적의식에 따라서 무목적, 유목적, 현상학적으로 보통 분류합니다. 무목적 사람이란 어떤 특별한 목적 없이 행위를 한다는 관점입니다. 유목적 사람은 어떤 행위를 하든지 목적을 가지고 행위를 한다는 관점입니다. 현상학적 해석은 사람의 행위에 의미가 부여될 때 목적이 생긴다는 관점입니다. 교육과 교육 평가의 대상인 사람을 바라보는 관점은 다양할 수 있습니다. 사람을 악하게 보기보다는 선하거나 최소한 중립적이라고 봐야 합니다. 능동적이며 유목적적이거나 현상학적으로 사람은 보면 사람의 행동은 환경에 따라 변화한다고 보는 것이 적절합니다.

사람의 분류

본성	행동	목적의식
성선설	수동적	무목적
성악설	능동적	유목적
중립성	상호작용적	현상학적

교육의 목적

교육의 목적은 사람의 행동 특성의 변화를 통해 조화로운 사람을 만드는 것입니다. 교육은 독립적일 수 없습니다. 교육의 목적인 조화로운 사람을 개발하기 위해서 교육은 사람의 인지적 특성, 정의적 특성, 심동적 특성의 변화를 추구합니다.

인지적 행동 특성은 두뇌와 관련된 행동 특성으로 지식의 수준이나 정신 능력과 관련된 특성입니다. 정의적 행동 특성은 마음과 관련된 행동 특성입니다. 심동적 행동 특성은 신체의 기능과 관련된 행동 영역으로서 교육은 심동적 행동 영역의 변화를 추구합니다. 사람의 행동을 크게 세 부분으로 구분하지만, 교육은 세 영역의 행동 특성을 독립적으로 변화시키지 않고 통합적으로 변화시키는 것이 바람직합니다. 교육은 조화로운 사람을 만드는 것이 목적입니다.

역량은 지식, 기술, 태도로 구성됩니다. 사람의 행동 특성은 인지적, 정의적, 심동적 행동 특성으로 구성됩니다. 교육은 세 가지 사람의 행동 특성을 통합적으로 변화시키는 것입니다. 교육을 통해 사람의 행동 특성을 통합적으로 변화시킨다는 것은 역량 기반의 평가가 이루어져야 한다는 것입니다.

교육 평가

교육의 목적이 사람의 행동을 변화시키는 것이라면, 평가의 목적은 교육이 행동 변화를 가져왔는지를 판단하는 것이라고 할 수 있습니다. 교육 평가란 교육과정과 교수 프로그램에 비추어 교육 목표가 얼마만큼 달성되었는지를 판단하는 것입니다. 교육 평가를 통해 교육 목적에 대한 가치를 판단하는 행동입니다.

교육 평가에 대한 기본 가정은 학습자의 잠재 능력 개발 가능성, 교육 평가의 대상과 자료의 무한성, 시간의 연속성, 평가의 종합성입니다.

첫째, 평가를 위한 기본 전제로서 사람은 개발할 수 있는 무한한 잠재 능력을 갖추고 있다는 것입니다. 둘째, 교육 평가의 대상과 자료는 무한합니다. 셋째, 평가는 지속해서 이루어져야 합니다. 넷째, 평가는 평가 대상이 지닌 모든 자료를 종합적으로 수집하고 평가해야 합니다.

평가 시기에 따른 평가 분류

교육 평가가 지속적이고 종합적이라는 전제는 평가의 과정이 진단, 형성, 총합 평가로 구성된다는 의미입니다. 교수·학습이 진행되기 전에 진단 평가를 시행합니다. 교수·학습의 진행 과정에서 형성 평가를 시행합니다. 교수·학습이 완료된 시점에서는 총합 평가가 시행됩니다. 평가는 지속적으로 이루어집니다. 총합 평가의 결과는 다음 학습을 위한 진단 평가의 자료가 됩니다. 진단, 형성, 총합 평가의 모든 결과를 가지고 평가하는 것이 더 바람직합니다. 학원을 운영하면서 학생이 학습을 통하여 성장하는 것을 평가해야하기 때문에 진단, 형성, 총합 평가를 진행해야 합니다.

평가시기에 따른 분류

유형	특징
진단 평가 (사전평가)	• 교수·학습활동 시작 전 교육훈련 과정이나 교과목에 대한 학생의 기초능력 전반을 진단하는 평가 • 교수·학습전략을 위한 기초자료를 얻고 분석하여, 어떤 교수·학습 방법이 적절한 것인가를 결정하기 위해 시행
형성평가	• 교수·학습활동이 진행 중인 단계에서 학생의 교육훈련 목표 달성을 위해 수업 이해도, 세부적인 강·약점을 확인 • 피드백을 통해 학습 곤란을 교정, 학습 행동을 강화하기 위한 평가 • 향후 학습 방향을 안내하고, 교·강사의 학습지도 방법과 교육훈련 과정의 개선을 위해 시행
총괄평가 (종합평가)	• 교수·학습활동 완료 시점에 학생의 학습 성과 정도를 측정하고 성적을 부여하기 위한 평가 • 학생의 교육훈련목표 달성 여부 및 수준을 판단하기 위해 시행

평가는 학습과 교육과정에 최대한 도움을 주어서 학습을 극대화하는데 목적이 있습니다. 교육평가의 목적은 ① 학습을 극대화하는 것이고, ② 학업 성취 수준을 총평하고, ③ 교육의 질을 향상시키고, ④ 교육과정, 교수·학습프로그램, 교육자료 등을 개선하고, ⑤ 정책을 만들고 의사 결정을 위한 기초를 제공하고, ⑥ 비용의 지출을 점검하는 것입니다.

평가의 기능

평가의 기능은 다양합니다. 가장 중요한 기능은 교육 진행 과정 중 교육과정, 프로그램, 교구, 교재 등을 개선하고 발전시키는 것입니다. 이 외에 신입생 또는 신입사원을 선발하는 기능, 자격증을 부여하는 기능이 있습니다. 교육의 질을 통제하기 위하여 국가 단위 또는 지역 단위의 학업성취도 시험을 실시하여 교육에 대한 책임 여부를 점검하는 책무성 평가 기능도 중요 기능이라 할 수 있습니다. 책무성 평가의 유의점은 책무성이 지나치게 강조되어서 부작용을 수반할 수 있다는 것입니다.

우리나라에서 시행하고 있는 중학교 3학년, 고등학교 2학년의 국가수준 학업성취도 평가의 기본 목적은 기초미달 학생을 파악하여 기초미달 학생의 수를 줄이는 데 있습니다. 더 중요한 목적은 학습 부진자의 학습 결손을 해결하여 차기 학습을 성공적으로 수행할 수 있도록 하는 데 있습니다. 평가 자체가 행위에 대한 동기를 부여하는 기능도 있습니다. 교육 평가는 윤리적이고 인간적으로 이루어집니다.

교육은 교실 안에서만 이루어지는 것이 아니고 매우 다양한 형태로 이루어지기에 평가는 교육과 관련된 모든 형상과 구성 요소를 대상으로 하는 것이 적절합니다. 인적 대상에는 학생, 교·강사, 학부모, 행정직원, 경영자 등 학원을 구성하고 있는 모든 이해관계자가 대상입니다. 물적 대상에는 교수·학습프로그램, 교육과정, 교재 등 소프트웨어 측면과 시설, 환경, 예산, 비용 등 하드웨어 측면이 평가 대상입니다. 평가로서의 대상은 메타평가라고 하는 평가에 대한 평가가 대상입니다.

눈여겨볼 그것은 평가 자체도 평가 대상이 되어야 한다는 것입니다. 교육기관도 평가 대상으로 평가가 실시되고 있습니다. 성인학원에서 국비 지원을 받기 위해 기관평가를 받는 것도 교육기관이 평가 대상이기 때문입니다. 교육기관을 평가한 평가 결과도 평가의 대상이 됩니다. 평가를 타당하게 하였는지, 신뢰도를 확보하였는지가 확인되어야 합니다. 교·강사가 학생을 평가한 성적부여 자체도 평가의 대상이고, 학생들이 평가한 강의평가도 평가의 대상입니다.

평가가 활성화되면서 평가에 대한 평가로서 메타 평가가 강조되고 있습니다. 메타 평가는 평가 자체에 대한 평가를 의미합니다. 메타 평가의 판단 기준은 실현성, 실용성, 적합성, 정확성입니다.

메타평가의 기준

평가기준	평가내용
실현성(Feasibility)	• 평가가 실현 가능하였는지 여부
실용성(Utility)	• 평가가 실체적으로 필요하였는지 여부
적합성(Propriety)	• 평가가 도덕적으로 적합하게 실시되었는지 여부
정확성(Accuracy)	• 정확한 정보를 전달하였는지 여부

양적 평가와 질적 평가

평가는 교육과 관련된 현상, 구성 요소에 대한 자료를 체계적이고 과학적으로 수집하여 장·단점과 특징을 전문적으로 판단하는 주관적 행위입니다. 수집한 자료에 따라 평가를 양적 평가와 질적 평가로 구분합니다. 주관적 판단은 언어적 모호성 때문에 의사 전달의 문제점과 다른 이해를 일으키게 됩니다. 평가는 객관적 정보에 의존하게 됩니다. 검사와 측정 때문에 자료를 수집하는 평가를 양적 평가라고 합니다. 양적 평가가 가진 과학성과 정밀성에도 불구하고 양적 평가는 평가 대상을 전체적으로 조망하지 못하며 심층적으로 평가하지 못한다는 제한점이 지적되었습니다. 양적 정보가 아닌 관찰이나 면접 등을 통해 기술한 평가 방법을 질적 평가라고 합니다.

양적 평가는 과학적이고 체계적이기에 신뢰성을 보장받을 수 있습니다. 질적 평가는 평가 대상에 대한 전반적인 판단이 용이합니다. 양적 평가와 질적 평가를 혼합해서 상호 보완적으로 시행했을 때 평가의 효과를 극대화할 수 있습니다.

평가 주체·요소·절차

평가 주체는 평가 내용과 목적에 의해 결정됩니다. 기존에는 평가 주체는 교육 공급자 위주였습니다. 학업성취도 평가를 시행할 때에는 교·강사, 교육내용 전문가가 평가의 주체였습니다. 평가의 개념이 확장되면서 교육 수요자도 평가의 주체가 되었습니다.

평가 요소는 평가 내용과 대상에 따라 다릅니다. 기본적인 평가 요소에는 1단계 목표 설정의 적절성 여부, 2단계 목표 달성을 위한 계획의 적합성, 3단계 계획에 따른 시행 여부, 4단계 결과의 목표 달성 여부로 구성됩니다.

평가 상황을 구체적으로 제시해야 하고 자료 수집 방법도 다양하게, 종합적으로 평가해야 합니다. 평가 방법을 구비했더라도 평가 방법이 교수·학습 목표의 달성 여부를 점검할 수 있는 타당한 방법인가를 검증해야 합니다. 그 평가법이 실현 가능한지에 대한 유용성도 검증해야 합니다. 평가 과정에서 나타날 수 있는 모든 문제점을 파악하기 위해서 예비 평가를 실시하는 것이 바람직합니다. 평가결과의 교육적 활용을 위해서는 평가결과에 대한 타당하고 신뢰할 수 있는 해석이 이루어져야 합니다. 그래서 점수에 대한 올바른 이해를 위해 적절한 규준이나 준거의 설정이 요구됩니다.

보통 교육과정 개발을 하면 먼저 교육 목표를 진술합니다. 교육 목표의 달성 여부를 확인하기 위해 평가계획을 수립합니다.

교육 목표와 평가계획을 기반으로 교육과정 개발을 완성합니다. 교육 목표는 교육실시를 위해서도 중요하지만, 평가를 위해서도 중요합니다. 교육 목표는 학습자 행동에서의 바람직한 변화를 진술해 놓은 것이라 할 수 있습니다. 교육 목표, 교수 목표, 행동 목표, 수행 목표는 동의어 또는 유사어로 사용되지만, 교육 목표는 광범위한 의미를 포함하는 상위개념이라고 볼 수 있습니다.

인간의 3가지 특성에 대한 평가

교육은 인간의 인지적 특성, 정의적 특성, 심동적 특성을 변화시키는 행위입니다. 지식, 기술, 태도, 즉 역량을 발전시키고 변화시키는 행위입니다. 인지적 영역에서 어떤 교수목표가 지적인 행동과 연결되어 있을 때, 그 지식의 수준은 난이도가 있다고 가정합니다. 지식의 기능을 단순 정신 능력부터 고등정신 능력으로 위계화하였습니다. 지식, 이해, 적용, 분석, 종합, 평가 중 평가가 가장 복합적인 지적 능력이라고 규정하였습니다.

정의적 행동 특성에 대한 교육이 여러 가지 이유에서 경시되고 있습니다. 현대사회에서 정의적 행동 특성에 대한 교육은 매우 중요하다고 할 수 있습니다. 정의적 행동 특성은 인간의 마음과 관련된 특성으로 인성, 가치관, 도덕성, 적성 태도, 흥미와 같은 정서적 측면을 의미합니다. 정의적 행동 특성은 개인이 내면화하는 정도에 따라 5단계로 나뉩니다. 5단계는 감수, 반응, 가치화, 조직, 인격화 순으로 구분됩니다.

교육 목표에는 신체와 관련된 기능의 숙달과 발달도 포함됩니다. 심동적 영역에서 신체의 운동을 조절하는 신체 능력에 관한 행동 능력도 단계가 있습니다. 심동적 영역은 수용, 태세, 유도반응, 기계화, 복합외현반응, 적응, 독창성의 7단계로 체계화되었습니다.

결국, 평가는 무엇을 가르치고, 무엇을 배워야 하는가 하는 명제를 위한 교육과정 및 교수·학습과 불가분의 관계입니다. 교육과정 및 교수·학습과 평가의 관계에 비추어 평가를 두 종류로 구분하고 있습니다. 하나는 교육 프로그램에 기초한 교육 목적의 달성 여부를 평가해야 한다는 관점입니다. 이것을 교수선행측정이라고 합니다. 교수선행측정의 대표적인 것은 학업성취도검사를 들 수 있습니다. 또 다른 하나는 측정선행교수입니다. 측정선행교수는 교육과정과 교육내용을 의도적으로 변화시키기 위해서 평가는 교육과정 및 교수·학습과 독립적으로 기존의 교육과정에 기초한 교수·학습 내용을 측정하지 않을 수 있다는 것입니다. 우리나라의 경우 1994학년도부터 실시한 대학수학능력시험을 들 수 있습니다. 학원에서는 학업성취도검사를 기본으로 교수선행측정을 하는 것이 적절합니다.

평가영역에 따른 분류

평가 유형	특징
인지적 영역 평가	• 지식, 이해력, 적용력, 분석력, 종합력, 평가능력과 같은 학생의 지적·인지적 학습목표의 달성 여부와 그 정도를 측정하여 평가 • 선택형 시험, 단답형 시험, 서술형 시험, 논술형 시험 등 주로 지필 평가 방법을 활용
심동적 영역 평가	• 신체를 움직여서 동작을 요구하여 성취할 수 있는 학습목표의 달성 여부와 그 정도를 측정하여 평가 • 예체능 교과목의 실기 평가, 직업교육훈련에서 도구·기계를 조작하거나 산출물을 제작하는 기술 등 주로 실기 평가 방법을 활용 • 포트폴리오, 평가자 체크리스트 등
정의적 영역 평가	• 태도, 준법성, 흥미, 가치관, 학습 동기, 협동성, 책임감 등과 같은 학습목표과 달성된 정도를 확인하는 평가 • 역할연기, 작업장 평가 등

학원에서의 3가지 평가

학원 수강생을 대상으로 하는 평가에는 크게 세 가지 목적을 가지고 행하는 중요한 교육적 행위입니다.

첫째, 수강생이 교육훈련을 통해 학습한 성과를 확인하기 위한 목적입니다.

둘째, 수강생의 교육적 성장과 발전을 촉진하기 위한 목적입니다.

셋째, 향후 교수·학습을 계획하기 위한 목적입니다.

평가는 시험이 아닙니다. 시험은 검사라는 평가 방법의 하나입니다. 평가는 학습 성과 확인, 교육적 성장과 발전을 위한 촉진, 교수·학습의 수정·보완이 목적입니다. 평가와 시험에 대해서 확실히 구분할 수 있어야 합니다. 교육훈련에서의 평가는 지속적이고 종합적입니다. 교육활동을 위해서는 교육이 시작되기 전, 중, 후에 평가가 진행되어야 평가의 목적을 달성할 수 있습니다. 이런 의미에서 평가의 시기에 따라 진단 평가, 형성 평가, 총합 평가로 구분됩니다. 평가 시기에 따른 평가에 대해서는 앞에서도 다뤘지만, 평가의 목적 달성을 위해서 기본적으로 진행되어야하기에 시기별 평가에 대해서 자세히 다뤄보겠습니다.

학원에서의 진단 평가

병원에 가면 의사가 증상에 대한 여러 가지 질문을 합니다. 이것을 진단이라고 합니다. 의사가 치료 전에 환자가 지닌 건강상의 문제를 알기 위해서 진단을 합니다. 교육훈련에서도 학습자에게 교수·학습을 투입하기 전에 학습자의 특성을 파악해야 합니다. 학습자 특성을 파악하기 위한 평가를 진단 평가라고 합니다. 진단 평가는 학습이 시작되기 전 수강생이 소유하고 있는 특성을 체계적으로 관찰, 측정하여 진단하는 평가입니다. 진단 평가에서는 사전 학습 정도, 적성, 흥미, 동기, 지능 등을 분석합니다.

평가의 궁극적 목적은 학습을 극대화하기 위한 것입니다. 진단을 제대로 하지 못하면 교육내용이나 교육 방법을 적절히 수립하지 못해서 교수·학습의 행위가 제대로 이루어지지 않습니다. 결국 교육 목표에 도달하기도 어렵습니다. 이런 이유로 진단 평가는 매우 중요합니다. 학원을 운영하면서 진단 평가를 거르는 경우가 많습니다. 수강생의 교육훈련 목표를 설정하고, 어떤 교수·학습 방법을 적용할지 결정해야 하는 중요한 평가입니다. 진단 평가 결과를 기반으로 초기상담이 이뤄져야 합니다. 수강생과 학부모, 학원 모두 정확한 진단을 통해 공통된 교육훈련 목표를 수립해야 합니다. 초기상담을 진행하는 것만으로도 기존 학원과의 확실한 차별화를 이룰 수 있습니다. 진단 평가의 핵심 목적은 적절한 수업전략을 투입하기 위함입니다. 교수·학습이 진행되기 전에 수강생이 소유하고 있는 지적 능력뿐만 아니라 흥미, 적성, 태도, 가정환경 등을 파악할 때 학습자에게 더 적절한 교수법을 투입할 수 있습니다.

진단 평가를 통해서 4가지 학습자 특성을 분석해야 합니다.

첫째, 학습 목표의 선수 요건이 되는 출발 행동 및 기능의 소유 여부를 파악해야 합니다.

둘째, 학습 단위 목표 또는 교과 목표의 사전 달성 여부를 파악합니다.

셋째, 학습 부진이나 결손 정도를 확인합니다.

넷째, 적절한 교수법이나 대안을 제공하기 위하여 학생의 특성을 파악해야 합니다.

예를 들어, 수강생이 학습해야 할 학습단원이 두 자릿수의 곱셈과 나눗셈이라고 가정합니다. 이때 한 자릿수의 곱셈과 나눗셈을 이해하지 못했다면 두 자릿수의 곱셈과 나눗셈의 학습은 진행될 수 없습니다. 반면, 수강생이 두 자릿수의 곱셈과 나눗셈에 대한 내용을 집이나 이전 학원에서 학습하여 완전히 이해했다면 더 어려운 학습 내용이 제시되어야 합니다. 수강생에게 적절한 학습 내용이 제시되지 않으면 학습에 대한 흥미와 동기가 떨어집니다. 수강생의 지적 능력 외에 다른 특성을 이해한다면 수강생에게 적합한 다른 교수법을 제공할 수도 있습니다.

진단 평가 결과에 따라서 학습자를 분류, 배치하는 예도 있습니다. 이 경우는 수강생에게 표식을 붙여 차별화하는 것이 아니라 비슷한 학습자를 집단화하여 그들에게 적절한 교수법을 투입하여 학습의 극대화를 추구하는 목적으로 적용되어야 합니다.

실례로 교과별 이동 수업을 들 수 있습니다. 예전에 일류대학 진학을 위해 일부 학교에서 모든 교과목을 우반과 열반으로 나눈 일이 있었습니다. 학습의 극대화를 위한 반 편성은 이 개념과는 다른 차원에서 이뤄져야 합니다. 일정 기간이 지난 후에 능력 변화에 따라 학습자 집단이 다시 편성될 수 있도록 해야 합니다. 성인학원에서 구직자 대상의 직업훈련을 시행할 때 효과적인 방법이 있습니다. 진단 평가를 통해 전공 등 사전 학습 정도와 연령, 성별, 동기, 적성 등을 고려하여 전공자와 비전공자의 팀 구성을 통해 학습 효과의 극대화를 꾀하고, 비슷한 수준의 수강생 간 조별 과제를 통해 학습 성과를 극대화를 추구할 수 있습니다.

교수법은 변경하기 쉽지 않은 일입니다. 교육훈련의 수준을 변경하기도 쉽지 않습니다. 일정 이윤을 추구해야 하는 학원 입장에서 소수 정예도 쉽지 않은 일입니다. 현실적으로 진단 평가를 통해 학습 극대화를 추구한다는 것은 학습자의 분류, 배치를 한다는 것입니다. 학습자의 분류, 배치를 통해서 수강생의 동기 강화와 학습 목표를 효과적으로 달성하는 것입니다.

진단 평가에서 평가되는 요인은 크게 지적 출발 행동과 정의적 출발 행동으로 나뉩니다. 지적 출발 행동은 학습에 영향을 주는 가정이나 학교에서 형성된 지적인 능력을 말합니다. 즉, 학습을 위한 기본 능력입니다.

지능 점수를 진단 평가의 요소로 고려할 때 주의해야 할 점이 있습니다. 첫째, 지능은 단일성이 아닌 다양성의 특징을 가지고 있기에 지능 점수가 높다고 모든 것을 잘하는 것이 아님을 유의하여야 합니다. 둘째, 지능 점수는 검사의 난이도에 따라 달리 측정되므로 지능 점수에 대한 절대적 해석에서 벗어나야 합니다. 셋째, 지능이 유전적이라는 생각에서도 벗어나야 합니다.

정의적 행동 특성으로서 학습자의 학습 동기, 흥미, 성격 태도 등을 파악하는 것은 꼭 필요합니다. 하지만 진단 평가의 절차와 방법에 대해 구체적인 순서나 종류를 제시하기는 쉽지 않습니다. 진단 평가의 절차는 교육내용에 따라 다양할 수 있습니다. 교수·학습을 투입하기 전에 교·강사가 간단히 제작한 시험이나 혹은 질문 등을 이용하여 진단 평가를 시행할 수 있습니다.

전략적인 교수·학습 이론을 투입하기 위해서는 체계적인 진단 평가가 필요합니다. 대학에서는 교양 영어나 수학과 같은 과목의 경우 대학에 입학한 후 배치고사를 통해 해당 교과목을 면제하던가 반 편성을 하게 됩니다. 미국의 경우 수학이나 영어 등은 강의 내용의 수준을 결정하기 위해 매우 체계적인 배치고사를 시행하고 있습니다.

학원에서의 형성 평가

기존의 학교 또는 교실 평가는 학생이 얼마만큼 배웠는지, 학습 목표에 어느 정도 도달했는지를 판단하기 위해 사용됐습니다. 이런 평가는 주로 총합 평가라는 이름으로 한 단원 또는 한 과목, 학기 중간, 학기 말에 시행되었습니다. 최근에는 학생의 학습 정도에 관한 판단으로 총합 평가보다는 교수·학습 개선을 위한 혹은 학습 과정으로서의 형성 평가가 강조되고 있습니다. 이런 이유로 형성 평가에 대한 관심이 증가하고 있습니다.

형성 평가에서는 평가의 결과로서 몇 점을 받았는가가 중요한 것이 아니라 평가의 결과를 학생의 학습 향상을 위해서 어떻게 사용할 것인가가 더 중요합니다. 형성 평가는 학습 개선의 방향을 형성하기 위한 평가입니다. 효율적인 학습 개선이 이루어지기 위해서는 학생의 현재 학습 상태를 정확히 진단하고 이에 적절한 피드백을 제공하는 것이 중요합니다. 교실에서의 교수·학습 개선을 위한 형성 평가의 실천 방향은 학생의 학습을 돕는 평가, 교수법의 개선이 따르는 평가, 학습 과정으로서의 평가로 요약할 수 있습니다.

첫 번째, 학생의 학습을 돕는 평가에 대해 살펴보겠습니다. 형성 평가는 근본적으로 학생의 학습을 향상시키기기 위한 목적을 가집니다. 형성 평가의 목적으로 교·강사의 교수방법 개선과 학생의 학습 개선이 함께 제시되고 있습니다. 교·강사는 형성 평가를 시행할 때 개별 학생들의 학습 필요 영역과 학습 특성을 인식하고 이에 적합한 교수법을 활용해야 합니다. 학생의 성취 정도가 어떻게 발전되어 나가는지에 관심을 가지고 학생의 수준과 속도에 적합한 피드백을 제공해야 합니다.

두 번째, 교수법 개선에 따른 평가입니다. 형성 평가를 통해 교·강사는 학생이 얼마만큼 이해하고 있으며 도달해야 할 학습 목표를 어느 정도 성취했는지를 파악하면서 본인의 교수 방법 효과성도 함께 평가할 수 있습니다. 형성 평가에서 교·강사의 교수 방법 개선은 매우 중요한 요소입니다. 형성 평가를 실시할 때 교사는 성취기준, 교수·학습 내용, 평가를 함께 연계하는 방법을 마련해야 합니다. 교수와 평가를 분리하는 것이 아니라 교수 과정에서 평가를 함께 진행하고, 학생 수준을 파악하여 교수 방법을 개선해야 합니다.

세 번째, 학습 과정으로서의 평가입니다. 형성 평가는 학생이 달성하고자 하는 학습 목표를 성취했는지에 대한 여부에 관심을 둡니다. 학습의 결과보다는 학습 목표를 성취해 가는 학습 과정에 더 관심을 둔다는 의미입니다. 교수·학습의 근거가 되는 성취 기준에 기초한 평가를 통하여 학습 과정을 수정·보완합니다. 형성 평가를 통해 학생의 발전 과정을 확인합니다. 이를 위해 달성해야 할 목표와 성취기준을 구체적으로 명확하게 설정해야 합니다. 학생의 현재 수준과 기대 수준의 차이를 정확히 파악해야 합니다. 이 차이를 줄이기 위한 계획을 설정해야 합니다.

형성 평가의 방법

형성 평가를 성공적으로 실행하고 효과를 산출하기 위해서는 학생의 학습 상태에 대한 정확한 진단과 효과적인 피드백 제공이 매우 중요합니다. 이 두 요소가 효과적인 형성 평가의 핵심 요소입니다.

학원에서 실천 가능한 학생의 학습 상태진단 방법과 효과적인 피드백 구성 및 제공 방법에 대해 알아보겠습니다. 형성 평가의 핵심 목적은 교수·학습을 수정·보완하여 학습을 극대화하는 것입니다. 형성 평가는 학생의 학습 수준이나 학습이 이루어져야 하는 부분에 대해 알기 위한 수단으로써 일종의 정보수집 또는 진단이라고 할 수 있습니다. 진단을 위한 자료 수집 방법은 크게 관찰 방법과 평가도구를 활용하는 방법이 있습니다.

먼저 관찰을 통한 진단입니다. 교·강사는 학생이 무엇을 얼마만큼 알고 있는지를 파악하는 과정에서 학생의 행동을 총체적으로 관찰할 수 있습니다. 교·강사가 관심을 가지고 이 모든 자료를 이해한다면 학생의 학습 능력뿐 아니라 학교생활이나 교육관계 등 다른 문제에까지 해결의 단서를 찾을 수 있습니다.

다음은 평가도구를 활용한 진단입니다. 형성 평가를 실시할 때는 총합 평가를 시행할 때와는 다르게 이러한 일반적인 평가도구뿐만 아니라 다양한 평가도구를 활용하여 수업 반응을 분석할 수 있습니다. 형성 평가는 주로 수업 중에 이루어지므로 수업 과정 중에 학생이 이해하고 다음 단계를 넘어가기에 문제가 없는가를 판단하기 위한 정보가 매우 중요합니다. 교·강사는 수업에 반응하는 학생의 수행 능력을 점검하고, 이를 바탕으로 피드백을 제공합니다.

학원 평가에 따른 피드백

학원 사업은 지식을 파는 것이고, 관리 영업이라고 했습니다. 관리를 위해서는 정확한 평가가 진행되어야 합니다. 평가 결과를 피드백의 형태로 고객과 소통해야 합니다. 피드백 형태의 소통이 학원이 할 수 있는 유일한 관리입니다. 형성 평가의 다양하고 체계적인 방법을 통해 수집한 정보를 종합하고 분석함으로써 학습에 대한 정확한 진단이 가능합니다. 형성 평가는 이렇게 진단으로 끝나는 것이 아니라 학생의 학습 향상을 위한 교·강사의 교수 방법과 학생의 학습 개선에 대한 정보를 끌어낼 수 있을 때 마무리됩니다. 교·강사의 교수 방법 개선을 위한 정보나 학생의 학습 향상을 위한 전략 및 방향에 대한 정보가 형성 평가의 피드백을 구성합니다. 평가 후에 점수를 부여하는 것 자체가 피드백이라고 할 수도 있습니다. 단, 피드백은 교수·학습에 의미 있는 정보는 제공할 수 있어야 합니다. 피드백의 정교성이 증가할수록 학습의 효과가 높아집니다. 정교성 정도에 따른 피드백의 종류는 다양합니다.

정교성 정도에 따른 피드백 종류

정교성 정도	피드백 종류	기능
단순	정답 여부	• 학생의 답이 맞고 틀린 여부를 알려줌
↕	2차 기회 제공	• 정답이 아님을 알려주면서 다시 한번 기회를 줌
	실수 영역 표시	• 어느 부분에서 실수가 있었는지 표시해줌
	정오답 이유 설명	• 학생의 반응이 정답 또는 오답인 이유를 설명
	힌트 제공	• 정답의 내용과 관련된 힌트나 팁을 제공
	오개념 제공	• 실수를 분석하여 오개념을 설명
정교	통합 정보 제공	• 학생의 답이 오답일 경우 정답은 제공하지 않고 정답 여부, 실수 영역 표시, 힌트 제공 등을 종합적으로 활용

(1) 교수 방법 개선을 위한 피드백

형성 평가 결과를 기초로 교·강사는 학생의 수준에 따라 교수 방법에 변화를 주거나 수정하여 개선함으로써 학생의 학습 향상을 도울 수 있습니다. 형성 평가 결과를 기반으로 교수 방법 개선을 위한 피드백을 도출할 때는 전체 학생 대상의 교수 방법에 적용되는 내용보다는 학생의 특성 및 수준에 따라 차별화된 내용을 도출하여 적용해야 학습 효과가 더 높습니다. 학습 수준이나 이해도가 높은 학생은 독립적이고 복잡한 학습과제를 수행할 때는 구체적인 해결책이 담긴 피드백을 즉각적으로 제공하는 것보다 포괄적인 방향을 안내하는 피드백을 미리 계획하고 이를 천천히 제공하는 것이 효과적입니다.

성취 수준이 낮은 학생을 위한 대안적 교수 방법

교수 방법 예시	설명
동료와의 공동 수행 허락	• 과제 수행을 힘들어하는 학생에게 같은 수준에 있거나 한 수준이 높은 학생과 함께 과제를 수행하는 것을 허락함으로써 성취감을 느끼고 협력 학습 방법을 익히게 함
오픈 북 허용	• 과제 수행 시 스마트폰이나 교과서와 같은 자료를 활용할 수 있도록 허용
대표 답안이나 예 제공	• 유사 과제나 문항에 대한 대표 답안이나 예를 제공하여 학생이 처음부터 포기하는 상황을 방지하고 과제를 수행하는 동기를 부여
과제해결 단계마다 힌트 또는 팁 제공	• 과제 수행 목표점에 도달할 수 있도록 과제해결의 단계마다 힌트나 팁을 제공하여 어느 한 지점에서 포기하지 않도록 지원
능력에 따른 과제 수행 시간 차별화	• 능력이 부족한 학생에게 추가 시간을 허용하여 문제해결을 위한 전체 과정을 실행해 볼 수 있도록 할 뿐 아니라 성취감을 느끼게 함

성취 수준이 높은 학생을 위한 대안적 교수 방법	
교수 방법 예시	설명
고난도 과제 제시	• 보다 복잡하고 독립적이며 통합적인 활동이나 과제를 개발하여 제시함으로써 학습 동기를 부여
다양한 정답 요구	• 하나의 문장이나 하나의 정답을 넘어서 다양한 표현을 사용한 정답, 여러 종류의 문장으로 이루어진 정답, 여러 수준의 정답 등 다양한 차원의 정답을 요구
사고의 연계성 요구	• 비교 및 대조, 인과관계 분석, 문제 분석과 해결 방안 도출, 구체적 단계 설정, 장점과 단점 파악 등 다양한 측면에서의 사고 결과를 서로 연관시킬 수 있는 종합 능력을 신장
다양한 관점 제시	• 정답을 맞히기보다는 문제와 관련된 다양한 관점에서 진술하게 함
문항이나 과제 제작	• 학생 스스로 학습 주제와 관련한 문항을 제작하거나 과제를 개발해 보게 함
해결서 제작	• 다른 학생의 문제해결 과정에 도움이 될 수 있는 힌트나 팁을 포함하여 문제 풀이 과정을 개발하고 해설서를 제작하면서 통합적인 시각을 갖추도록 함

(2) 학생의 학습 향상을 위한 피드백

학생에게 어떤 종류의 피드백을 언제 제공해야 하는지는 학습 목표와 학생의 특성에 따라 다릅니다. 한 학생에게 효과적인 방법이 다른 학생에게는 효과적이지 않을 수 있다는 것을 인지해야 합니다. 학생 특성과 수준에 맞게 효과적인 피드백을 제공하기 위해서는 무엇을 기준으로 삼을 것인가를 결정해야 합니다. 이러한 피드백 구성은 기준에 따라 목표참조 피드백, 비계식 피드백, 자기참조 피드백, 성취기준 참조 피드백으로 구분됩니다.

첫 번째, 학생이 성취해야 할 학습 목표를 기준으로 학생의 도달 정도에 대한 피드백을 구성하는 것을 목표참조 피드백이라고 합니다. 학생별로 능력 및 특성이 달라서 평가 결과를 토대로 학생에게 도전적이지만 달성 가능한 목표를 설정하고 이를 기준으로 피드백을 제공하는 것이 도움이 됩니다.

두 번째, 비계라는 말은 공사장에서 높은 곳에서 공사를 할 수 있도록 임시로 설치한 가설물을 말합니다. 교육훈련에서는 하나의 과제를 여러 부분으로 나누어 학생이 성취하기 쉽게 도와주는 방식을 의미합니다. 이때 교·강사는 학생이 자신만의 학습전략을 발달시킬 수 있도록 도와주는 조력자 역할을 하는 것이 중요합니다.

세 번째, 자기참조 피드백은 공동의 학습 목표나 성취기준에 비추어 피드백 내용을 구성하여 제공하는 것이 아니라 학생이 이전에 비해 어떻게 향상됐으며 앞으로 어떻게 나아가야 할지에 대한 내용을 담아 피드백을 제공하는 것입니다.

마지막은 성취기준 참조 피드백입니다. 성취기준은 학생이 교수·학습을 통하여 습득할 것으로 기대되는 지식, 기술, 태도를 말합니다. 성취기준은 교수·학습을 통해 습득 가능한 역량입니다. 성취기준과 성취수준을 바탕으로 학생에게 피드백을 제공할 수 있습니다. 학생이 교수·학습과 평가를 연계할 수 있습니다. 학생 스스로 자기 평가를 할 수 있게 한다는 점에서 큰 장점이 있습니다.

학원에서는 4가지 피드백을 종합적으로 활용할 것을 권장합니다. 나중에 피드백에 대해서 다룰 때 다시 언급하겠지만 피드백은 관리의 핵심입니다. 평가 결과로 우리는 고객과 소통을 해야 합니다. 소통의 방식은 피드백의 형태를 지니고 있어야 합니다. 피드백은 공동의 목표와 개인의 목표 달성 여부와 목표 달성을 위한 개선 계획이 포함되어 있어야 합니다. 개선 계획은 학생 개인의 계획이 아닙니다. 여기서 계획은 학생, 학부모, 교·강사, 학원의 계획입니다. 목표참조, 비계식, 자기참조, 성취기준 참조 피드백을 통합적으로 학생에게 제공해야 합니다.

학원 사업은 관리만이 성공의 길입니다. 관리는 소통을 통해 이루어지고, 소통은 피드백 형태입니다. 피드백은 평가 결과를 기반으로 합니다. 수없이 되새기고, 끊임없이 실천해야 하는 것입니다.

학원에서의 총괄 평가

교육훈련 종료 후 시행되는 총괄 평가에 대해서 알아보겠습니다. 교육·훈련에서도 교육 목적에 따라 일련의 교육 행위를 종료한 후 최종적인 결론을 내립니다. 최종 결정을 위해서 총합 평가가 필요합니다. 총합 평가는 교수·학습의 효과와 관련해서 학습이 종료된 후에 교육 목표의 달성 여부를 종합적으로 판정하는 평가입니다. 교육과정이 끝난 후 교수·학습에 괄목할만한 성장이 이루어졌는지를 규정하고 교육 목표를 성취했는지를 판정하는 평가를 총합 평가라고 합니다. 교육·훈련 현장에서는 총괄 평가라고 합니다.

총괄 평가의 목적은

① 성취수준의 도달 여부를 판정하여 서열 부여
② 자격증 부여의 역할
③ 집단 간 비교
④ 학생들에게 송환 작용
⑤ 프로그램 시행 여부 결정
⑥ 책무성 부여

입니다. 총괄 평가의 특징은 첫째, 교수·학습이 종료된 후 의사결정을 위한 평가입니다. 둘째, 교·강사보다는 교육평가 전문가에 의해 제작된 검사도구를 사용합니다. 셋째, 준거참조 검사와 규준참조 검사를 혼용합니다.

총괄 평가 도구를 제작하는 절차는 첫째, 교육 목표를 재확인, 진술합니다. 둘째, 교수·학습의 전반적인 내용을 포함합니다. 셋째, 다양한 정신 능력을 측정하기 위하여 다양한 문항 형태를 이용합니다. 넷째, 규준참조평가는 다양한 난이도의 문항을 제작합니다. 준거참조평가는 최저 준거에 부합하는 난이도의 문항을 제작합니다. 다섯째, 규준참조평가는 규준을 만들고 서열을 부여합니다. 준거참조평가는 준거에 따라 통과와 미통과를 판정합니다.

진단·형성·총괄 평가 비교

진단, 형성, 총괄 평가는 교육의 전체 과정에서 진행순서에 의하여 실시되는 평가입니다. 비형식적이거나 형식적인 형태로 이루어집니다. 진단 평가와 형성 평가는 비형식적으로 이루어지는 때도 있습니다. 총괄 평가는 일반적으로 형식적인 평가로 이루어집니다.

진단, 형성, 총괄 평가 비교

구분	진단 평가	형성 평가	총괄 평가
시기	• 교육·학습 시작 전	• 교수·학습 진행 중	• 교수·학습 완료 후
목적	• 적절한 교수 투입	• 교수·학습 진행의 적절성 • 교수법 개선	• 교육 목표 달성 • 교육 프로그램 선택 결정 • 책무성
평가 방법	• 비형식적 평가 • 형식적 평가	• 수시평가 • 비형식적 평가 • 형식적 평가	• 형식적 평가
평가 주체	• 교·강사 • 교육내용 전문가	• 교·강사	• 교육내용 전문가 • 교육평가 전문가
평가 기준	• 준거참조	• 준거참조	• 규준 혹은 준거참조
평가 문항	• 준거에 부합하는 문항	• 준거에 부합하는 문항	• 규준참조: 다양한 난이도 • 준거참조: 준거에 부합하는 문항

보습학원의 경우는 특별한 사유가 없는 한 수강생이 지속적으로 학원을 수강하기 때문에 초기상담 시 학습자 특성에 맞는 교수·학습 전략을 수립하기 위해 진단 평가를 시행합니다. 형성

평가는 수강생의 발전 정도를 파악하고, 교육 목표를 계획하고 개선하기 위해 시행합니다. 성인학원 경우에도 진단 평가와 형성 평가가 중요합니다. 여기에 교육 목표 달성 여부를 확인하기 위해 총괄 평가도 중요합니다. 진단, 형성, 총괄 평가 모두 피드백을 통한 관리를 위한 것입니다. 시기별로 다른 목적을 가지고 시행되지만 모든 평가는 피드백과 관리를 위한 것이 핵심 목적입니다.

제2원칙:
평가의 소통! 기록의 소통!
소통의 기록!

평가와 기록으로 소통하기

평가의 소통! 기록의 소통! 소통의 기록! 이라는 말은 멀게만 느껴집니다. 고객과의 소통은 학원장이 할 수도 있고, 교·강사가 할 수도 있습니다. 행정직원이 할 수도 있습니다. 학생과 대화하는 대화자가 누구인지에 따라 학원에 대한 고객 평가가 달라질 수 있습니다. 하지만 이것보다 더 큰 문제는 대화자가 누구냐에 따라 대화 내용이 다른 것입니다. 우리는 학원을 운영하면서 한 목소리로 고객과 대화를 해야 합니다. 이 말은 같은 어투와 어조로 대화를 하는 것이 아닙니다. 누가 고객과 대화를 하든지 같은 내용으로 대화를 해야 한다는 것입니다. 교·강사가 학생

소통할 때와 상담직원이 학생과 소통할 때 대화 내용이 다르다면, 학생은 혼란을 느낄 것입니다. 그 혼란으로 인해 학원에 대한 평가가 부정적일 것입니다. 이런 내용이 쌓이면 브랜드 이미지에 부정적인 측면이 강화됩니다. 학원이 왜 망하는지 모른 채 망하는 길로 가게 되는 것입니다. 동일한 내용으로 고객과 소통하기 위해서는 고객과의 상담 내용과 평가 결과가 공유되어야 합니다. 고객과의 소통 내용을 공유하기 위해서는 기록을 명확하게 해야 합니다.

기록의 목적

학원에서의 기록은 학원 전 과정에 관한 정보의 문서화를 말하는 것입니다. 기록은 고객에게 질적인 서비스를 전달하는 근거 자료입니다. 학원과 직원의 책무성을 담보로 하는 중요한 기제입니다. 학원 기록은 고객을 위한 교수적 기능과 학원을 위한 행정적 기능이 결합된 것입니다. 교수적 기능은 고객에 대한 질적 서비스와 관련된 것입니다. 행정적 기능은 기관의 책임성 이행과 관련된 것입니다. 이 두 기능은 동전의 양면과 같은 성격을 가집니다. 학원 서비스 전 과정에 대한 기록은 고객의 문제를 효과적으로 돕기 위한 근거 자료입니다. 기록들이 축적되면 학원의 서비스가 적시에 합법적인 방법으로 진행되고 있는지 입증하는 근거로 활용될 수 있습니다.

기록의 기능

좀 더 구체적으로 정리하면 기록은 15가지의 기능을 가지고 있습니다.

① 고객의 상황과 교육 서비스 욕구 확인 및 기술
② 활용 가능한 자원을 기술하고 평가
③ 교육 서비스 결정과 행동의 근거를 명확하게 하는 것
④ 기준 준수 여부를 기록하는 것
⑤ 교육 서비스 과정과 영향에 대한 모니터링을 하는 것
⑥ 수강료 등 비용 지불을 청구하는 것
⑦ 서비스 사례에 대한 지속성을 유지하는 것
⑧ 다른 학원과 의사소통을 위한 것
⑨ 고객과 정보를 공유하는 것
⑩ 행정적 감독을 지원하는 것
⑪ 실천가로서 전문적 발전을 원활히 하는 것
⑫ 인가 검토 및 다른 외부 감독을 위해 정보를 제공하기 위한 것
⑬ 법적 증거로서 역할을 하는 것
⑭ 고객과 교·강사, 직원 등 모든 이해관계자를 교육시키기 위한 것
⑮ 연구와 분석을 위한 데이터를 제공하기 위한 것

학원 기록은 고객과 관련된 정보를 확인할 수 있도록 학원장

을 포함한 전 구성원의 사고를 조직화하고, 관련자 간 의사소통을 촉진하고, 최적의 효과를 거두기 위한 결정의 자료로 활용됩니다. 교육 서비스의 질과 기관의 책임성을 입증하기 위한 중요한 근거가 됩니다.

보습학원에서는 학원장과 교·강사가 학생에 대한 기록을 등한시하는 경우가 종종 있습니다. 기록을 전혀 하지 않는 학원도 많습니다. 기록이 없다보면 고객과 소통하는 사람마다 주관적 근거를 가지고 소통하는 문제가 발생합니다. 소통의 문제로 인해 고객은 불신이 쌓이게 되는 현상이 일어납니다. 이것은 학원에 매우 큰 손실입니다.

성인학원에서 직업훈련을 운영하는 경우에는 기관평가를 진행합니다. 이수자평가도 진행합니다. 이런 외부 기관평가를 위해 그때마다 기록을 만드는 작업을 진행합니다. 이것은 평가를 위한 기록이기에 엄청난 행정적 손실을 가져옵니다. 뿐만 아니라 고객과 소통을 않하고 있었기 때문에 고객 만족도 평가에서 매우 나쁜 결과를 가져옵니다.

성인학원은 보통 초기상담을 통해 고객이 학원을 등록합니다. 학원 수강 중에는 교과 내용에 관련된 것은 교·강사에게 상담을 받습니다. 행정 관련 내용은 행정직원과 소통을 진행합니다. 수료 후에는 취업담당자에게 취업에 관련된 상담과 취업 지원을 제공받습니다. 시기별로 고객은 다른 사람과 소통을 하게 됩니다. 해당 고객에 대한 기록이 남아있지 않다면 원활한 상담 서비스를 제공할 수 없습니다. 결국 고객의 교육 목적을 달성하는데 혼선을 겪게 됩니다. 고객과의 소통을 통해 브랜드 가치를 높이고자 한다면 고객과 관련된 모든 정보는 기록을 남겨야 합니다. 기록을 남길 때에는 전 구성원의 사고를 조직화하고, 구성원과 소통이 필요하고, 의사결정에 중요한 근거로 기록이 활용되어야 합니다.

기록의 필요성

기록의 필요성은 가치, 기능, 책임성의 측면에서 살펴볼 수 있습니다.

먼저, 가치 측면에서 학원의 기록은 고객 중심의 기록이어야 합니다. 기록 대상은 학생과 학부모인 경우가 많기에 고객 존중과 고객 존엄성 가치에 기반하여 고객의 인격을 훼손하거나, 폄하, 진단적 낙인 등으로 편견이 발생하지 않도록 해야 합니다. 간혹 고객이 자신에 관한 문서를 열람하고자 하는 경우가 있습니다. 고객에게 기록접근을 보장해주어야 합니다. 그래서 기록은 사람 중심으로 기록해야 합니다.

둘째, 기록이 필요한 이유는 기록의 기능에서 이유를 찾을 수 있습니다. 기록을 통해 교육과정 참여 적격 여부를 판단할 수 있습니다. 모든 대상과 의사소통을 위한 근거로 활용하고, 기록의 내용을 통해서 서비스의 질을 개선할 수 있습니다. 이것은 기록의 교수적 기능에 해당되는 것으로 교육 서비스를 통해 고객의 변화를 돕기 위한 도구로써 필수적입니다.

마지막으로 기록은 학원 조직의 책임성 측면에서 중요합니다. 기록된 내용이 없다면 학원의 서비스가 적법한 절차로 진행됐는지 판단하기 어려울 것입니다. 기록은 전달된 교육 서비스 성과평가의 근거로 활용됩니다. 학원으로서 교육 서비스 제공이 규정과 법적인 책임을 준수하고 있는지를 파악하는 근거로 활용됩니다. 학원에서의 기록은 고객과의 소통만을 위한 것이 아니라 학원의 가치, 기능, 책임성을 위해서도 반드시 실천해야 합니다.

기록의 원칙

학원이 고객을 관찰하고, 파악하고, 평가하고, 진행한 내용을 단순히 나열하거나 정해진 양식을 채우기 위해 진행하는 것은 절대 좋은 기록이 될 수 없습니다. 좋은 기록이 되기 위해서는 전체 구성원이 정확하게 기록할 뿐 아니라 체계적으로 기록하는 것이 필요합니다. 좋은 기록을 위한 원칙은 8가지 정도가 있습니다.

첫 번째는 **사람 중심의 기록을 하는 것**입니다. 학원에서 진행하는 기록은 문제 중심의 기록이 아닙니다. 철저하게 사람에 초점을 두고 기록을 해야 합니다. '고객은 실업자이다.' 등의 기록보다는 '고객은 5월에 실직하였다. 현재 전직을 위한 준비 중이다.' 등의 사람에게 초점을 두고 기록을 해야 합니다. 문제 중심의 기록은 진단적 낙인으로 연결될 수 있습니다. 기록은 반드시 고객 중심으로 기록해야 합니다.

두 번째는 **사실에 근거한 기록**을 해야 합니다. 기록은 고객의 상황에 대해 확인된 내용을 정확하게 묘사해야 합니다. 기록할 때 미확인된 사실에 대해 근거 없는 추론을 기록해서는 안 됩니다. '~인 것 같다', '~으로 느껴진다'와 같은 표현은 사실에 근거한 기록이 아닙니다. 만일 관찰내용에 대한 기록자의 전반적인 인상을 기록할 경우 관찰한 사실과 분리하여 별도의 부분으로 기록합니다.

세 번째는 **윤리를 바탕으로 기록**을 해야 합니다. 고객을 폄하하거나 비난하는 내용이 포함되어서는 안 됩니다. 고객의 사생활을 보장하고, 고객을 존중하는 방법으로 기록해야 합니다. 학부모 또는 성인 수강생에 대해서 '진상'으로 단정 짓거나, '가난하다', '무식하다' 등의 기록을 남기는 경우가 있습니다. 이런 식으로 고객을 깎아 내리는 기록은 하지 말아야 합니다.

네 번째, **정직한 기록**을 해야 합니다. 기록 내용에 누락이나 왜곡 또는 과장 없이 성실하게 기록해야 합니다. 고객에 대한 모든 기록은 이후에 임의로 변조하거나 수정해서는 안 됩니다.

만약 추가적인 정보를 기록하거나 기록 내용을 수정할 경우에는 추가된 내용과 수정된 내용이 무엇인지를 확인할 수 있는 방법으로 기록해야 합니다. 기록은 평가를 기초로 하므로 학습 과정 중에 변화된 모습을 기록하기 위해서는 기존 내용과 수정된 내용, 추가된 내용이 확인 가능해야 합니다.

다섯 번째는 **접근권이 보장된 기록**입니다. 기록은 교·강사를 비롯한 학원 전체 구성원에 의해 행해지는 업무의 일환입니다. 하지만 기록 내용의 주체는 학원의 구성원이 아닌 고객입니다. 고객이 때에 따라서는 기록의 내용을 확인할 수 있음을 인식하고 전문가 윤리에 기반해서 기록해야 합니다.

여섯 번째는 **체계적인 기록**입니다. 고객의 기록은 논리적이고 명확해야 합니다. 장황하거나 반복적인 내용을 피하도록 합니다. 구조화되어 쉽게 정보를 확인할 수 있도록 기록해야 합니다.

일곱 번째는 **기록의 적시성**입니다. 기록은 시의적절하게 수행되어야 합니다. 평가나 상담, 관찰이 행해진 이후에 일정 기한 내에 기록하도록 합니다. 가장 좋은 것은 즉시 하는 것이 좋습니다. 많은 고객을 관리하다 보면 기록의 시기를 놓치는 때도 있습니다. 기록의 시기가 늦어지면 늦어질수록 체계적인 기록이 불가능해집니다. 가능하면 기록은 평가나 상담, 관찰이 진행된 즉시 기록하는 것이 좋습니다. 기록은 습관입니다. 기록의 습관이 잘 갖춰진다면 적시에 기록을 할 수 있습니다.

마지막으로 **기록의 안전보관**입니다. 고객에 관한 모든 기록 내용은 고객의 동의 없이 활용할 수 없습니다. 기록이 부주의로 인해 공개되지 않도록 안전하게 보관해야 합니다. 학원의 내부 규정에 따라서 일정 기간동안 보관해야 합니다. 직업훈련의 경우는 보통 문서 보존 기간이 5년이기에 학원 운영 규칙을 정할 때 문서 보존 기간을 적절하게 설정해야 합니다.

기록의 요소

학원을 운영하면서 고객의 초기상담부터 수료 또는 종결까지 교육 서비스 전 과정을 기록합니다. 기록은 학원의 자체 양식을 활용하기도 하지만 때로는 양식에서 다루지 못하는 내용을 추가로 확인하여 기록하기도 합니다. 기록의 방법은 체크리스트에 표시하는 방법부터 고객과의 상담 내용을 글로 적는 방법, 평가 결과를 문서화하는 방법, 녹음, 영상촬영 등 다양합니다.

기록에는 고객의 학습 상황에 관한 평가 결과와 관찰내용뿐 아니라 평가 결과와 관찰된 사실에 대한 평가자, 즉 학원 전체 구성원의 판단도 포함됩니다. 대부분 기록은 문서로 작성됩니다. 그래서 기록 작성자의 조직화된 사고와 문장 능력은 기록의 질에 영향을 미칠 수밖에 없습니다. 학원 현장에서는 기록을 어떻게 하는 것이 효과적인지에 대한 체계적인 교육훈련이 미흡합니다. 다양한 평가 결과를 기록하고, 기록을 근거로 고객과 소통을 해야 합니다. 하지만 일반적으로 기록에 대해 무지하거나, 필요성에 대한 인식이 부족합니다. 그래서 기록에 대한 교육훈련도 부족합니다.

좋은 기록의 요소에는

① 고객 중심의 기록
② 구체적이고 정확한 기록
③ 논리적이고 체계적인 기록
④ 가치중립적 기록

이 있습니다.

먼저 고객 중심의 기록을 살펴보면 고객을 기준으로 주어를 명시하고, 관계를 명시해야 합니다. 사람을 중심으로 상황을 기술해야 합니다. 기록 내용이 혼동되지 않도록 주어를 명확히 해야 합니다. 우리가 말을 하든지, 글을 쓰든지 간에 주어를 빼먹는 경우가 있습니다. 특히 글을 쓸 때는 주어를 명확히 기록해야 합니다. 그리고 고객을 기준으로 가족 관계를 표시해야 합니다. 고객 문제 상황을 기술할 때는 문제에 초점을 두고 기술하면 안 됩니다. 문제에 초점을 두고 기술하면 의도와는 상관없이 고객에 대한 차별과 낙인이 발생할 수 있습니다.

예를 들어, '고객은 가출청소년이다.', '고객은 기초생활수급자이다'와 같이 고객의 상황을 묘사하게 되면 '고객=가출청소년', '고객=기초생활수급자'가 되는 것입니다. 이 내용을 사람

중심으로 상황을 묘사하는 것이 적절합니다. '고객은 가출한 상황이다'. '고객은 기초생활 수급을 받고 있다'의 방식으로 기록하는 것이 바람직합니다. 기록 내용이 혼동되지 않도록 주어를 명확하게 해야 합니다.

둘째, 구체적이고 정확한 기록입니다. 기록할 때 대명사는 가능한 사용하지 않습니다. 고객에 관한 사항을 명확하게 이해하기 위해서 대명사는 될 수 있으면 사용하지 않는 것이 좋습니다. 고객이 말한 내용을 중심으로 기록해야 합니다. 관찰내용에 관한 기술 없이 기록자의 진단적 언어가 제시될 경우 정보의 해석과 활용에 오류가 발생하게 됩니다. 고객에 대해 뒷받침이 되는 관찰과 평가 없이 결론을 내려 기록상 과잉 단순화가 나타나는 것을 피해야 합니다. 상황묘사와 교·강사 등의 전문적 견해는 분리해서 기술합니다. 고객과의 정확한 소통을 위해서는 교·강사를 포함한 이해관계자들은 정보와 자료에 대한 해석과 평가를 진행해야 합니다. 기록내용에 상황묘사와 전문가의 견해가 혼합되어 있을 경우 소통의 객관성이 저해되고, 사례회의나 서비스 결정과정에서 적절하고 공정한 판단을 하는 것에도 영향을 미칠 수 있습니다. 좋은 기록은 상황묘사와 전문가의 견해가 명확하게 분리되어 별도의 항목으로 써서 읽는 사람이 전문가의 관찰사항과 해석을 구분하여 이해할 수 있어야 합니다.

학원에서 고객을 관찰한 내용과 전문적인 견해는 분리해서 기록하는 것이 좋습니다. 학원에서 고객에 대한 기록에서 많이 볼 수 있는 시간을 나타내는 단어는 '과거에', '한동안', '오랜 기간' 등의 단어입니다. 시간을 나타내는 단어는 보통 고객이 겪고 있는 어려움과 관련되기 때문에 중요한 정보가 될 수 있습니다. 확인이 불가능한 상황을 제외하고는 가능한 특정시간이나 기간을 기록해야 합니다. 빈도를 나타내는 경우에도 모호한 단어보다는 구체적인 단어를 사용하도록 합니다. 수차례, 몇 차례, 여러 번, 다수, 수시 등의 단어보다는 일주일에 1회, 한 달에 한 번 등 정확하게 기록합니다.

오탈자가 있다면 아무리 좋은 기록이더라 하더라도 기록의 정확성에 대한 신뢰가 어려울 수 있습니다. 맞춤법과 띄어쓰기의 오류, 정확하지 않은 단어의 사용 및 시제의 부적절한 사용이 발생되지 않도록 유의해야 합니다.

셋째, 논리적이고 체계적인 기록입니다. 한 문장이 너무 길지 않도록 합니다. 한 문장에 모든 상황을 다 담을 수 없으며, 담아서도 안 됩니다. 기록은 간결하고 명료한 것이 좋습니다. 한 문장이 너무 길지 않도록 기록자의 사고를 조직화해야 합니다. 각기 다른 문제의 상황은 분리하여 기록합니다. 한 문장에 여러 문제를 복합적으로 기술하는 것은 바람직하지 않은 기록의 예입니다.

좋은 기록은 구조화되어 있어서 정보를 효과적으로 문서화할 수 있고, 쉽게 검색할 수 있어야 합니다. 기록할 때 클라이언

트의 문제상황을 조직화하여 범주별로 기록하면 어떤 문제상황인지 쉽게 검색할 수 있습니다. 기록에서 중요한 것은 정보를 포함하는 것입니다. 고객을 위해 가장 적합한 위치에 기록하면 됩니다. 고객 상황을 강조하기 위해 내용을 반복적으로 기록하거나 같은 의미의 수식어를 반복적으로 기술하는 것은 적절하지 않습니다.

넷째, 가치중립적 기록입니다. 고객 상황에 대해서 교·강사 등 전문가의 주관적인 느낌이나 감정은 배제하고 사실 중심으로 기록해야 합니다. 고객 상황에 대한 공감은 상담 과정에서 신뢰 관계 형성에 중요한 요인이지만 안타까움, 아쉬움 등의 전문가가 느끼는 개인적인 감정을 사실과 함께 기록하는 것은 고객 상황에 대해서 정서적으로 관여되고 있는 징후입니다. 고객 상황을 기록할 때 전문가의 개인적 가치가 반영되어서는 안됩니다. '전혀', '매우', '아주', '많이' 등의 수식어나 단정적인 표현은 고객이 자신의 상황을 묘사하기 위해 사용한 경우가 아니면 사용해서는 안 됩니다.

기록은 운영하는 학원의 모든 과정에 대한 정보를 문서화하는 것을 의미합니다. 기록은 고객에게 질적인 서비스를 전달하는 근거 자료입니다. 기록은 학원의 교수적 기능과 행정적 기능이 결합된 것입니다. 고객 평가 결과와 학원 운영에 대한 평가 결과를 객관적인 근거로 활용해서 고객과 소통해야 합니다. 평가 결과를 단순히 정량적인 지표로 제시해서 고객과 소통한다면 고객과 단절되게 됩니다. 평가 결과를 기록으로 남기고, 기록에는 피드백이 포함되어야 합니다. 피드백 기반의 기록을 근거로 고객과 소통을 해야 합니다. 피드백 기반의 소통을 통해 학원의 브랜드 가치를 높일 수 있습니다.

제3원칙 : 고객의 마음을 훔치는 상담이란?

상담이란?

모든 서비스업에서 가장 중요한 것은 상담입니다. 학원 사업에서도 가장 중요한 것이 상담입니다. 상담은 고객과 소통하는 유일한 창구입니다. 상담을 통해 우리는 고객과 약속을 합니다. 그리고 교육서비스를 통해 약속을 지켜야합니다. 교육서비스업의 핵심 요소는 관리영업과 무형의 제품을 파는 것이라고 했습니다. 그리고 피드백 기반의 소통을 통해서 브랜드 이미지를 고취시킬 수 있다고 했습니다.

  학원 사업의 성공을 위해서는 초기 상담이 중요합니다. 상담을 통해서 고객이 목표를 달성할 수 있다고 느낄 때 학원 수강을 결정합니다. 상담은 서로 상相과 말씀 담談이라는 한자어입니다. 상담의 사전적 의미는 문제를 해결하거나 궁금증을 풀기 위하여 서로 의논하는 것입니다. 상담의 영업적 의미는 고객의 욕구 파악 후 구매 욕구 증진과 설득을 통하여 계약을 진행하는 것입니다. 학원을 운영하면서 상담을 한다고 하면서 안내만 하는 경우가 많습니다. 안내는 어떤 내용을 소개하고 알려주는 일을 의미합니다. 상담은 고객을 설득하는 것을 전제로 하고 있습니다. 안내는 정보만을 제공하는 것입니다. 상담과 안내의 차이를 모른다면 고객을 확보할 수 없습니다.

상담은 고객이 가진 고민거리와 문제거리의 해결을 통해서 최적의 교육과정을 선택하게끔 돕는 과정입니다. 고객이 교육을 통하여 자기 계발 및 교육의 성과를 얻을 수 있도록 돕는 과정이기도 합니다. 즉, 고객의 궁극적 목적을 달성하기 위해 학원이 고객의 신뢰를 확보하는 것이 상담의 목표입니다. 상담은 고객이 자기 계발 및 자기 성장을 궁극적인 목적으로 하여 상담자와 고객 사이에 이루어지는 '조력 관계'의 과정입니다. 학원 입장에서 상담의 핵심 목적은 고객을 확보하는 것입니다. 고객은 학원을 등록한 후에 학원을 다닙니다. 초기상담에서는 상담자에 대한 신뢰를 전제로 학원을 등록하게 됩니다. 결국, 초기상담에서는 상담자가 학원의 전부입니다. 상담자의 외모와 말투를 전제로 객관적인 정보를 제공하였을 때 학원의 브랜드 가치가 높아집니다. 이 경우에만 학원 등록이 가능합니다. 고객 확보가 가능하다는 말입니다.

고객이 궁금한 것은?

고객은 학원을 알아볼 때 궁금한 것만 묻고 자신이 직접 비교하고 결정하고자 합니다. 고객이 궁금한 것은

① 과정이 있어요?
② 얼마에요?
③ 어디에 있어요?
④ 언제 해요?
⑤ 몇 시에 해요?

이렇게 5가지입니다. 고객이 학원을 알아볼 때 방문보다는 전화로 먼저 알아보려고 합니다. 쇼핑몰에서 물건을 구매할 때처럼 온라인으로 문의를 남기기보다는 전화로 질문하고 답을 얻기를 원합니다. 고객은 전화로 궁금한 질문에 답을 얻으면 통화를 마무리합니다. 학원은 내방상담을 통해서 수강생을 확보해야 합니다. 첫 문의 전화가 오면 고객이 질문하는 것이 아니라 질문을 통해 내방상담을 확정해야 합니다. 상담 전문가가 아니라면 질문법을 통해 통화의 주도권을 가져오기가 쉽지 않습니다. 대안으로 선 홀딩 holding-후 스피치 speech 방법을 권합니다.

선 홀딩-후 스피치 방법은 고객 전화번호를 확보하고, 다시 전화를 걸어서 상담을 진행하는 방법입니다. 전화 통화를 통해 질문에 답변만 하다보면 고객 전화번호를 확보하지 못하는 경우가 발생합니다. 이 경우에는 소중한 고객 정보를 잃게되는 것입니다. 그래서 선 홀딩-후 스피치 방법을 적용하는 것이 매우 중요합니다.

고객과 첫 통화의 목적은 고객 연락처를 확보하고, 내방상담을 잡는 것입니다. 내방상담을 잡을 때 중요한 것은 상담 시간을 정하는 것입니다. 고객이 내방을 중요한 약속으로 여기게 만들어야 합니다. 내방상담 예약을 정할 때는 2개 정도의 시간을 지정한 후 고객이 2개 중에 결정하게 만드는 것입니다. 고객에게 "시간날 때 오세요"라고 하는 것은 내방상담을 예약한 것이 아닙니다. 이 부분을 아무렇지 않게 생각하는 학원들이 많습니다. 가장 중요한 것은 고객과의 대화에서 주도권을 가지는 것입니다. 내방상담에서 고객 신뢰를 높이고, 등록으로 이어지게 하기 위해서는 상담 프로세스가 중요합니다. 상담학과 심리학에서 말하는 상담과 우리가 진행하는 상담은 다릅니다. 우리가 진행하는 상담은 고객 등록과 유지를 위한 것입니다. 그래서 상담 프로세스가 중요합니다.

교육상담 프로세스

교육컨설팅에서의 상담 활동 프로세스는 7단계로 구분됩니다.

① 초기 접근
② 관계 형성
③ 정보 및 욕구 파악
④ 신뢰 및 욕구 향상
⑤ 본 상담
⑥ 반대 극복
⑦ 클로징

의 7단계로 교육상담 프로세스가 구성됩니다. 학원을 경영하고 있거나 오랫동안 근무 경력이 있어도 상담 프로세스에 대해서 구체적으로 알고 있는 경우가 드물 것입니다. 하지만 상담 프로세스를 무시하고 상담을 진행하고 있다면 그만큼 고객 확보가 어려울 것입니다. 고객 확보가 어렵다는 것은 학원 경영이 어렵다는 것입니다.

1단계 : 초기 접근

1단계 초기 접근은 좋은 첫인상과 상담 분위기를 확보하기 위해서 진행하는 단계입니다. 첫인상이 좋아야 끝도 좋은 법입니다. 사람은 누구나 첫인상이 가장 오랫동안 기억에 남는다고 말합니다. 첫인상은 쉽게 바뀌지도 않습니다. 인사는 인간관계의 첫 출발이며 상대방 마음의 문을 여는 열쇠입니다. 즐거운 마음과 진정한 존경이 실린 인사는 상대의 마음을 움직일 수 있습니다. 형식적인 인사는 오히려 역효과를 가져올 수 있습니다.

상담은 상담자가 가진 가장 기본적이면서 강력한 성공의 원천입니다. 좋은 첫인상을 주는 것과 친근한 상담 분위기를 확보하는 것이 등록을 통한 매출 증진의 첫걸음이 되는 것입니다. 인사는 규정대로 해야 합니다. 눈을 마주보고 인사를 해야 합니다. 존경심이 잘 전달되도록 하며 밝은 표정으로 인사를 해야 합니다. 첫인상은 무조건 좋아야 합니다. 가끔 업무가 바쁘다 보면 인사를 대충하거나 형식적으로 하는 경우가 있습니다. 이러면 상담 성공 확률이 매우 낮아집니다. 서류 업무나 동료 간 대화 중이었다면 방문한 고객에게 최선을 다해야 합니다. 다른 고객과 통화 중이였다면 통화를 우선 마무리하고 방문 고객에게 집중해야 합니다. 그래서 앞서 말한 선 홀딩-후 스피치가 중요합니다. 선 홀딩하면서 고객과 상담을 마무리하고 연락드린다고 양해를 구하면 됩니다. 오히려 전화 상담 고객에게 내방상담 후 연락을 드린다고 양해를 구하면 학원의 신뢰도는 올라갈 것입니다. 잘된다는 인상을 주기 때문에 학원 신뢰도는 향상될 것입니다.

상담에서 대화는 일방적 리드가 아닌 주고받는 어프로치로 시작해야 합니다. 대화의 주도권을 초반에 잃지 않도록 주의해야 합니다. 언제라도 자신감 있게 겸손한 마음으로 대화를 해야 합니다. 고객에게 도움을 주려는 마음으로 상담에 임해야 합니다. 이 자세는 고객에게 신뢰감을 형성하기 위한 것입니다. 용기를 갖고 도전하다는 생각으로 상담을 시작해야 합니다.

2단계 : 관계 형성

2단계 관계 형성은 고객의 경계 심리를 없애고, 호감과 공감대를 형성하기 위한 단계입니다. 관계 형성의 핵심 목적은 고객의 경계 심리를 해소하고, 고객으로부터 호감을 얻고, 상호 간에 공감대를 형성하는 것입니다. 처음 만나는 사람은 모두 타인에 대한 경계 심리를 가지고 있습니다. 사람에 대한 경계 심리는 처음 접하는 낯선 장소에서 더 크게 나타납니다. 지금 우리 앞에 내방상담을 위해 방문한 고객은 경계 심리가 높습니다. 여기에 상담자에 대한 편견은 말할 것도 없습니다.

고객이 보기에 우리는 전문 상담자입니다. 전문 상담자라면 자신만의 독특한 방법을 최대한 개발하고 활용해야 합니다. 나만의 독특한 방법을 활용해서 고객과 자연스럽게 공감대를 형성하여 고객을 친구처럼, 가족처럼 관계를 만들어나가는 것은 어쩌면 교육 등록을 시키는 것보다는 더 중요한 일이 될 수도 있습니다. 고객과의 좋은 인간관계는 장기적인 고정 고객 확보 및 추가 고객 확보를 위해 가장 중요한 일입니다. 관계 형성을 잘하기 위해서는

① 편안한 마음으로 상담에 임해야 하고
② 겸손한 마음으로 고객을 응대해야 하고
③ 칭찬을 통해 고객 경계 심리를 해소시켜야 하고
④ 대화는 7:3의 원칙에 의해 듣는 것에 가장 중점을 두고
⑤ 공감적 경청 기술을 발휘하여 상대방의 말을 들어줘야 하고
⑥ 관계가 편안해지고 깊어질수록 등록도 잘된다는 원칙을 지켜야 합니다.

칭찬을 통해 고객의 경계 심리를 해소시키는 가장 쉬운 방법은 고객 신상에 관련된 칭찬을 2~3정도 해주는 것입니다. 밝은 표정과 목소리, 감탄사, 은유법, 직유법, 유머 등을 활용하는 것도 좋습니다. 대화의 7:3원칙은 시간에 대한 비율이 아닙니다. 질문법을 활용하여 고객이 긍정의 답변을 하는 횟수에 대한 비율입니다. 공감적 경청 기술을 높이기 위해서는 고객의 눈을 바라보고, 적극적으로 경청하고, 맞장구 쳐주고, 상대방의 말을 반복하고, 고객 마음을 분석해서 이해하고, 고객을 적극적으로 지지해주면 됩니다. 공감적 경청 기술은 고객에 따라 쉬우면서도 어려운 양가적 현상의 기술입니다. 고객과 관계 형성이 잘 이루어져야 매끄러운 상담을 이어갈 수 있고, 고객 신뢰가 높아질 수 있기 때문에 명확하게 수행해야 합니다.

3단계 : 고객 정보 및 욕구 파악

3단계는 고객의 정보 및 욕구 파악입니다. 상담의 효율성을 높이기 위해 교육 목적 및 기본 정보를 파악하는 단계입니다. 상담의 효율성을 극대화하고 자신의 상권을 효율적으로 관리하기 위해서는 고객에 대한 정보 파악이 필수 조건입니다. 상담 중 필요한 정보를 확보하는 것은 고객의 교육 등록에 대한 가능성을 확인해 볼 수 있을 뿐만 아니라, 헌신적인 고객이 될 가능성 등을 모두 파악할 수 있는 중요한 프로세스입니다. 이때 파악한 정보를 통해 교육상담 시 체계적이고 효과적인 상담이 가능한 것입니다. 고객의 정보를 파악하고 분석한다면 상담의 효율은 물론이고 추후에 고객 관리가 수월해지고 더 나아가 본인의 활동 효율까지 증진됩니다. 이때 진단 평가를 진행하는 것이 좋습니다. 진단 평가를 통해 고객의 현재 수준을 파악할 수 있습니다.

고객의 현재 수준이 가장 중요한 고객 정보입니다. 진단 평가를 통해서 고객 수준을 파악하는 것은 고객 욕구 수준과 비교할 수 있습니다. 이 결과를 분석하여 상담을 진행하면 좀 더 고객 맞춤형 상담을 진행할 수 있습니다. 고객 정보와 욕구 파악에서 중요한 것은 고객의 첫 질문입니다. 보통 고객의 첫 질문이 고객의 최대 관심 사항입니다. 첫 질문에 대한 명확한 답변과 설득이 중요합니다. 상담 마무리 단계에서 반대극복 시 고객에게 학원 선택의 우선순위를 제시할 때도 고객의 첫 질문, 즉 최대

관심 사항을 활용해야 합니다. 상담할 때 잊지 말아야 할 것은 정보 파악입니다. 정보 파악은 상담을 위한 필수 사항임을 명심해야 합니다.

상담 시에는 가능한 개방형 질문을 사용합니다. 학원 등록을 위한 초기상담에서는 상담자가 주도권을 유지하는 것이 중요합니다. 상담 주도권을 유지하기 위해서는 질문 화법을 사용해야 합니다. 질문 화법을 사용할 때는 "왜", "어떻게"라는 용어를 사용합니다. 단답형 질문을 할 때는 질문을 최대한 천천히 해야 합니다. 고객이 심문을 받는 것 같거나 또는 무시당하는 기분이 들지 않도록 하는 것이 중요합니다. 고객의 답변은 최대한 긍정의 답변을 들어야 합니다. 고객의 긍정 답변은 고객의 동화 작용을 일으킵니다. 질문화법 만큼 중요한 것이 YES 화법입니다. 고객이 YES 답변을 하면 할수록 학원에 대해 긍정적인 생각이 커집니다. 학원에 대한 긍정적인 이미지가 쌓이면 쌓일수록 등록의 확률이 높아집니다.

고객 맞춤형 상담을 위해서 가능한 많은 정보를 파악합니다. 현재 관심 과목에 대한 필요성 및 목적을 정확히 파악해야 합니다. 여기에 타 학원의 상담 여부도 파악해야 합니다. 현재 고객이 가진 두려움, 수강료 부담, 시간 투자 등에 관한 문제점과 애로 사항도 파악해야 합니다. 고객 정보를 파악할 때 문제해결에 대한 욕구를 중심으로 분위기를 환기하는 것도 중요합니다. 고객 정보 파악의 마지막은 학원에 대한 고객 의견과 인지도를 파악하는 것입니다.

4단계 : 신뢰 및 욕구 향상

4단계는 신뢰 및 욕구 향상 단계입니다. 이 단계부터가 실질적인 본 상담이라고 할 수 있습니다. 신뢰 및 욕구 향상 단계에서는 고객의 정보 및 욕구 파악 내용을 바탕으로 학원의 장점과 혜택 등을 부각하는 단계입니다. 교육과정 내용보다 중요한 것이 학원의 신뢰와 욕구를 향상시키는 것입니다. 학원의 신뢰를 높이기 위해서 학원의 장점을 소개해야 합니다. 학원을 자랑하는 것을 낯간지러워하는 때도 있습니다. 학원을 자랑하는 것은 고객을 설득하는 중요한 요소이지 부끄러운 것이 아닙니다. '우리 학원이 특별한 7가지 이유'와 같이 학원의 장점을 홍보 자료에 정리해서 상담 시 제시하는 것도 좋은 방법입니다.

학원의 장점을 부각시켰다면 고객 욕구 향상을 위해서 다양한 혜택을 제시해야 합니다. 교·강사와 시설·장비, 연계 자격증, 취업지원시스템 등 고객이 누릴 수 있는 혜택을 제시해야 합니다. 그다음에는 금전적인 부분을 통한 만족도를 고취시켜야 합니다. 수강료 할인 또는 국비 지원 가능 여부, 무료 재수강 등 금전적인 부분에 대한 고객 만족도도 높여줘야 합니다. 고객에게 도움을 주고, 문제를 해결해 주는 활동이 원활히 이루어졌을 때 고객의 마음이 열리고 등록으로 쉽게 이어질 수 있습니다. 학원의 장점 및 혜택 등의 상담이 원활해지면 고객의 신뢰 및 욕구가 향상되기에 고객을 사로잡는 지름길입니다.

상담할 때는 항상 질문 화법과 YES 화법을 활용해서 상담을 진행해야 합니다. 학원에서 상담하다 보면 가끔 학생을 가르친다는 마음으로 상담을 하는 경우가 있습니다. 초기상담은 고객을 확보하기 위해서 진행하는 것이기에 정확한 정보 전달을 통해서 고객을 설득하고, 고객에게 도움을 준다는 생각으로 임해야 합니다. 객관적인 정보 전달을 위해서는 적절한 사례를 제시하는 것이 좋습니다. 그동안 수강 사례를 분류별로 잘 모아놓았다면 문제가 없지만, 그렇지 않았다면 지금부터라도 사례를 잘 정리해야 합니다. 신뢰 및 욕구 향상을 위해서는 공신력 있는 자료를 활용하는 것이 좋습니다. 상담 진행을 위해서는 브로슈어가 가장 적절하지만 다양한 사례를 제시하고자 한다면 홈페이지를 활용하는 것이 적절합니다.

취업률, 자격 취득률, 성적 향상률 등에 대한 객관적 데이터를 제공하는 것도 좋은 방법입니다. 여기서 수강생에게만 제시하는 혜택을 강조해야 합니다. 필살기처럼 하나의 혜택을 숨겨두었다가 확실한 타이밍에 고객에게 제시하여 등록으로 이어지게끔 해야 합니다. 그러면서 고객만이 누릴 수 있는 혜택을 더욱 강조해야 합니다. 비로소 고객의 신뢰와 욕구가 향상됨으로써 보다 많은 고객을 유치할 수 있습니다.

5단계 : 본 상담

5단계는 본 상담입니다. 본 상담은 말 그대로 교육과정을 소개하는 것입니다. 교육과정을 소개하면서 고객의 구매 욕구를 증진시키고 확실하게 나의 고객으로 만드는 단계입니다. 교육과정을 소개할 때는 효과적이면서 아주 쉬운 표현으로 설명해야 합니다. 쉬운 설명으로 교육과정에 대한 고객 인식 전환의 계기가 되고, 고객의 등록 결정이 용이해집니다. 교육과정과 학원에 대한 인식이 좋아져서 장기 등록이 가능하고, 구전 효과까지 생겨 고객 추천 효과까지 누릴 수 있습니다.

효과적인 과정 상담은 시간을 최소화하고 교육과정을 알기 쉽게 설명하여 효율적인 설득이 가능하도록 해야 합니다. 과정 상담이 효과적으로 진행되면 고객 의심과 불안감이 없어지게 되어 거절도 줄어들게 됩니다. 상담 시 우리는 고객을 위해 설명한다는 마음으로 자신 있게 한 발 더 접근해야 합니다. 상담용 브로슈어 등 상담 자료를 활용하여 차근차근 설명해야 합니다. 상담 화법은 항상 고객 중심적인 관점에 의해 고객이 주어가 되도록 설명합니다. 항상 질문 화법과 YES 화법을 적용해야 합니다. 상담자의 열정과 스스로에 대한 확신이 없으면 교육과정은 좋아 보이지 않으며 팔리지도 않습니다.

교육과정을 설명할 때는 FABE의 원칙삼단논법을 지켜서 설명해야 합니다. FABE 원칙은 특징Feature, 이점Advantage, 혜택Benefit, 증거Evidence를 의미합니다.

교육과정을 설명할 때는 교육과정의 특징을 설명해야 합니다. 상담할 때 교육과정 설명을 너무 상세하게 하는 경우가 많습니다. 교육 내용을 너무 상세하게 설명하게 되면 고객은 교육 참여에 대한 어려움을 느끼게 됩니다. 학습에 대한 자신감도 상실하게 됩니다. 상세한 교육 내용 설명은 고객 등록에 독이 되는 경우가 많이 발생합니다. 상담은 상담자의 지식을 뽐내는 것이 아니라 고객이 교육 참여를 통해 역량을 함양할 수 있는 자신감을 높이는 것입니다. 차근차근 설명한다고 하는 것은 몰아붙이듯이 말을 쏟아내지 말라는 것입니다. 너무 깊게 교육 내용을 전달하면 할수록 독이 됩니다. 상담할 때 반드시 명심해야 하는 내용입니다.

다음은 이점과 혜택에 관해서 설명해야 합니다. 이점과 혜택을 같은 내용으로 생각하는 경우가 많습니다. 이점은 고객이 우리 학원을 선택했을 때 고객이 얻게 되는 이로운 점입니다. 교육에 참여하면 성적이 얼마큼 향상될 것인지, 어느 직업을 얻게 되는지 등의 고객이 교육을 통해 얻게 되는 목표와 일치해야 합니다. 혜택은 학습 이외에 교육 참여를 통해 지원받는 것입니다. 할인 혜택, 무료 재수강, 취업 지원 등이 해당합니다. 이점과 혜택을 설명하기 위해서는 객관적인 자료를 증거로 제시해야 합니다. 고객이 눈으로 확인되지 않는 것을 확신하기는 쉽지 않습니다. 반드시 객관적인 자료를 증거로 제시해야 합니다. 자격증 합격률, 취업률, 취업자 현황, 성적 향상 자료 등 객관적인 자료를 제시해야 효율적인 상담을 진행할 수 있습니다.

고객에게 제시해야 하는 상담 자료는 고객의 상황에 따라 달라지기에 브로슈어보다는 상담철을 활용하는 것을 권장합니다. 교육과정을 설명하는 본 상담에서 중요한 것은 교육 내용을 너무 상세하게 설명하지 말라는 것입니다. 교육 내용은 고객이 이해하기 쉽게, 자신감을 고취할 수 있도록 전달해야 합니다. 더불어 FABE 원칙을 적용하면서 더 효율적인 상담이 이뤄질 수 있도록 해야 합니다.

6단계 : 반대극복

6단계는 반대극복입니다. 반대극복의 목적은 고객이 학원 선택을 확신하지 못하는 문제점 해결과 의심 해소를 통해 완전 판매를 진행하는 것입니다. 효과적인 반대극복은 고객의 의심과 불안감을 해소하게 합니다. 상담 시간도 최소화하면서 가장 효율적인 상담을 완성해줍니다. 그렇게 되면 등록도 그만큼 쉽게 이루어지게 됩니다. 고객 맞춤형 반대극복은 고객에게 상담자의 좋은 인상과 학원에 대한 신뢰를 극대화할 수 있습니다. 반대극복은 전체 상담을 결정짓는 가장 중요한 프로세스입니다. 앞서 고객이 학원을 선택할 때 궁금한 것은 ① 과정 있어요? ② 얼마예요? ③ 어디에 있어요? ④ 언제 해요? ⑤ 몇 시에 해요? 이렇게 5가지라고 했습니다.

고객이 선택을 위해 가진 가장 큰 문제점은 고객의 전화문의 또는 내방상담 시 첫 질문일 경우가 높습니다. 전화문의 또는 내방상담 시 고객의 첫 질문을 메모하거나 기억을 해야 합니다. 고객이 가진 큰 문제점을 해결하면 반대극복은 손쉽게 진행할 수 있습니다. 반대극복을 해야 하는 문제점이 3가지 이상이라면 우리 학원을 선택할 확률이 굉장히 낮다는 것입니다. 그리고 상담자가 고객 상담을 잘못 진행한 것입니다. 하지만 반대극복을 침착하고 차분하게 대처하면 고객은 우리 학원을 선택할 것입니다. 반대극복과 등록을 위해서 상담 시간은 효율적으로 활용해야 합니다.

거절의 근본 원인을 찾아내서 근본 원인 자체를 해결해야 합니다. 고객을 위해서 끝까지 포기하지 않는 마음으로 반대극복을 진행해야 합니다. 만약 반대극복이 되지 않는 거절일 경우에는 기꺼이 고객을 배려하여 다음을 기약하도록 합니다. 단순거절은 FABE 기법으로 진행합니다. 복잡거절은 화제 전환 질문과 탐색 질문, 확인 질문을 거쳐서 FABE 기법을 적용하고 마지막으로 확인 질문의 순서로 반대극복을 진행해야 합니다.

7단계 : 클로징

마지막 단계는 클로징입니다. 클로징은 말 그대로 상담을 마무리하는 단계로서 수강 등록을 진행하는 단계입니다. 상담 절차와 상관없이 고객에게서 구매 의도가 느껴진다면 즉시 등록으로 이끌어야 합니다. 그 기회를 포착하여 계약하지 못한다면 상담만 지연되고 모든 과정이 물거품이 될 수도 있습니다. 효과적인 클로징은 상담 시간을 절약하고 고객의 불안한 계약 심리를 효과적으로 전환하는 계기가 됩니다. 클로징은 끝까지 포기하지 않는 마음으로 임해야 합니다. 다 된 밥에 재 뿌리는 격이 되지 않도록 합니다. 고객이 깊은 한숨을 쉬거나 표정이 밝아질 때, 갑자기 칭찬이나 농담을 할 때, 지불 방식이나 계약 조건을 질문할 때, 할인 또는 판촉물을 요구할 때, 타 학원의 비밀 조건을 얘기할 때가 클로징을 위한 기회입니다. 이 기회를 놓치지 않도록 집중해야 하고, 즉시 등록을 진행해야 합니다.

학원 사업에 성공하기 위해서 가장 중요한 것은 상담입니다. 상담은 고객과 소통하는 유일한 방법입니다. 상담은 고객의 목적과 목표를 달성하기 위해 학원의 신뢰를 확보하는 것입니다. 과정 중의 상담도 중요하지만, 모객을 위한 초기 상담이 더 중요할 수 있습니다.

학원 성공을 위한 초기 상담 프로세스를 살펴봤습니다. 이 상담 프로세스가 무조건 정답이라고 할 수 없습니다. 하지만 고객과 상담을 진행할 때 무엇을 해야 하는지, 어떻게 해야 하는지 모르는 경우가 많습니다. 이 상담 프로세스는 막연한 상담의 길잡이 역할을 할 것입니다. 이 프로세스에 필요한 상담 자료를 갖추고, 고객 맞춤형 상담을 위해 다양한 상담 시나리오를 작성하고 연습하는 것이 원활한 모객을 위한 첫걸음입니다. 무형의 제품과 관리 영업이 학원사업의 핵심입니다. 상담은 고객과의 약속입니다. 약속은 지키기 위해 있는 것입니다. 체계적인 상담을 통해 고객과의 약속을 지키고, 학원 브랜드를 높이는 것이 학원 성공의 유일한 길입니다.

제4원칙:
모두 하나되는
결정적 피드백!

학원 영업은 관리 영업

학원 영업의 핵심은 관리 영업입니다. 고객이 교육상품을 구매한 후 학원을 다니기 시작합니다. 초기상담을 잘해서 고객이 수강한 경우라도 고객은 학원에 다니면서 그 학원을 평가합니다. 그리고 고객은 교육에 참여한 목적과 목표가 분명합니다. 우리는 고객의 성취 정도와 발전 정도를 평가합니다. 그 평가 결과를 고객과 소통을 통해서 공유합니다. 이때 소통의 근거는 반드시 평가 결과에 따른 피드백이어야 합니다. 피드백을 통해 과거를 미래로 바꿔야 합니다. 피드백을 미래 시점으로 적용하면 과거의 실수를 반복하지 않고, 앞으로의 성공을 기대할 수 있습니다. 피드백을 통해 과거를 바꿀 수 없지만, 미래는 언제든지 바꿀 수 있습니다. 이것이 피드백이 가진 개선의 힘입니다. 피드백의 목적은 사람입니다. 즉 사람의 성장을 목적으로 하는 것입니다. 학원을 성공적으로 운영하기 위해서는 전체 구성원이 고객 관리에 전념해야 합니다.

피드백이란?

성장과 개선을 위한 피드백을 진행해야 고객과 원활한 소통을 할 수 있습니다. 고객에게 피드백하기 위해서 많은 부담을 가지는 경우가 많습니다. 그 이유는 피드백에 대한 잘못된 인식이 있기 때문입니다. 어떤 일이든 최고의 성과를 얻기 위해서는 교육과 학습을 하는 방법, 고객과 학원이 같이 성장하는 방법, 학원을 운영하는 방법 모두가 조화를 이루어야 합니다. 모든 평가는 평가가 아닌 사람에게 집중해야 합니다.

학원을 운영하다 보면 시험에 국한된 평가를 위한 평가를 하고 있습니다. 평가자마다 중요하게 생각하는 부분이 다르고, 기준이 다릅니다. 즉, 평가를 받는 사람보다 평가를 주는 사람에게 집중되는 경우가 대부분입니다. 그리고 평가에 의한 피드백은 부정적인 피드백인 경우도 많습니다. 부정적인 피드백이 무조건 나쁜 것은 아닙니다. 사람이 부정적인 피드백을 받게 되면 정신적 마비 증세와 함께 창의력이 떨어지는 결과를 낳습니다. 피드백은 과거를 위한 것이 아니라 미래를 위한 것입니다. 하지만 과거에 집착한 부정적인 피드백이 대부분이었기에 피드백에 대해 많은 부담을 갖게 됩니다.

우리가 자라면서 받아왔던 전통적인 피드백의 문제는 ① 평가에 너무 많은 시간과 생산성이 낭비된다는 것 ② 통제할 수 없는 과거에 집중한다는 것 ③ 피드백을 받는 사람이 피드백은 법정에서 듣는 선고처럼 비판적으로 생각한다는 것 ④ 자신의 단점을 통해 부정적인 행동과 믿음을 만들어낸다는 것 ⑤ 부정적 피드백을 통해 자신감이 떨어지고, 성장 가능성을 줄인다는 것입니다.

미래 개선을 위한 피드백을 위해서는 미래의 가능성을 평가해야 합니다. 수강생 개개인이 지닌 장점을 먼저 확인해야 합니다. 수강생 개개인의 장점을 파악하기 위해서는 고객 스스로가 자신이 누구인지를 생각하는 시간을 갖도록 합니다. 그리고 고객이 원하는 목표와 어떤 사람이 되고 싶은지 생각하게 해야 합니다. 고객과의 소통은 먼 미래가 아닌 가까운 미래에 초점을 맞춰야 합니다.

고객과의 소통에서 중요한 핵심은 '확인' 작업이 평가가 아니라 앞으로 더욱 발전하기 위한 도구라는 것입니다. 숫자와 평가에 집착하는 편협한 시각에서 벗어나 개인과 절차를 거시적인 관점에서 바라보는 피드백이 필요합니다. 학원에서 진행하는 평가와 고객 관리 방식은 고객이 자신을 성찰하고, 학습을 더 분명하게 진행하고, 개인적으로 성장하도록 이끄는 것입니다. 직관보다는 명료함을 우선으로 생각하고, 가장 중요한 것은 의미 있는 변화를 끌어내기 위해 고객과 소통한다는 것입니다.

다시 강조하지만, 피드백의 목적은 사람의 성장입니다. 비판하고, 부정적인 결과를 한 번 더 되새기고, 시간도 오래 걸리고, 과거에 집착하고, 미래를 바꾸지 못하는 피드백은 필요 없습니다. 학원과 고객에게 필요한 피드백은 고객 자신의 목소리를 찾고, 미처 몰랐던 창의력을 발견하고, 고객 자신이 얼마나 중요한지 깨닫고, 스스로 자립하는 데 도움이 되는 피드백입니다. 의식, 창의력, 목표 설정, 자율성, 회복력을 위한 미래 지향적인 피드백이 필요한 것입니다.

올바른 피드백의 6원칙

올바른 피드백을 위한 원칙 6가지를 살펴보겠습니다. 평가 결과를 바탕으로 한 피드백이 유일한 고객과의 소통 방법이기에 피드백의 원칙은 중요합니다. 미래를 위한 피드백은 우리 학원의 독점적인 차별화이고, 이 피드백은 타 학원에서 벤치마킹 또는 모방이 어려운 고유 자산입니다.

1원칙 : 피드백은 잠재적 재능을 키운다.

1원칙은 피드백은 잠재적 재능을 키워준다는 것입니다. 최고의 고객을 유치하고, 보유하기 위해 학원은 역량 기반의 인재 개발을 비용이 아닌 투자라고 생각해야 합니다. 학원을 포함한 오래가는 기업은 리더십, 전환, 성장 속도를 높이기 위한 기회를 창출합니다. 누구나 발전을 바라지는 않습니다. 어떤 사람은 경력의 한 부분에서 수평적인 이동을 바라기도 합니다. 현재와 미래 사회에 있어서 관건은 평생 고용이 아닌 고용 가능성입니다. 학령기 학생이거나 성인, 모두 고용 가능성을 위해 역량을 개발하고 발전시키는 것이라 해도 무방할 것입니다. 그래서 고객은 지속적인 피드백을 바탕으로 역동적인 배움을 중요시하는 곳으로 모이게 됩니다. 결국, 피드백은 사람의 재능을 재생하는 것입니다.

올바른 피드백의 접근 방식은 칭찬하는 데서 그치는 것이 아니라 적극적인 행동을 유도하는 것입니다. 피드백으로 재능을 인정하면서 동시에 성장을 위해 노력하게 하는 것입니다. 이것이 참여의 가능성을 여는 시점입니다. 성장은 승진처럼 수직적으로 이루어지기도 하지만 개인적인 역량과 관련된 기회를 얻거나 학습과 업무에 필요한 지식과 기술을 획득하는 등 수평적인 방식으로 이루어지기도 합니다.

2원칙 : 피드백은 생각의 폭을 넓혀준다.

2원칙은 피드백은 생각의 폭을 넓혀준다는 것입니다. 누구나 더 좋은 효과를 얻는다면 아이디어를 발전시키고 성장시킬 수 있습니다. 소음 장치가 아닌 확대 장치가 창의적인 생각을 촉진합니다. 브레인스토밍이 아닌 토론을 해야 합니다. 성공이라는 성적 뒤에는 개방적이며 상상력을 지속적으로 유발하기 위한 역동적인 피드백 시스템이 있습니다. 토론을 통해서 더 나은 개선이 이루어지지는 않습니다. 사람은 누구나 현실성 있는 대안이 없는 한 개선에 관한 자신의 아이디어를 버리지 않습니다. 토론의 목적은 아이디어를 더 발전시키는 것입니다. 제안은 또 다른 아이디어를 자극하는 효과도 있습니다. "만약 이러면 어떨까?"라는 피드백을 통해 피드백을 받는 사람이 기본적인 개념을 다시 생각하고, 대안을 제안하고, 더 나은 결과를 도출하도록 자극할 수 있습니다. 개선과 성장을 위한 단계는 사람을 막다른 골목으로 모는 것이 아니라 모퉁이를 돌아 새로운 곳을 향하도록 만드는 것입니다. 이것은 확장을 위한 접근 방식입니다.

피드백을 통해 생각이 확대될 때 더 나은 것을 위한 힘을 확인할 수 있습니다. 창의력을 발휘할 수 있고, 더 큰 통제력도 갖게 됩니다. 피드백 내용 중 하나를 선택하는 것은 결과를 제한하는 것은 아닙니다. 더 충만한 결과를 얻기 위해서는 기본적으로 아이디어가 자유롭게 흘러가도록 해야 합니다. 모든 가능성을 열어두면 한계를 모르고 성장하게 됩니다.

교육이든 업무든 협력은 중요합니다. 피드백을 경쟁하는 것이 아닌 도움을 받는 과정이라고 생각해야 합니다. 협력을 기반으로 한 토론을 위해서는 토론하는 사람들 간의 높은 수준의 신뢰와 존중이 있어야 가능합니다. 높은 수준의 신뢰와 존중은 어려운 일입니다. 하지만 서로 우호적인 사람들끼리 모여 있을 때 아이디어를 내고 비판적인 의견을 말하기 쉽습니다.

토론을 통해 충분한 효과를 얻기 위해서는 특정한 언어를 사용해야 합니다. 흔히 우리가 사용하는 언어에는 '확대 장치'와 '소음 장치'가 있습니다. 소음 장치는 폐쇄적이고 부정적입니다. 소음 장치는 다른 사람의 생각을 원천적으로 차단하는 행동입니다. 확대 장치는 개방적이고, 긍정적입니다. 유연하게 소통하고 상대를 격려하며, 유쾌합니다. 확대 장치는 더 좋은 곳에 가기 위해 불을 켜는 것과 같습니다. 활발한 토론은 일관적이면서도 모두를 아우르는 결과를 얻을 때까지 아이디어를 교환합니다. 생각을 확대하는 피드백을 전달하려면 더욱 유용하고 창의적인 아이디어를 떠올려야 합니다. 표면적인 브레인스토밍보다는 활발한 토론이 중요합니다.

3원칙 : 피드백은 중요한 것에 집중한다.

3원칙은 피드백은 중요한 것에 집중하게 해준다는 것입니다. 피드백이 너무 많으면 정보의 홍수로 인해 형편없는 결정을 내리게 됩니다. 한 가지에만 집중해 피드백해야 합니다. 즉, 피드백은 단출해야 합니다. 목표는 분명하게, 한계는 정확하게, 방법도 명확하게 제시해야 합니다. 사람은 스스로 가능하다고 생각해야만 피드백을 수용합니다.

특정한 피드백을 주려면 절제가 필요합니다. 전체 그림을 다시 구성하는 것이 아니라 몇 가지 관점으로 제한시켜야 합니다. 부상자를 치료하는 병원처럼 피드백은 우선순위에 따라 순서대로 가장 중요한 것만 들려주고 나머지는 일단 보류해야 합니다. 전체 그림을 무시하라는 뜻이 아닙니다. 계속 문제를 확인하고 이야기하고 수정해야 합니다. 하지만 여러 가지를 동시에 해결하기보다 한 가지씩 해결하기 위해 노력해야 합니다. 누구나 한 번에 소화할 수 있는 정보의 양에는 한계가 있습니다. 피드백의 양을 조절해야만 더 천천히 생각하고, 더 분명하게 이해할 수 있습니다. 무엇보다 중요한 것은 결정해야 할 피드백의 수가 줄어든다는 것입니다. 너무 많은 양의 피드백을 전달할 경우 결정을 내리느라 바빠서 실질적인 성장이 불가능해지기도 합니다. 동시에 처리해야 하는 정보가 많으면 너무 큰 노력이 필요하거나 정신적인 마비가 발생합니다. 사람은 너무 많은 정보를 접하면 정신이 혼란스러워집니다. 너무 많은 양의 피드백은 명료함과 방향성을 제공하지 못하고 혼란스러움과 모호함을 만들어냅니다. 정신적인 혼란스러움을 줄이고 어떻게든 목표를 정한다고 해도 행동과 실천을 위한 계획을 세우기는 버겁습니다.

결정을 많이 내려야 할수록 인내심과 조심성이 줄어듭니다.

결정해야 하는 문제가 더 많아지면 잘못된 선택을 내리고 타협을 할 가능성이 커지며, 그 결과는 심각합니다. 피드백이 적절한 효과를 발휘하려면 무엇보다 간결하고 간편해야 합니다. 고객의 모든 문제를 해결해 주고 싶겠지만 모든 것을 좇다가는 혜택이 줄어들거나, 아무것도 얻지 못하게 됩니다. 피드백을 전달하는 순간에 너무 부담감을 느끼게 되면 생산성도 떨어지게 됩니다. 확실하고 간결한 피드백은 정보의 홍수에서 혼란을 겪지 않도록 도와주고, 중요한 순간에 선택을 결정할 때 필요한 힘을 줍니다. 피드백에서 무엇을 말하는지도 중요하지만, 얼마나 적당히 말하는 지가 더 중요한 관건입니다.

4원칙 : 피드백은 진실을 솔직하게 전달한다.

4원칙은 피드백은 진실을 솔직하게 전하는 것입니다. 피드백을 처음 접하는 고객은 긍정적인 피드백을 좋아합니다. 칭찬을 들으면 기분이 좋아지기 때문입니다. 하지만 전문가들은 부정적인 피드백을 선호합니다. 이유는 더욱 성장할 수 있도록 돕기 때문입니다. 피드백은 반드시 건설적이어야 합니다. 위협으로 받아들이면 안 됩니다. 하지만 과도하게 긍정적인 것은 위험합니다.

대다수가 긍정적인 피드백이 긍정적인 결과로 이어지리라 생각합니다. 성과는 칭찬에 비례하고, 누구나 칭찬을 받기 원하며, 칭찬을 받을수록 더 좋은 성과를 얻을 수 있다고 믿습니다. 하지만 평가의 목적이 지금까지의 상황을 확인하는 것이 아니라 실질적인 개선이라면 좋지 않은 피드백을 듣는 것이 훨씬 좋습니다. 피드백에서 가장 중요하면서도 가장 어려움을 겪는 부분이 진실성입니다. 진실한 피드백이 항상 공격적이지는 않습니다. 합리적이고 성과에 관해 가혹할 정도로 솔직한 평가를 제공할 뿐입니다. 고객이 미래 가능성을 생각하고, 과거에 안주하지 않게끔 도우려면 솔직하면서도 꾸밈없이 팩트를 제공해야 합니다. 솔직하고 부정적인 피드백은 상대방이 화를 내게 할 수도 있습니다. 사람들은 대부분이 부정적인 것뿐만 아니라 솔직한 피드백도 부담스러워합니다. 솔직하고 부정적인 피드백은 고객의 성과를 개선하기 위해 매우 중요합니다. 솔직하고 부정적인 피드백은 수정요구 피드백으로 바꿔서 표현하는 것이 좋습니다.

수정요구 피드백은 고객과 갈등을 일으키거나, 고객이 불편한 감정을 느낄 수 있다는 걱정을 하게 됩니다. 이런 생각으로 인해 미래를 개선할 수 없고, 잘못된 것을 알면서도 수정요구 피드백을 제공하지 않습니다. 어떻게 보면 고객은 수정요구 피드백을 원할 수도 있습니다. 칭찬으로 성과를 개선할 수 없지만, 수정요구 피드백으로는 성과를 개선할 수 있다는 사실을 믿어야 합니다.

고객에게 피드백을 줄 때는 햄버거가 아닌 김밥으로 주어야 합니다. 진정한 피드백을 층층이 말아서 한 번에 가져다주는 것이 '김밥 피드백'입니다. 김밥 피드백을 제공하면 햄버거 피드백과는 다른 성과를 도출할 수 있습니다. 김밥 피드백이 피드백을 받는 사람에게 핵심정보를 제공하고, 문제에 대해 소통할 수 있게 만들기 때문입니다.

김밥 피드백에는 5가지 중요한 요소가 있습니다. 이 요소는 상황, 관찰, 감정, 가치, 제안입니다. 상황은 무엇이 문제인지에 관한 것이고, 관찰은 어떤 일이 벌어졌는지에 대한 것입니다. 감정은 이 피드백이 상대에게 어떤 기분을 느끼게 하는지에 관한 것입니다. 가치는 어떤 일이 벌어지길 바라는지에 대한 것이고, 제안은 이 일이 일어나게 하려면 내가 무엇을 해야 할 것인지에 관한 것입니다.

김밥 피드백은 정직하고 직접적입니다. 긍정적인 내용과 부정적인 내용 사이에 인공적인 구분이 없어야 합니다. 진실을 무조건 솔직하게 전달해야 합니다. 단, 어조는 존중을 표하면서도 시의적절해야 합니다. 피드백을 전달하는 사람이 상대방에게 집중하고 있다는 모습을 보여줘야 합니다. 가장 중요한 것은 김밥 피드백은 가장 진실해야 한다는 것입니다. 과거의 행동을 꾸짖는 것이 아니라 미래의 잠재력에 집중해야 합니다. 과거가 중요한 것이 아니라 앞으로 나아가야 하는 방향이 중요합니다.

5원칙 : 피드백은 주도적으로 변화하게 만든다.

5원칙은 피드백은 주도적으로 변화하게 만든다는 것입니다. 사람들이 성과를 내지 못하는 가장 큰 이유는 피드백을 따를 생각이 없는 것이 아니라 이를 진척시키고 수행하는 역량이 부족하기 때문입니다. 피드백은 피드백을 받는 사람이 변화를 주도해야 합니다. 거대한 목표보다는 작은 단계의 목표로 나눠야 합니다.

사람들은 소극적일 때 행동을 자제하게 됩니다. 목표 달성을 위해 직접 아이디어를 내도록 유도해야 합니다. 피드백을 통한 변화는 근본적으로 신뢰 때문에 가능합니다. 피드백이 영향력이 있을 때 성과로 이어집니다. 영향력은 수정요구 피드백의 마지막 단계이지만 가장 핵심적입니다. 피드백이 영향력을 갖지 못하면 행동력과 실천력이 부족해집니다. 누구나 다 알고 있듯이 말보다는 행동이 중요합니다. 피드백을 제공하는 사람은 누구나 좋은 결과로 이어지기를 바랍니다. 현실에서의 피드백은 수많은 시행착오를 거치게 됩니다. 때로는 피드백을 받은 사람은 반발하거나, 거부하거나, 화를 내기도 합니다. 왜 이런 상황이 만들어지는 것일까요? 이유는 피드백을 받아들이는 방법을 모르기 때문입니다. 피드백을 생활 속에 적용하는 방법을 모르는 것입니다. 피드백은 청사진이나 로드맵이 아닙니다. 그래서 피드백은 계획 수립이 중요합니다.

계획은 모호한 개념을 정확한 표현으로 강하게 도출해야 상황을 진척시킬 수 있습니다. 계획을 수립해야 말이 행동이 되고, 아이디어는 전략이 되며, 목적과 목표는 실현됩니다. 넓은 의미의 목적보다는 구체적인 목표를 향해서 한 발, 한 발 나아가면서 길을 만들어야 합니다. 즉, 한 걸음, 한 걸음이 모여서 큰 변화를 만듭니다.

피드백이 결과나 개선으로 이어지지 못한다면 먼저 변화를 위해 어떤 노력을 했는지를 확인해야 합니다. 피드백의 진척과 성과가 중요한 장소 중 하나는 바로 교실입니다. 훌륭한 교·강사라도 지식을 조건 없이 행동으로 변화시키지는 못합니다. 교·강사가 직접적인 실행과 코칭을 통해 스스로 학습하도록 할 때 학생의 학업은 크게 향상되는 모습이 나타납니다. 코칭은 학생의 직접적인 문제를 확인함으로써 성장하도록 돕는 것입니다. 적극적인 코칭을 진행하는 교·강사는 새로운 전략과 기술을 활용해 학생에게 새로운 학습 모델을 설명합니다. 이 결과 학생은 자신의 목적을 이해하고, 언제 어떻게 어떤 기술을 활용할지 분명히 이해하게 됩니다. 피드백에서 중요한 것은 작은 변화를 따르고, 피드백을 받은 사람이 변화를 주도적으로 이끌게 만드는 것입니다.

6원칙 : 피드백은 서로 협력하게 돕는다.

6원칙은 피드백은 서로 협력하게 돕는다는 것입니다. 조직이 수평으로 바뀐다는 것은 위계질서에서 벗어나는 것 이상의 의미가 있습니다. 피드백은 구성원들이 서로를 파트너로 인식하게 됩니다. 여러 가지 생각이 하나로 수렴되는 환경을 구축해야 합니다. 진실된 창조적 마찰은 일의 돌파구를 마련합니다.

피드백은 사람의 생활을 바꾸게 됩니다. 피드백할 때 명령조의 어투가 아닌 협력적인 어조로 하면 피드백이 가진 설득의 힘이 나타납니다. 설득은 모든 조직의 역동성을 높이게 됩니다. 피드백을 줄 때 종종 권력과 통제력을 과시합니다. 코칭이 아닌 위협을 하고, 상대에게 자기 생각을 강요하게 됩니다. 이것은 피드백 과정을 수직적인 상하관계로 만들어버립니다. 진실한 피드백은 좀 더 개선된 접근방식으로 다음 단계를 향해 나아가기 위한 대화를 유도합니다. 진실한 피드백은 협력을 통해서 성장을 도모합니다. 피드백 과정에서 참여자들이 파트너라는 사실을 실감하게끔 만들어야 합니다. 물론 피드백이 조직의 역동성을 높인다고 해서 항상 동의를 만들어내는 것은 아닙니다. 의견의 상충으로 인해 어떤 결과도 도출하지 못할 수도 있습니다. 이 경우에는 먼저 조직의 스타일을 파악하고, 프로젝트의 목표를 가장 우선으로 생각해야 합니다. 수렴적 사고를 추구하면서 하나의 목표와 행동 계획을 중심으로 합의해야 합니다.

너무 많은 조율은 생산성을 떨어트립니다. 우선순위를 결정하고, 해결책을 찾아야 합니다. 마지막으로 학습 방식에 관한 지침을 분명히 마련해야 합니다. 조직과 개인의 성장을 추구하고 역동성을 높이기 위해서는 분쟁 해결을 위한 절차가 필요합니다. 조직구성원이나 피드백의 상대방이 근거 없는 비판이 아니라고 인식한다면 분명 합의를 할 수 있습니다. 교·강사는 학생이 가진 힘을 확인하고, 그 힘을 활용할 수 있는 위치에서 힘을 조율해야 합니다. 그리고 학생이 더 큰 힘을 갖도록 코칭해야 합니다. 개선을 위한 피드백의 중심 역할인 협력에 대한 생각을 바꾸고 더 나은 결과를 얻게 합니다.

제5원칙 :
수강생 관리는 누가?
언제? 어떻게?

수강생 관리는 무엇인가?

학원을 운영하면서 고객과의 소통과 관리에 인색한 경우가 많습니다. 이유는 고객과 어떤 내용을 소통해야 하고, 고객 관리가 무엇인지 모르기 때문입니다. 고객 관리와 소통을 하더라도 일상적인 상황에 대해서 이루어지는 경우가 많습니다. 학원에서의 소통과 관리는 평가를 근거로 진실한 피드백을 제공하는 것입니다. 평가는 성취도를 확인하는 시험을 포함한 것입니다. 그래서 우리는 학생을 시험으로 내몰 필요가 없습니다. 비판적인 사고를 바탕으로 서로 협력하는 것에 집중하면 됩니다. 동시에 학생에게 더 깊고 폭넓게 배울 기회를 제공하면 됩니다. 교·강사는 학생 누구나 가지고 있는 창의적인 힘을 끌어내게끔 노력하면 됩니다. 훌륭한 가르침의 비밀은 어떻게 가르치느냐가 아니라 무엇을 전달하느냐입니다.

학원에서 학생에게 내주는 과제의 폭이 제한적이기에 학생의 재능을 충분히 계발하지 못하게 막고 있습니다. 학원의 과제가 간단해서 학생은 손쉽게 과제를 수행합니다. 이런 과제는 배운 것을 제대로 익히고 있는지 확인하기 위한 숙제와 기계적인 암기가 일상이 됩니다. 배우는 학생은 똑똑하지만, 창의적인 호기심이 부족합니다. 학생이 창의력을 갖추려면 일정 수준의 자율성이 보장되어야 합니다.

사람은 누구나 일과 학습을 더 잘하고 창의력을 발휘할 수 있는 도구를 지니고 있습니다. 도구를 사용하는 제일 나은 방법을 모를 뿐입니다. 그래서 우리는 선택을 해야 합니다. 우리가 알고 있던 전통적인 피드백을 통해 이미 알고 있는 틀에 상대방을 끼워 맞춰야 합니다. 아니면 진실한 피드백을 통해 상대방이 알고 있는 것을 개발하도록 도와야 합니다. 우리는 이 둘 중 하나를 선택해야 합니다. 전통적인 피드백은 권력을 기반으로 이루어집니다. 진실한 피드백은 피드백을 받는 사람이 중심이 됩니다. 우리는 피드백을 제공할 때 고객이 창문을 바라보게 하는 것이 아니라 거울을 바라보게 해야 합니다. 거울을 들어 고객이 자신을 바라보고, 잠재된 창의적 재능을 발견하게끔 해야 합니다.

피드백 기반 관리를 통한 놀라운 변화

창의력을 위한 피드백

피드백이 폐쇄적이고, 후행적이고, 강압적이면 피드백을 받는 사람은 꼼짝할 수 없습니다. 피드백은 고객이 창의적인 방법을 직접 찾아내게 하는 것입니다. 학생에게 과제를 제시할 때 암기를 목적으로 하거나 제한적인 언어로 제시하면 안 됩니다. 학생이 마음껏 창의력을 펼칠 수 있도록 해야 합니다. 그리고 직접 계획을 수립하고 해결 방법을 찾아내게 해야 합니다. 메시지를 전달하는 소통 방식의 차이는 학생의 수행 결과에 큰 차이를 만들어냅니다. 보이지 않는 끈이 학생의 성패를 가르고, 상상력과 지루함의 차이를 만들고, 즐거움과 짜증의 차이를 만들어냅니다. 학생 창의력의 패턴을 찾아서 근본적인 이유를 확인해야 합니다. 사람의 모든 능력은 인간의 뇌에서 만들어집니다. 우리의 뇌는 세상을 인식하고, 세상과 소통하는 두 가지 방식을 지니고 있습니다.

좌뇌는 컴퓨터처럼 작동합니다. 정보를 순차적이면서 분석적으로 처리하게 합니다. 좌뇌는 논리와 계산에 필요한 두뇌의 기능을 합니다. 실시간으로 기억 창고에서 이상적인 정보를 찾아 인지 과정으로 처리합니다. 우뇌는 관념적인 기능을 수행합니다. 정보를 직관과 이해의 필터에 적용합니다. 좌뇌는 디지털이고, 우뇌는 아날로그라고 이해하면 됩니다.

우뇌는 눈에 비친 전체 그림을 보고, 재구성합니다. 그래서 우뇌는 모든 대상을 입체적으로 구성하고 예술적으로 표현합니다. 우뇌 덕분에 창의력을 발휘할 수 있습니다. 좌뇌는 언어로 생각하고, 사실을 계산하고, 단순한 처리 과정을 담당합니다. 우뇌는 그림으로 소통하고, 특성을 시각화시키고, 상상력을 발휘하게 합니다. 사람이 창의력을 발휘하기 위해서는 자율성을 보장해야 합니다. 뇌에서 발산되는 뇌파 중 마음이 여유로울 때 발산되는 알파파가 있습니다. 알파파는 뇌에서 창의력을 담당하는 부분이 자극받을 때 생겨납니다. 우리 뇌가 알파파를 발산할 때 창의력이 자극을 받고, 집중할 때는 창의력보다는 당장 눈앞에 있는 과제를 해결하는 데 집중합니다. 좌뇌는 주어진 문제에 대한 확실한 답을 빠르게 찾아내는 역할을 합니다. 집중할수록 스트레스는 높아지고, 창의력은 떨어집니다. 좋은 학습환경과 근무환경을 만드는 것은 창의적인 환경을 구축하는 데 일조합니다. 피드백은 창조적인 환경을 구축하는 것에서부터 변화에 일조합니다.

가장 효과적인 다수를 위한 피드백

다수를 위한 피드백의 가장 효과적인 방법은 무엇일까요? 학생을 위한 인센티브 제도 중에 '낙제 학생 방지 제도'와 '우수학생 장학 제도'가 있습니다. 이 제도들은 시각의 차이만 있고, 학업을 제대로 좇아가지 못한 학생의 성적을 향상시킨다는 동일한 목표를 가지고 있습니다. 전자는 채찍에 관한 제도이고, 후자는 당근에 관한 제도입니다. 이런 일반적인 제도는 다양한 부작용을 일으킵니다. 교육적인 면에서는 특히 심각한 문제를 유발할 수 있습니다.

학습은 일률적이지 않습니다. 혁신적인 디지털 시대에 학생이 어떻게 배우고, 언제 배울지 스스로 선택할 수 있습니다. 다양한 수준의 정보를 새로 얻기도 하고, 미리 알고 있던 지식을 통해 다양한 결과를 얻기도 합니다. 교·강사를 비롯한 모든 이해관계자는 학생이 여러모로 이전과 비교해 더 똑똑해졌다는 사실을 인식해야 합니다. 학습에서도 다양한 방법을 모색해야 합니다. 환경이 달라진 만큼 교·강사의 생각도 달라졌습니다. 하지만 특별하고 새로운 교육 방법을 실제로 적용하기란 어렵습니다. 다수의 학생을 대상으로 맞춤형 학습과 방식을 설계하려면 많은 시간과 인내심이 필요합니다.

차별화된 교육을 전달하기 위해서는 민첩성과 훈련이 필요하기에 교·강사는 지휘자 또는 교통경찰관과 같은 기술을 보유해야 합니다. 여기에 맞춤형 교육이 자연스럽게 적용되려면 학생도 일반적인 범위의 교육과 맞춤형 교육을 모두 받아들일 수 있는 준비가 되어있어야 합니다. 하지만 실질적인 교육 현장을 냉혹하게 평가했을 때 자연스러운 맞춤형 교육 현장을 만들기 어렵습니다. 교·강사는 수많은 서류작업과 문서, 교육 성과를 시험 성적과 연결하는 평가를 담당해야 합니다. 이것은 좋은 의도에서 시작했더라도 이런 방식은 어떤 것도 학습 성과를 개선하지 못할 수 있습니다. 일종의 피드백 방법이지만 비효율적입니다. 이것이 우리 눈앞에 있는 교·강사의 딜레마입니다.

교·강사와 학생 사이의 상호작용은 매일매일 전쟁과 같습니다. 피드백을 공유하는 과정에서는 더욱 큰 문제가 발생합니다. 교·강사가 학생을 가르치고 잠재력을 확인하는 데 시간을 투자하지 않는다는 것이 아닙니다. 교·강사가 피드백을 주기 싫어서가 아닌 그저 시간이 없기 때문입니다. 흔히 다수를 교육할 때 가르침은 중간 수준에 머무릅니다. 중간 수준의 가르침은 수업을 어느 정도 따라오는 3분의 2를 맞추는 것입니다. 이 전략은 훌륭한 전략이 아닙니다. 그렇다고 안전한 방법이라는 것을 부정할 수 없습니다. 교·강사의 입장에서는 수업을 마쳤고, 지식을 전달한 것입니다.

전체 학생은 아니지만, 다수가 수업을 통해 지식을 얻는 것에 만족합니다. 중간 수준의 가르침에 따른 피드백은 밋밋합니다. 누구나 같은 방향으로 가면서, 동일한 방식과 행동을 하면 목적이 학생보다 더 중요해집니다. 학교와 학원 모두 이미 만들어 놓은 하나의 길을 가야 한다고 가르치면서 창의력은 간과합니다. 현재 가르치는 것 대부분이 미리 정해진 것입니다. 학생들은 매일 일상에 대해 생각할 필요가 없습니다. 그저 빠르고 조용하게, 어떤 방해도 받지 않으면서, 학습을 따라가면 됩니다. 학습 과정은 중요치 않습니다. 어떻게든 목적지에 도착하면 됩니다. 우리가 체계적으로 교육을 바꾸는 방법을 찾기 전까지 다수를 위한 교육 방식은 바뀌지 않을 것입니다. 전통의 교육 방식이 바뀌지 않아도 창의력을 중시하는 교육은 늘어가고 있습니다. 창의력을 중시하는 교육이 우리 학원의 차별화된 교육입니다. 학생이 창의력을 분출할 수 있도록 돕는 교·강사로 인해 학생의 호기심이 늘고, 학습은 충만해지며, 교실에서의 대화는 더욱 풍부해집니다. 이 방법은 혁신이 아닌 간단한 개념이지만 효과는 매우 뛰어납니다.

학생 호기심 생성하기

학생에게 통제권을 넘겨주고, 학생이 수업의 주제를 정하게 되면 어떻게 될까요? 학원 사업을 하면서 말도 안 되는 일이라고 생각할 수 있습니다. 하지만 이런 상황이 연출되면 우리가 생각한 것보다 더 어려운 주제가 선택되기도 합니다. 원칙적으로 학생들이 창의력을 발휘해 자신이 흥미를 느낀 주제에 대해 발표합니다. 이 과정에서 교·강사는 프로젝트 관리자의 임무를 수행하고, 학생이 주제에 벗어나지 않도록 피드백을 제공합니다. 학생의 생각을 주기적으로 확인할 수 있기에 개방적인 커뮤니케이션이 유지됩니다. 교·강사는 확실하게 개념을 잡아주면서, 도전 과제를 제시하고, 새로운 관점을 제공합니다. 여기서 학생에 대해 평가하지 않고, 질문합니다.

학생에게 올바른 방향을 제시한 후, 교·강사는 학생이 스스로 방향을 잡도록 하는 것입니다. 책임감 때문에 학생은 성취감을 느끼게 됩니다. 학생이 책임감을 느끼는 이유는 규칙 준수가 아닌 주도적 학습 때문입니다. 교·강사나 학부모가 평생 학생을 도와줄 수 없습니다. 언젠가는 스스로 해야 할 때가 옵니다. 교육을 통해서 학생의 자립을 원한다면 통제는 없애야 합니다. 학생에게 자립권을 허용하고, 과목이 아닌 학생이 중심이 되는 것이 스스로 자립하도록 만드는 것입니다. 학생에게 명령하는 것이 아닌 어디를 바라봐야 하는지 말해주면 학생은 스스로 자신의 힘을 계획하고 새로운 세상을 찾아냅니다. 학생은 교·강사에게 과제를 받는 것보다 어떤 주제에 관해 열정적으로 공부할 수 있는 자유를 매우 좋아합니다. 이 자유는 학생이 스스로 더 큰 아이디어를 파악하고, 스스로 배움에 대한 주체의식을 갖도록 해줍니다. 인간은 본래 호기심을 가지고 있습니다. 진실을 파헤치려는 욕구 때문에 우리는 세상을 이해하고 그 속에서 자신의 자리를 찾습니다. 호기심은 창의력의 원천입니다.

학생은 시험에 대한 책임뿐만 아니라 호기심 때문에 자신이 정한 주제를 연구하고 익힙니다. 자연스럽게 우러나오는 학습과 배움에 대한 열정이 이것을 가능하게 만듭니다. 창의력을 소멸시키는 숙제와 암기 그리고 예측 가능한 학습을 받는다면 학생은 호기심을 잃고 과제 달성에만 집중합니다. 이 경우 호기심을 채울 때 얻을 수 있는 기쁨은 잃게 됩니다. 시험 성적을 최우선으로 하는 교육 문화로 인해 학생의 창의력이 사라지고 있습니다. 오늘날 학생은 분명하고 안전한 정답을 찾도록 교육받고 있습니다. 그래서 질문이 사라지고, 위험을 감수하지 않습니다. 대담한 생각과 아이디어를 시도하지도 않습니다. 그 결과 때문에 배움에 대한 필요한 역량이 줄어듭니다. 나중에 혁신을 일으킬 수 있는 역량까지 줄어들 수도 있습니다. 놀라움을 느끼지 못한 사람은 놀라운 일을 만들어 낼 수 없습니다.

학교와 학원뿐 아니라 기업에서도 호기심을 고갈시키고 있습니다. 올바른 성과 분석을 위해서는 위계적인 관행을 철폐해야 합니다. 학원에서는 학생과 직원의 유연성을 중시해야 하며, 학생과 직원이 학원의 중심이 되도록 해야 하고, 성과평가를 개선해야 합니다. 자율성과 권한, 발전을 위한 선순환 피드백 구조를 구축하기 위해 학생과 직원의 말을 귀담아듣고, 학생과 직원이 피드백을 주도하도록 권한을 주어야 합니다.

학원과 조직은 혁신을 바라지만 실패하면 벌을 줍니다. 이전의 구조와 시스템에 머무르면 호기심보다는 권한, 다재다능함보다는 일상적인 것을 선호하게 됩니다. 창의력은 갑자기 생기는 것 같아도 실상은 천천히 쌓아 올려서 만들어낸 성과입니다. 피드백에 진심을 담으면 창의력을 감소시키는 것이 아니라 배가시킵니다. 훌륭한 자기성찰을 선택하는 것이며, 이때 창의력이 피어나기 시작합니다. 피드백에 대한 실망은 우리가 의지를 다지는데 촉매제로서 작용합니다.

학생 스스로 길을 찾도록 돕기

우리 사회에서 평가를 담당하고 있는 평가자라면 누군가가 최고의 성과를 생산하도록 돕기 위해서는 거리를 약간 두어야 합니다. 사람은 누구나 중요한 일을 하고 있고, 교·강사나 상사가 자신을 주목하고 있다는 확신을 얻고 싶어 합니다. 피드백이 정답만을 고집하고, 선택의 권한을 주지 않거나, 목표를 강요한다면 이것은 제로섬 게임이 되고 맙니다. 진실한 피드백을 수용하면 편안함이 아닌 호기심을 중요하게 여기고, 주입식 정보를 전달하기보다는 질문을 던지며, 권한이 아닌 자율성을 중요하게 생각합니다. 피드백을 바르게 제공하려면 피드백을 듣는 사람이 진실한 목소리를 듣도록 도와야 합니다. 진실한 피드백을 위해서는 일단 내면을 성찰하는 습관을 지녀야 합니다.

최고의 성과를 위한 피드백

우리에게 집중하는 진정한 리더

학원에서의 수강생 관리에 관해서 이야기하고 있지만, 학원이 성과를 내기 위한 이야기를 해보겠습니다. 학원을 설립하고 운영하는 이유는 단기적인 성과를 내기 위한 학원을 위한 것이 아닙니다. 그리고 직원들에게 어디까지 갈 수 있는지, 어디까지 볼 수 있는지 한계를 묻지 않아야 합니다. 현재를 넘어서 먼 곳의 목표를 바라봐야 한다는 의미입니다.

장기적인 안목은 학원의 목표뿐 아니라 고객과의 관계에서도 매우 중요합니다. 학원을 경영하면서 고객이 몇 년이 아닌 몇 십 년을 생각하게끔 해야 합니다. 경영자가 기업을 만들고, 조직은 경영자가 만든 결과물입니다. 기업을 경영하는 최종 목적은 경영자가 바라는 개인적 가치를 창출하는 것이 아닙니다. 조직을 위해 공동의 가치를 창출하는 것이 더 궁극적인 목표입니다. 일단 성공을 이룬 다음에 더 높은 가치를 추구해야 합니다. 이때가 가치를 중요하게 생각하는 학원이 진정으로 일을 시작하는 순간입니다.

현대사회에서는 소비자가 이전보다 더 많은 정보에 접근할 수 있게 되었습니다. 모든 것이 실시간으로 이루어집니다. 사람들은 스마트폰을 이용해 잠깐 시간을 내서 저렴한 물건을 구매합니다. 예전보다 고심해서 물건을 고르는 조심성이 없어지고, 더 짧은 행복을 추구합니다. 스마트폰이 고객 수요를 좌우하고, 고객은 변덕이 늘어 이 거래와 저 거래를 넘나들면서 최고의 제품을 찾아냅니다. 고객은 자신을 행복하게 만들어주는 공급자에게 충성도를 보입니다. 고객의 변덕은 공급자에게 골칫거리이면서, 시장에 진입하는 기회를 만들어줍니다. 우리에게는 가치와 목적을 강조하면서 고객의 마음을 사로잡을 기회가 생기기 때문입니다. 교육과정이라는 제품이 가진 이상의 가치를 발휘하는 학원만이 경쟁에서 살아남을 수 있습니다.

기업을 이끄는 리더는 조직을 위해 봉사한다는 책임감을 느끼고, 조직구성원을 지원하고, 투자자뿐 아니라 모든 이해관계자를 위한 가치를 창출해야 합니다. 의식 있는 리더는 내가 아닌 우리를 생각합니다. 진실한 피드백은 조직의 행동을 바꾸고, 더 높은 목표를 가지게 됩니다.

우리 학원만의 소통이 학원을 좌우한다.

진실한 피드백은 나 자신의 내면을 관찰하고, 더 직관적으로 자기 계발에 필요한 신호를 읽을 수 있도록 돕습니다. 내면의 목소리에 귀 기울이는 것은 의미가 있지만 단점도 있습니다. 개인 성과를 객관적으로 평가하기 위해서는 내면을 조율하는 것이 좋지만 팀 단위 목표를 정의할 때는 달라집니다. 하지만, 팀 커뮤니케이션이 원활하면 유대관계가 더욱 강력해집니다. 그러면 팀은 효과적으로 과제를 수행하는 것 이상의 결과를 얻게 됩니다. 커뮤니케이션 방식에 따라 팀마다 고유의 문화가 형성되고, 더 큰 정체성이 만들어집니다. 작은 메시지들이 거대한 행동 패턴을 만들어냅니다. 이것이 문화입니다.

문화는 긍정적이고 하고, 독과 같기도 합니다. 문화는 절대 우연히 만들어지지 않습니다. 사람과 사람, 조직과 조직이 서로 주고받은 작은 메시지들이 모습을 드러내면서 문화가 됩니다. 문화는 비공식적이지만 구성원들의 보편적인 행동과 믿음을 담고 있습니다. 팀원들이 메시지를 주고받을 때 우리가 남에게 영향을 미치거나, 남이 우리에게 영향을 미치는 현상이 발생합니다. 영향을 주든, 영향을 받든 피드백이 미치는 영향은 큽니다. 피드백은 가치를 설정하고, 결정을 내리며, 우선순위를 정하게 됩니다. 이 과정을 통해 피드백은 우리의 일부가 됩니다. 결국, 우리 학원만의 문화가 형성됩니다.

인간은 사회적 동물

우리는 어릴 때부터 사회적 기술을 배우는 데 많은 시간을 소비합니다. 인간은 사회적 동물로 진화를 거듭했습니다. 사회적 기술은 우리 행동을 장소와 때에 맞게끔 유동적으로 변화시킵니다. 감지된 정보를 기반으로 끊임없이 상황을 살피고, 사회적 신호를 실시간으로 전송하고 흡수합니다. 우리가 하는 모든 행동은 흔적을 남깁니다. 그래서 인간은 생각을 즉시 행동에 옮길 수 있습니다.

사람은 놀랍게도 타인의 행동을 볼 때도 자신이 행동할 때와 똑같은 인지효과가 나타납니다. 아기가 부모의 표정을 흉내 내고, 성인이 되어 사물을 바라보는 행동이 본능처럼 익숙해졌을 때도 마찬가지입니다. 사람은 관찰만으로도 타인과 교감하도록 만들어줍니다. 인간이 사회화를 간절히 바라며 구한다는 사실을 방증하는 것입니다. 결국, 인간은 뿌리까지 타인과 함께하도록 설계되었습니다.

감정 전달은 행동으로

인간은 계획해서 사회적 신호를 확인하고 흡수하기에 사회적 메시지를 언제든지 받아들이고, 즉시 그 결과를 도출합니다. 피드백을 줄 때 태도가 메시지보다 더 중요하다는 것은 아주 놀라운 현상입니다. 즉, 어떤 말을 하느냐보다 어떤 것을 보여 주느냐가 더 중요하다는 것입니다. 우리는 간단한 노력을 통해 전반적으로 피드백을 나쁜 것에서 좋은 것으로 변화시킬 수 있습니다. 반면에 긍정적인 피드백을 언성을 높여서 전달하거나 인상을 찌푸리면서 전달하는 등 부정적인 신호와 함께 전달하면 상대는 비난받거나 인정받지 못한다고 생각합니다.

사람은 누구나 눈으로 보는 것을 기억합니다. 우리의 뇌는 누군가 말을 할 때 상대의 표정에서 신호를 포착합니다. 상대의 진정한 의도를 파악하기 위해서입니다. 표정이 우리의 진짜 생각을 표현하기 때문에 말하는 중간에 숨은 의도를 들키곤 합니다. 대부분 사람은 사회적 활동을 좋아합니다. 사회적 활동을 즐길수록 더 많은 경험을 바랍니다. 우리는 기분이 좋을 때 최선을 다하게 됩니다. 남에게 감정을 전달하는 요인은 행동입니다. 말이 아닌 행동인 것을 기억해야 합니다.

분위기는 소속감이다.

소통의 영향력은 구성된 조직의 종류를 막론하고 상당히 큽니다. 피드백을 자녀와 공유한 부모는 형제가 같은 신호를 받아들이는 현상을 목격할 것입니다. 메시지가 타인에게 전달되면 여러 명의 행동을 완전히 바꾸는 영향력을 지니게 됩니다. 행복한 분위기는 유대관계를 강화하고, 감정의 안전지대를 형성합니다. 사람은 신뢰가 없는 사람과 함께 웃지 않습니다. 기뻐하는 교·강사와 직원을 본 학생은 커뮤니케이션 과정에서 상대의 감정을 공유합니다. 그 결과 기쁨도 공유하게 됩니다.

긍정적인 효과는 계속해서, 지속해서 퍼져나갑니다. 단 한 명에게서 시작한 긍정적인 행동이 수많은 사람에게 전파되고, 긍정적인 감정은 더욱 커집니다. 사람은 누구나 안전하다고 느낄 때 더 일을 잘합니다. 즉, 성과가 더 높게 나타납니다. 교실에 웃음이 넘쳐나면 직원과 학생은 방어적인 자세를 풀고, 더 큰 노력을 기울입니다.

이때 웃음은 강력한 힘을 드러냅니다. 웃음이 아무것도 아닌 것 같지만 포용을 위한 신호라고 할 수 있습니다. 서로 돈독한 유대관계 속에 있다는 신호는 바로 웃음입니다. 웃음의 효과는 함께 웃는 과정에서 증폭됩니다. 웃음이 우리에게 주는 교훈은 감정과 성과를 분리할 수 없다는 것입니다. 학원에 대한 소속감은 학원에 힘을 불어넣기도 하고, 빠지게도 합니다. 피드백은 시각적으로 상대에 관한 내 느낌을 공유하고, 상대방이 내 삶에 얼마나 중요한지를 깨닫게 해줍니다.

피드백은 인간관계를 강화합니다. 이것이 피드백의 가장 큰 목적이라고 볼 수 있습니다. 피드백은 상대에게 길잡이 역할을 합니다. 진실한 피드백은 가족, 동료, 친구와의 상호작용 속에서 연쇄작용을 일으킵니다. 그리고 사회적 신호와 함께 웃음을 공유하기도 합니다. 더 높은 성과로 이끌어 주기도 합니다. 유대관계를 강화해 주기도 합니다. 심리적 안전장치를 만들어주기도 합니다. 인간은 사회적 동물입니다. 진실한 피드백은 사람의 독립성을 한 수준 높여줍니다. 누구나 자신의 삶을 스스로 통제하고, 그 신념과 자신감을 원합니다.

수강생 관리는 어떻게가 중요하다

학원의 절대 고객인 수강생 관리는 누가 해야 할까요? 언제 해야 할까요? 어떻게 해야 할까요? 라는 질문에 대한 답은 어떻게 하는 것이 가장 중요하다는 것입니다. 진실한 피드백이 가진 힘은 특성과 확대입니다. 고객에게 피드백을 효과적으로 실천하기 위해서는 통제를 줄여야 하며, 그 이상의 노력도 필요합니다. 통제가 사라지면 공백이 생깁니다. 통제를 포기할 때의 묘미는 어떤 것을 포기하느냐가 아니라 무엇을 주느냐입니다. 상대에게 그가 가진 힘과 잠재력에 대한 피드백을 줄 때, 상대에게 자율성과 자기관리를 허락해야 합니다. 그러면 상대방이 어려움을 극복하기 위함 힘을 얻어 어려움을 타개하고, 실망감을 이겨내고, 의지를 다지고, 희망을 품을 수 있습니다.

피드백이 지금 잘못하고, 역할과 책임을 잘 수행하지 못하며, 올바른 결과를 도출하지 못한 것에 대한 비난으로 생각합니다. 이런 피드백을 전달받은 사람은 잘못된 결과를 도출할 가능성이 큽니다. 피드백을 주는 관리자, 교·강사, 부모는 공포와 미움의 대상이 됩니다. 과거 중심의 피드백은 과거 중심적이며, 바꿀 수 없는 것에 집중합니다. 과거 중심의 피드백은 비난과 좌절로 끝납니다. 듣는 사람을 희생자로 만들어버립니다. 우리가 해야 하는 피드백은 사람의 장점과 미래 가능성에 집중하는 것입니다. 과거 중심 피드백의 목적과 인식을 바꿉니다. 진실한 피드백은 희망과 기회를 극대화하기에 듣는 사람의 위기를 기회로 바꾸는 창조자가 될 것입니다. 진실한 피드백은 자율성을 높일 수 있는 원동력입니다. 전통적으로 비인지 특성에 대해 학생이 네 가지 믿음을 갖는 것만으로도 어려움을 극복하고 성공하기 쉬워진다고 말하고 있습니다.

네 가지 믿음은 ① 나는 공부를 잘하는 축에 속한다. ② 나의 능력은 노력에 따라 배가한다. ③ 나는 이 분야에서 성공할 수 있다. ④ 이 노력은 나에게 가치가 있다는 것입니다. 이 네 가지 믿음은 공부뿐만 아니라 다른 모든 분야와 교육, 훈련에서 자율성을 길러주는 보편적인 공식입니다. 사람은 누구이건, 어디에 있건 끈기가 필요합니다.

자율성이 가진 3가지 가치

자율성은 끈기를 갖게 해줍니다. 사람을 가르치려고 하지 말고 공부를 향한 끈기를 만들어주는 것이 중요합니다. 자율성이 가진 가치는 가능한 많은 도움을 받아야 하는 것과 상당한 노력이 필요하다는 것, 중요한 일을 하고 있다는 확신이 필요하다는 것입니다.

첫째, 가능한 많은 도움을 받아야 합니다. 학생과 학부모와 강한 유대관계를 만들기 위해서는 큰 노력과 방법이 필요합니다. 일하는 조직에서도 마찬가지입니다. 강의실과 일터가 다른 차이는 교·강사는 학생에게 지식을 전달해야 하는 사람이지만, 관리자는 그만큼 많은 가르침을 제공하지 않는다는 것입니다. 그 책임은 같이 일하는 동료 직원이 떠맡게 됩니다. 신규로 채용된 직원이 사무실에 적응하기 위해서는 정치적 현명함이나 사회적 기술 이상의 것이 필요합니다.

무엇보다 동료와 돈독한 관계를 형성해야 합니다. 기존 직원이 동료로서 멘토가 될 수도 있고, 새로운 환경에 적응할 조언도 해줄 수 있습니다. 동료가 멘토 역할을 하면서 도와야 하고, 관리자도 주기적으로 얼굴을 비춰야 합니다. 코칭, 준비, 노력 등 설득을 위한 피드백의 모든 것은 신뢰를 쌓고, 일의 역량을 키우는 데 도움이 됩니다. 신규 채용 직원이 잘 적응하도록 도우면 성과도 개선됩니다. 피드백을 통해 더 가까운 관계를 형성하게끔 도와야 합니다. 이런 관계가 단기간 유지되어도 충분한 가치가 있습니다. 최고의 성과를 얻기 위해서 가능한 많은 도움을 받아야 합니다.

둘째, 상당한 노력이 필요하다는 것입니다. 성공이란 원하는 성과를 내고, 과제를 완수하는 역량입니다. 자신감은 노력과 관계가 있습니다. 우리는 성공을 위해서 땀을 흘려야 한다고 생각합니다. 하지만 마음속으로는 노력하지 않고 성공하는 것을 원합니다. 우리는 어릴 적부터 타고난 재능을 선호합니다. 나이를 먹을수록 재능에 대한 선호도는 더 커집니다.

노력이 중요하다고 말하지만, 실제로는 재능을 선호하고 있습니다. 땀 흘리지 않고 목표를 달성할 수 있다는 기대는 실현되기 힘듭니다. 성공을 위해서는 목표를 정하고, 부단한 노력을 하고, 피드백을 통해 과정을 조정해야 합니다. 타고난 천재들도 큰 노력을 합니다. 끊임없는 노력을 통해 성공해야 합니다.

셋째, 중요한 일을 하고 있다는 확신이 있어야 합니다. 사람이 자율성을 키우는 가장 중요한 동력은 중요성입니다. 중요성은 자신이 하는 일이 남에게도 중요하다고 인식하는 것입니다.

동기 부여는 물질적인 결과만을 부여하는 것은 아닙니다. 어떠한 행동에서 즐거움을 얻을 때도 동기를 부여받습니다. 사람은 자신의 행동으로 인해 나 자신 또는 주변 사람의 기쁨이 커지는지, 줄어드는지를 판단합니다. 내가 한 일에 가치가 있는지, 일을 마치고 난 후 만족감을 얻을 수 있을지를 생각합니다. 머릿속으로 항상 이런 계산과 생각을 합니다. 이유는 주인의식이 있어야 애정이 생기기 때문입니다.

책임감은 명분이 있거나, 조직에 도움이 되거나, 누군가에게 도움이 될 때 느낍니다. 나 자신에게 얼마나 중요한 문제인지는 그다지 괘념치 않습니다. 사람은 무의식중에 중요성에 관한 계산을 끝내고 그 일에 시간을 투자합니다. 시간을 투자할 가치가 없다고 생각하면 사람들은 달아나버립니다. 언제나 모든 일에 애정을 느낄 수 있는 것은 아닙니다. 중요한 일을 수행하기를 원하는 사람의 요구에 따라 선택 기준을 제공할 수 있습니다. 효율성을 추구하는 교·강사는 학생을 활동에 참여시키기 위해 늘 이런 작업을 거칩니다. 동시에 한편으로는 일의 한계를 설정합니다. 결국 자율성은 선택을 통해 만들어집니다.

피드백이 독립성을 위한 도구가 되길 바란다면 선택을 허용해야 합니다. 당사자에게 책임을 맡기고 직접 선택하도록 허용하면 그 판단을 믿는다는 내용을 전달할 수 있습니다. 그러면 그 사람은 선택의 기쁨을 누리고, 자기 의견을 표출하는 즐거움을 경험할 것입니다. 여기에 일의 중요성을 깨닫고, 매우 큰 만족감을 느끼고, 더 좋은 결과를 위해 노력할 것입니다.

부정적 결과의 피드백과 인센티브

사람은 강의실에서, 일터에서 그리고 가정에서 충분히 자율성을 키울 수 있습니다. 그런데 많은 사람이 자율성을 포기하는 이유는 무엇일까요? 그것은 인센티브라는 보상에 대한 의존 때문입니다. 인센티브가 항상 나쁜 것은 아닙니다. 매력적이지 못한 과제를 수행할 때 인센티브는 도움이 됩니다. 틀에 박히거나 복잡하지 않은 단순 과제를 수행할 때 인센티브는 효과를 발휘합니다. 당근과 채찍을 잘 활용하면 긍정적인 효과를 도출할 수 있습니다.

그러나 인센티브가 부정적인 피드백이라면 이 피드백을 받은 사람은 독립적으로 행동하지 못하고 과제를 당혹스럽게 받아들입니다. 피드백을 인센티브라는 보상과 연결하면 실패하기 쉽습니다. 특히 어린 학생들에게 많이 나타납니다. 교·강사들은 자신의 업무가 전인 교육이라고 생각하는 경우가 많습니다. 학생이 지식과 기술을 배우는 것에 더해서 올바르게 행동하고, 바른 신념을 지니도록 가르쳐야 한다고 생각합니다. 학생에게 인센티브를 제공하면 잠깐 지식을 얻는 데 도움이 됩니다. 장기적인 행동과 수행 능력을 그르치고 맙니다. 학생에게 보상과 점수로 뇌물 아닌 뇌물을 주게 되면 교육은 상품화가 돼버리고, 배움에 대한 욕구는 줄어듭니다. 그 결과 인센티브가 없으면 학생은 과제를 수행하지 않으려고 합니다. 인센티브를 통해 사람의 관심을 끌수는 있지만 큰 효과는 발휘할 수 없습니다. 성장할 여지를 잃고, 더 큰 인센티브를 바라게끔 됩니다. 즉, 독립성을 키우는데 효과가 미미합니다. 최악의 경우에는 굉장히 힘들어하고, 매사 어려움을 느끼며, 용기도 잃을 수 있습니다.

자율성은 차츰차츰 노력하면 얻을 수 있습니다. 즉각적인 보상에 의존하는 과거 중심의 피드백은 그 순간 성공적인 결과를 도출한 것처럼 보일 수 있습니다. 인센티브에 대한 효과는 금방 사라집니다. 미래지향적인 피드백은 장기간 영향을 미칩니다. 진실한 피드백은 빠른 해결책과 순간의 쾌락을 따르지 않습니다. 피드백을 받은 사람은 더 열심히 노력하고자 합니다. 일과 학습, 사랑, 우정 등 인생의 중요한 문제에는 미래지향적인 피드백이 더욱 중요합니다. 자율성의 세 개의 가치 중 중요성과 땀은 서로 밀접하게 연결되어 있습니다.

재능이 아닌 노력 칭찬하기

진실한 피드백에서의 칭찬은 재능을 칭찬하는 것이 아니라 노력을 칭찬하는 것입니다. 우리는 요즘 학생을 향해 과거보다 많이 나약하다고 말합니다. 요즘 부모는 자녀를 과잉보호하고, 자녀에게 돈을 더 많이 쓰고도 더 마음고생을 한다고 합니다. 부모와 자녀의 상호작용을 보면 너무 물러졌다는 것을 느낄 것입니다. 부모가 학생에게 주는 피드백은 칭찬 중심입니다. 학생이 감정을 조절하거나, 다음 단계를 준비하도록 설득하기 위해서입니다. 이런 대우를 받은 학생은 스스로 문제를 해결하지 못하고, 스스로 결정하지도 못합니다. 성공에 대한 인식도 바뀌게 됩니다. 요즘 학생이 돈을 중요하게 여기는 것은 경제보다 기대치와 더 밀접한 관계가 있을 수도 있습니다. 모든 학생이 스스로 부자가 되리라 생각하는 것 같습니다. 학생이 태어나는 순간부터 얼마나 재능이 뛰어나고, 멋지고, 특별한지를 얘기한 결과입니다. 어려서부터 부모에게 이런 얘기를 접한 자녀는 스스로 생각할 능력이 부족합니다. 요즘 청년이 하늘보다 더 높은 자신감은 순간 생긴 것이 아니라 오랜 시간을 거치면서 만들어진 것입니다.

자녀의 모든 일상에 과도하게 개입하며 통제하는 부모를 지칭하는 말로 헬리콥터 맘이라는 신조어가 있습니다. 헬리콥터 맘이 흔한 현시대에 자녀는 지속해서 높은 기대치와 칭찬으로 이어진 피드백을 받습니다. 과정보다 결과물에 집중된 칭찬은 자신의 성과와 잠재력에 대한 고정된 시각을 받아드리게 됩니다. 이 고정된 시각은 성인이 되면 더욱 경직됩니다. 이런 칭찬의 악순환 고리에서 벗어나지 못하면 노력에 집중된 피드백을 제공할 수 없습니다. 재능은 선천적이기 때문에 반복해서 얘기하지 않아도 됩니다. 선천적인 재능은 자연스럽게 표출됩니다. 재능을 칭찬하는 과거 중심 피드백은 성과에 대한 고정적인 시각을 강화합니다. 우리가 제공하는 피드백은 재능이 아닌 노력을 칭찬해야 합니다.

노력은 후천적으로 배우는 것입니다. 노력 중심 피드백은 학생에게 성공은 노력을 통해 얻을 수 있다는 사실을 알려줍니다.

그리고 실패할 수 있다는 교훈도 가르쳐줍니다. 노력한다고 해서 성공을 얻어낼 수 없습니다. 노력은 목표를 향해 조금씩 나아가는 것입니다. 노력을 통해 목표에 조금씩 가까워지지만, 특정한 규칙을 찾을 수는 없습니다. 노력 중심 피드백은 실패를 익숙하게 받아들이게끔 해줍니다. 성공한 사람은 성공의 과정에서 수없이 많은 실패를 경험합니다. 이 과정을 통해 어렵게 가르침을 얻습니다. 아이나 성인 모두 마찬가지입니다. 우리는 어려서부터 성공에 대해 모든 기준으로 삼아왔습니다. 높은 성적을 받고, 좋은 학교에 진학하고, 좋은 사람과 인연을 맺는 것을 기대해왔습니다. 그리고 노력의 과정에서 생긴 흠과 상처는 감추려고 노력합니다. 이런 생각과 행동은 성인이 되어서도 마찬가지입니다. 하지만 한 가지 분명한 것은 실패는 결코 치명적이지 않다는 것입니다. 성공 과정의 일부입니다.

우리의 피드백은 과정 중심이며, 미래 성장을 좇습니다. 성공의 길로 향하는 과정에서 겪는 실패가 나타납니다. 과정 중심 피드백을 받은 사람은 자신의 잘못을 인정하고, 발전의 기회로 삼습니다. 이 세상에 완벽한 사람은 없습니다. 과정 중심 피드백을 받은 사람은 실패에 대한 낙인은 조금씩 사라지게 됩니다. 실패는 단지 하나의 행동일 뿐입니다. 학생은 언제나 최고 성과를 얻을 필요가 없다는 것을 인식하고, 위안 삼아야 합니다. 피드백은 칭찬 중심일 수도 있고, 과정 중심일 수도 있습니다. 이 두 가지를 모두 가질 수도 있습니다.

재능만을 강조하는 피드백은 무의미합니다. 이미 알고 있는 것을 확인시켜주는 것뿐입니다. 진정 학생 성과를 개선하고자 하는 방법은 어렵지 않습니다. 교·강사는 학생 과제를 짧게 요약하고, 잘한 것에 대해 자세히 설명합니다. 그 후 학생과 대화를 진행합니다. 그러면 학생은 과제의 방향을 스스로 바꿔서 다시 노력합니다. 마지막으로 학생은 교·강사의 조언과 활동 계획을 기반으로 과제를 수정합니다. 이 방법에서는 재능을 전혀 고려하지 않습니다. 학생의 노력을 강조하는 방법입니다. 학생은 자신이 놓치고 있는 것을 개선하고, 수정하는 방법을 배웁니다. 이 방법을 스스로 발견하면 매우 좋습니다. 실패를 통해 자율성을 얻으면 그것은 성공한 것입니다.

피드백으로 상대를 성장시키는 3가지 특성

피드백은 장점을 강화하고, 미래 기대치를 높이고, 자율성의 가치가 독립성을 키워주는 과정입니다. 이것이 최선의 피드백입니다. 피드백을 받는 것은 희생이 아닌 더 나은 성과와 관계를 얻을 수 있는 창조자로 만드는 것입니다. 피드백을 주는 사람이 피드백을 받는 사람의 성공을 돕는 방법은 상대를 배려하는 것, 상대를 성장시키기 위해 노력하는 것, 상대 요구를 파악하는 것입니다.

먼저, 상대를 배려하는 것을 보여줘야 합니다. 독립성을 키우려고 노력하기 전에 우리는 같은 편이라는 것을 인식시켜야 합니다. 자기 옹호를 위해서입니다. 긍정적인 인간관계는 상대에게 자신감을 주고, 모험하게 해줍니다. 직면한 과제를 달성할 수 있는 자신감을 느끼게 해주는 과정입니다. 사람은 존경하고, 신뢰하는 사람에게 피드백을 받으면 그 믿음이 더 강해집니다. 격려는 어려운 상황에 놓였을 때 버틸 수 있도록 해줍니다. 격려의 방법이 중요한 것이 아니라 격려와 배려를 받은 사람이 더 노력한다는 것이 중요합니다. 배려의 피드백을 전달하기 위해 기술과 지혜가 필요합니다. 편안한 대화와 나란히 앉는 것이 좋습니다. 무엇보다 중요한 것은 피드백이 시의적절해야 한다는 것입니다. 피드백을 받는 사람은 기다림을 가장 힘들어합니다. 특정하고 진실한 피드백을 유지해야 합니다. 너무 많은 정보를 제공하지 말고, 이해와 솔직함을 기반으로 피드백을 제공해야 합니다. 상대가 원하는 정도에 따라 피드백을 조정하는 것도 배려를 통해 보여 줄 수 있는 확실한 방법입니다.

둘째, 상대를 성장시키기 위해 노력해야 합니다. 포기가 아닌 도움을 주려고 노력해야 합니다. 피드백을 받는 사람에게 통제권을 넘기면 통제권을 되찾게 됩니다. 경직된 강의실과 일터에서 서로 다른 사람에게 같은 수준의 힘과 권한을 부여할 수 있습니다. 단, 세심하게 방법을 조정해야 합니다. 조직은 명령을 위해 정책을 보다 중요하게 생각할 수 있습니다. 아니면 사람을 중요하게 생각할 수도 있습니다. 명령을 통해 사람을 관리할 것인지, 사람을 위해 조직을 관리할지를 선택해야 합니다. 토론, 협력, 학습 기회를 위한 회의를 진행한다는 것은 사람과 잠재력을 더욱 소중하게 여기는 것입니다. 말로써 자율성을 강조하는 것이 아닌 실질적인 구성원의 성장을 도와야 합니다.

셋째, 상대의 요구를 파악해야 합니다. 간혹 성과 개선을 위한 피드백을 제공할 때도 있습니다. 피드백은 문제 설명과 해결책 처방 이상의 의미가 있습니다. 이유는 무엇이 필요한지에 대해 집중하기 때문입니다. 교육과 훈련이 필요한지, 자원 지원이 필요한지, 시간이 필요한지 알아내는 것입니다. 흔히 정보의 불균형을 지식의 저주라고 말합니다. 이것은 알고 있는 내용을 바탕으로 추정을 잘못했을 때 나타나는 현상입니다. 상대가 이미 알고 있으리라 생각하면서 상대가 모를 경우를 외면하는 것입니다. 전문가라고 불리는 교·강사 또는 관리자는 어떤 상황에 관해 당연하게 생각하고 세밀한 부분에 집중하는 경향을 지니고 있습니다. 그들의 말에는 정보를 많이 포함하고 있지 않습니다.

피드백을 전달할 때 수직적인 관계를 떠나 수평적인 관계라고 인식해야 합니다. 피드백은 생각보다 구체적이고, 특정화해야 합니다. 과거 중심 피드백은 모호하고 부정확하기에 이해하기 어렵습니다. 피드백을 받는 사람이 무슨 의미인지 추측해야 하기에 불안해합니다. 상대방 말의 의미를 이해하지 못하는 때도 있습니다. 분명한 목표와 구체적 단어로 표현하는 진실한 피드백은 누구나 이해할 수 있는 행동을 요구합니다. 달성 가능한 목표를 설정합니다. 그리고 목표를 향해 나아가도록 돕습니다. 무엇을 해야 하는지 구체적으로 전달하면 상대는 스스로 행동하는 것을 두려워하지 않습니다. 진실한 피드백은 올바른 기대치를 기반으로 적절한 자원을 지원하고, 좋은 의도의 전달을 통해 성공을 위한 용기와 자신감을 얻는 것입니다.

학원을 운영하면서 수강생 관리에 대한 고민이 많습니다. 반면 고객과의 소통에 대해서 어려워하고, 두려워합니다. 학원에서의 관리는 어렵지만 단순하게 생각해야 합니다. 학원에서 이루어지는 모든 평가를 바탕으로 진실한 피드백을 제공하는 것이 최선의 관리입니다. 결국, 수강생 관리는 무엇을 어떻게 하느냐가 가장 중요합니다. 과거 중심의 피드백이 아닌 미래 중심의 피드백, 진실한 피드백을 통해 고객이 자율성을 가지고 목표 달성을 위해 노력하게 만드는 것이 중요합니다. 순간의 위기 모면을 위한 인센티브가 아닌 스스로 발전을 위해 선택하고, 노력의 과정을 통해 성공하게 도와야합니다. 기록을 목적으로 틀에 박힌 과제와 평가 결과를 가지고 피드백을 정해진 일정에 맞춰 제공하는 것은 고객도 망치고, 학원도 망치는 것입니다. 피드백은 교·강사만의 전담 업무가 아닙니다. 피드백 제공의 비중은 교·강사가 많겠지만, 학원의 이해관계자 모두가 피드백을 제공하는 환경을 만들어야 합니다. 어쩌면 동료 학생들로부터 효과가 큰 피드백을 제공받을 수도 있습니다. 우리는 학원의 성공과 차별화, 브랜드 가치를 위해 진실한 피드백만을 고객에게 제공해야 합니다.

제6원칙 : 학원만의 특별한 손익분석

학원의 손익분석

보통 학원에서는 월 결산을 진행합니다. 한 달간의 총수강료에서 고정비를 뺀 이익을 가지고 손익분석을 하는 경우가 많습니다. 이 경우 학원의 손익에 대해 정확한 평가를 할 수 없습니다. 결국, 명확한 개선 사항을 파악할 수 없습니다. 그 결과 학원의 성장을 막고, 심한 경우 왜 망하는지 모르고 망하는 일이 발생합니다. 모든 사업이 그렇지만 성공하기 위해 학원사업을 합니다. 이익이 발생하는 선순환 구조가 구축되지 않으면 성공할 수가 없습니다. 이익 발생의 선순환 구조뿐 아니라 물적·인적 자원의 개선이 지속적으로 이루어져야 합니다. 학원은 무형의 제품과 관리 영업으로 구성된 사업체입니다. 그래서 학원만의 특별한 방식으로 손익을 분석하고 평가해야 합니다.

매출에 대한 부분은 당연히 월간 총 수강료를 의미합니다. 이익 산출을 위해서는 월 매출액에서 고정비를 제외하면 됩니다. 학원의 성과평가 및 ROI 평가를 할 때 월 매출액에서 월 고정비를 빼는 방식으로 간단하게 이익을 산출하곤 합니다. 여기서 문제가 생기게 됩니다. 고정비를 산출할 때 학원에서 운영하는 과정별로 산출해야만 정확한 손익을 산출할 수 있습니다. 그래야만 과정별로 개선 사항을 도출할 수 있고, 매달 한 걸음씩 성장할 수 있습니다. 현실적으로 학원 경영자는 재무·회계 담당자가 아니기에 세부적으로 손익을 산출하지 못합니다. 대형학원이 아닌 이상 재무·회계 담당자를 별도로 채용할 수 있는 것도 아닙니다. 하지만 과정별로 성과평가와 ROI 평가가 이루어지지 않으면 무엇으로 돈을 벌고, 무엇으로 손해를 보는지 모르게 됩니다. 월 결산을 통해 손익뿐 아니라 학원 운영 전반에 걸쳐 점검하고 개선해야지만 성공할 수 있습니다. 어찌 보면 학원 경영에서 가장 중요한 부분입니다. 사업을 한다는 것은 적어도 손해를 안 봐야 하기 때문입니다.

신생학원이고, 후발주자니깐 수강료를 타 학원과 비교해서 적게 받으면 될 거로 생각합니다. 이 생각은 너무 위험한 생각입니다. 우리가 제공하는 과정의 교육 시간을 바탕으로 여기에 투입되는 고정비를 계산해서 최종 수강료를 산출해야 합니다. 수강료 산출을 위해서 물론 타 학원의 수강료도 조사해야 합니다. 타 학원과 경쟁력 있는 수강료를 산출하기 위해서는 학원의 고정비를 바탕으로 우선 산정하는 것이 중요합니다. 강의실별로 정원도 다를 것이고, 투입되는 교·강사료도 다를 것입니다. 과정 또는 과목별로 실습·재료비도 다르게 투입될 것입니다. 그래서 과정별로 적정 수강료를 산정하기 위해서는 고정비를 최대한 세밀하게 산출해야 합니다. 다른 공산품보다 서비스 제품의 판매 가격은 쉽게 조정할 수 없습니다.

과정별 고정비 산출하기

고정비를 세밀하게 산출한다는 의미는 과정별로 고정비를 산출해야 한다는 것입니다. 임대관리비가 100만 원이고, 강의실이 10개라고 했을 때 임대관리비를 강의실당 1/N해서 10만 원으로 산출하면 안 됩니다. 학원을 평일에만 운영하고 있고, 오후 2시부터 오후 8시까지 6시간 운영을 한다고 하면 시간당 임대료는 8,333원이 됩니다. 임대관리비/(월 20일 × 일 6시간)의 공식을 적용합니다. 총 정원이 50명이면 정원대비 시간당 임대관리비는 167원이 됩니다. 월 강의시간 40시간이고, 강의실 정원이 10명이면 이 강좌의 임대관리비는 66,667원이 됩니다. 교·강사료가 시간당 2만 원이면 이 강의의 교·강사료는 20만 원 × 40

시간으로 계산해서 80만 원이 됩니다. 이런 식으로 강좌당 고정비를 계산하면 됩니다.

각종 전력비, 통신비 등 공과금과 소득세 등 각종 세금, 의료보험, 고용보험 등 사회보장보험료 그리고 상담 및 행정 직원에 대한 인건비 등 학원에 투입되는 모든 비용을 강좌별로 산출하면 됩니다. 이때 주의할 것은 운영 시간과 강좌별 정원을 대입해서 상세하게 산출해야 합니다. 홍보비는 온라인과 오프라인에 투입된 모든 홍보비를 합쳐서 운영 가능한 강좌 수로 나누는 것이 좋습니다. 지금 우리는 모바일에 최적화된 삶을 살고 있기에 온라인과 모바일을 통한 홍보를 통해 어느 과정에 고객이 등록했는지 확인하기 어렵습니다. 그래서 단순하게 운영 가능한 과정 수를 대입해서 강좌별 홍보비를 산출해야 합니다.

투입되는 모든 비용을 강좌별로 산출했다면 강좌별로 손익분기점을 파악할 수 있습니다. 학원에 강의실이 1개이고, 2개 강좌가 운영되고, 평일 4시간씩 운영한다고 가정해봅시다. A 강좌는 정원이 10명이고, 하루 강의시간이 2시간입니다. B 강좌는 정원이 20명이고, 하루 강의시간이 2시간입니다. 강사비는 시간당 2만 원입니다. 직원은 원장과 행정 직원, 이렇게 2명이고, 원장급여는 300만 원, 직원급여는 200만 원입니다. 임대관리비는 월 200만 원이고, 각종 공과금, 세금, 사회보장보험료를 합쳐서 100만 원입니다. 마지막으로 홍보비는 월 100만 원을 사용했습니다. 총 정원이 30명이고, 월 운영 시간이 80시간이기에

A 강좌의 임대관리비는 약 67만 원이고, B 강좌의 임대관리비 약 133만 원입니다. 강사비는 각각 80만 원입니다. 인건비는 총 500만 원이기에 A 강좌 167만 원, B 강좌 333만 원입니다. 기타 비용은 A 강좌 33만 원, B 강좌 67만 원이 됩니다. 홍보비는 각각 50만 원입니다. A 강좌의 고정비는 397만 원이고, B 강좌의 고정비는 663만 원입니다.

결국, 강좌별로 정원에 따라 투입되는 고정비가 다릅니다. 그래서 전체를 묶어서 결산하면 학원의 성과와 ROI를 정확하게 분석할 수 없습니다. 그러면 강좌별로 목표 매출과 목표 수강 인원을 파악할 수 없기에 손익에 대해 개선을 할 수 없습니다.

학원의 월 수강료가 10만 원이면 무조건 적자입니다. 아무리 수강생을 꽉 채워도 적자입니다. 이 정도의 고정비가 들어간다면 월 수강료를 A 강좌는 40만 원, B 강좌는 35만 원을 받고, 정원을 꽉 채워야만 손익분기점과 비슷해집니다. 하지만 정원대비 70%만 수강생을 모집하는 것을 가정하고 손익분기를 계산해야 합니다. 이렇게 되면 수강료를 57만 원과 48만 원을 받아야 합니다. 이 수강료가 경쟁력이 있다면 상관없지만 경쟁력이 없다면 고정비를 줄여야 합니다. 고정비를 줄이는 방법은 두 가지입니다. 하나는 인건비이고, 다른 하나는 홍보비입니다. 이 상황이라면 원장이 모든 행정업무를 진행하고 행정 인원을 감축해야 합니다. 홍보전략을 수정해서 유료 광고보다는 콘텐츠를 활용한 무료 홍보의 비중을 늘려야 합니다. 홍보전략을 수정해서 홍보비가 월 50만 원 소요된다면 A 강좌는 44만 원, B 강좌는 37만 원으로 수강료를 조정할 수 있습니다. 이렇게 고정비를 세세하게 산출해야만 학원의 조직 구성과 수강료 등을 명확하게 산정할 수 있습니다.

동일한 조건에 강의실이 2개라면 상황이 달라집니다. 총 정원이 2배로 늘어나기 때문입니다. A 강좌가 2개 타임, B 강좌가 2개 타임이 운영되게 됩니다. 행정 직원도 1명 있고, 홍보비도 월 100만 원 사용한다고 하면 A 강좌 35만 원, B 강좌 27만 원으로 조금 더 경쟁력 있는 수강료를 책정할 수 있게 됩니다. 그래서 학원설립 시 학원의 위치도 중요하지만 임대관리비 대비 전용면적과 건물의 구조 등을 잘 고려해서 설립해야 합니다. 보통 임대계약은 2년이고, 초기에 인테리어 공사를 진행하기에 나중에 쉽게 학원의 구조를 바꿀 수 없습니다. 설립할 때부터 고정비를 고려해서 임대계약을 진행해야 합니다.

보습학원의 경우는 담당 교육지원청에서 수강료 상한선을 정해놨기에 수강료를 마음대로 더 받을 수 없습니다. 직업훈련의 경우도 고용노동부에서 직종별 기준단가를 정해놨기에 징수할 수 있는 수강료가 일률적입니다. 그래서 고정비를 세밀하게 산출하고 적용해야 합니다.

홍보전략도 마찬가지입니다. 홍보전략을 비현실적으로 수립하게 된다면 오히려 학원에 악영향을 미치고, 어쩔 수 없는 계륵이 되고 맙니다. 고객에게 전달하는 교육서비스의 경쟁력도 중요하지만 수강료도 중요한 경쟁력으로 작용합니다.

학원을 설립할 때 먼저 투입되는 고정비를 세밀하게 분석해서 경쟁력 있는 수강료 정책을 수립해야 합니다. 고정비에서 줄일 수 있는 것을 줄이고, 훌륭한 직원과 강사를 채용할 수 있다면, 경쟁력을 갖춘 학원이 될 수 있습니다. 원장이 혼자서 모든 것을 다한다고 하면 일의 가짓수가 너무 많아서 고객 관리와 소통에 문제가 생기게 됩니다. 그러면 점차 브랜드 가치가 떨어지게 되고, 고객의 수가 줄어서 적자가 발생하게 됩니다. 망하는 학원의 전형적인 모습입니다. 사업을 한다는 것은 성공을 위해서입니다. 사업의 성공은 이윤 발생과 성장과 확장에 있습니다. 학원으로 성공하고 싶다면 설립 전에 꼼꼼하게 강좌별로 고정비를 산출하고, 그에 따른 경쟁 우위 전략을 구사해야 합니다.

마지막으로...

지금까지 학원성공을 위해 필요한 것들을 아주 세세하게 살펴봤습니다. 단, 교육과정 개발과 조직 관리에 대해서는 살피지 않았습니다. 교육과정 개발에 관련된 자료는 너무나도 많이 있기에 여기서 다루는 것이 무의미하다고 생각됩니다. 특히 학원이 성공하려면 특별한 교육과정이 필요하다고 생각하는 분들이 많습니다. 하지만 특별한 교육과정은 학원을 성공시킬 수 없습니다. 그래서 교육과정 개발에 대해서 살피지 않았습니다. 그리고 학원의 조직 관리는 일반 기업과 달리 수직적 구조를 갖추면 안 됩니다. 객관적인 평가 결과와 진실한 피드백을 바탕으로 끊임없이 고객과 소통하고, 고객을 관리하려면 학원의 조직은 수평이어야 합니다. 조직 위에 고객이 있기 때문입니다. 고객을 위한 조직 관리는 학원 경영자와 전체 구성원이 만들어가는 것입니다. 그래서 살피지 않았습니다.

성공하는 학원을 위해서 이 책에서 많은 것들을 살펴봤습니다. 결국, 우리는 무형의 제품을 잘 팔고, 고객 관리를 통해 고객을 유지하고, 고객의 목표인 역량 함양을 달성하기 위해서 학원을 운영하는 것입니다. 그것이 학원성공의 비결입니다. 대한민국만큼 교육·훈련에 대해서 열정적인 나라는 없습니다. 그래서 우리는 성공할 수 있습니다.

참고문헌

- 김대현, 김석우(2020). 교육과정 및 교육평가(5판). ㈜학지사
- 김옥림(2022). 오십에 읽는 손자병법. 팬덤북스
- 김형택(2022). 디지털트랜스포메이션 시대의 디지털마케팅 커뮤니케이션 전략. 비제이퍼블릭
- 성태제(2015). 교육평가의 기초(2판). ㈜학지사
- 알 리스, 잭 트라우드(2024). 이수정 역. 마케팅 불편의 법칙(개정판). ㈜한올엠앤씨
- 이화정, 양병찬, 변종임(2003). 평생교육 프로그램 개발의 실제. ㈜학지사
- 조동성(2013). (제5판) 조동성 전략경영. 서울경제경영출판사
- 조 허시(2019). 박준형 역. 피드포워드. 보랏빛소
- 필립코틀러, 허마원 카타자야, 이완 세티아완(2021). 이진원 역. 필립코틀러의 마켓 5.0. ㈜도서출판 길벗